Norbert Messing

Bio-Kliniken & Kur

Krankenanstalten, Sanatorien und Kurheime

Natürliche Heilweisen
Vitalstoffreiche Ernährung

Verlag Ganzheitliche Gesundheit

4. Auflage 1998

Norbert Messing, Postfach 1217, 76663 Bad Schönborn,
Telefon 07253/3718, Fax 33955

Druck: Druckerei Steinmeier, Nördlingen

ISBN 3-927124-03-6

Inhaltsverzeichnis

Einleitung

Wenn ein körperliches Leiden bereits so weit fortgeschritten ist, daß es einer stationären Behandlung bedarf, so sollte man umso dringlicher darauf bedacht sein, das Übel »bei der Wurzel« zu packen. Die Realität moderner Krankenbehandlung kommt dieser Forderung des gesunden Menschenverstandes jedoch in keiner Weise nach. Auf einem Pharmakologenkongreß wurde jüngst geschätzt, daß 70% aller »Heilungsbemühungen« gegenwärtig der Symptombeseitigung und bloßen Schadensbegrenzung dienen, und daß in den meisten Fällen die Medizin noch gar keine Vorstellung über eine ursächliche Therapie der Volkskrankheiten entwickelt hat.

Dieser »blinde Fleck« wird von vielen Schulmedizinern auch nicht geleugnet. Und es soll hier nicht etwa darum gehen, die z.T. achtungsgebietenden Segnungen der naturwissenschaftlichen Medizin vergessen zu machen. Deren Fortschritte haben den Alltag der Menschen leichter gemacht, u.a. durch das Zurückdrängen von Seuchen, durch hochleistungsfähige Soforthilfen oder Diagnosemöglichkeiten. Die in ihrer Dynamik neuartigen Volkskrankheiten (Gefäßleiden, Herzinfarkt, Rheuma, Krebs u.ä.) -alles Leiden, die in Beziehung zu unserer Lebensführung stehen- verlangen jedoch nach weitergehenden Antworten, als sie die traditionelle Medizin bisher bereithält.

Die Naturmedizin, wie sie gerade bei uns auf eine eindrucksvolle Tradition zurückblicken kann (man denke dabei nur an *Kneipp, Priessnitz, Schroth, Bircher-Benner, Felke, Brauchle, Mayr* und viele andere), bietet entsprechende Modelle schon seit gut einem Jahrhundert an. Sie ist darüber hinaus ein lebendiges Zeugnis für die alte Einsicht, daß die virtuose Notfallbehandlung nicht das Ideal ärztlicher Kunst darstellt, sondern dieses Prädikat der Vermeidung von Krankheiten zukommt - eine Erkenntnis, der sich die Gesundheitspolitik allmählich unter dem Kostendruck einer aus den Fugen geratenen Krankheitsindustrie nähert.

Wer nun aber meinen sollte, die natürlichen Heilweisen würden somit zwangsläufig zum Lieblingskind der Gesundheitspolitiker, sieht sich getäuscht. Auch wenn Hunderte von Milliarden bundesdeutscher Gesundheitsgroschen Jahr um Jahr ergebnislos verpulvert werden (Gesundheit jedenfalls wird dadurch nicht erzeugt) - für gründliche ganzheitliche Heilbehandlungen fällt nur ein ganz minimaler Teil bisher ab, und der stammt z.T. aus der Privatschatulle der Patienten.

Das vorliegende Buch möchte es jedoch nicht dabei belassen, einen Gegenwartszustand zu beklagen. Vielmehr wollen wir durch umfangreiche, weitgespannte Informationsweitergabe dazu beitragen, daß so mancher Leser für sich oder nahestehende Menschen alle vorhandenen Chancen zu nutzen vermag, welche die alternativen Zweige der Medizin heute bieten.

Diesem Zweck dienen auch die beiden nachfolgenden Kapitel. Hier wird beschrieben, unter welchen Voraussetzungen eine stationäre beziehungsweise ambulante Klinik- oder Kurbehandlung angetreten werden kann und wie die wichtige Finanzierungsfrage augenblicklich zu beurteilen ist.

Daran schließen sich dann Porträts der bedeutendsten ganzheitsmedizinisch-naturheilkundlichen Konzepte der Gegenwart an (»Kneipp & Co.«), gefolgt vom absoluten Kernstück des Buches, den Beschreibungen von Krankenhäusern, Kliniken, Sanatorien und Kurheimen (einschließlich »aktivem Gesundheitsurlaub«). Dieser Teil, der etwa doppelt so umfangreich ausgefallen ist wie in der vorangegangenen Auflage unseres Ratgebers, vermittelt -ohne Anspruch auf Vollständigkeit erheben zu können- einen Gesamtüberblick, wie er bisher in solch ausführlicher Form noch nicht vorlag. Was die Frage der »Kostenträgerschaft« angeht, so erweist es sich nur als möglich, diesen Punkt mit allgemein gehaltenen Hinweisen wie etwa jenen auf den § 111 SGB 5 (»Versorgungsvertrag« mit den Verbänden der gesetzlichen Krankenkassen) zu umreißen, und oft wird es sich um »ambulante Rehabilitations- oder Vorsorgemaßnahmen« auf der Basis von Zuschüssen handeln. Erwähnt sei noch, daß die aufgeführten Häuser in aller Regel »beihilfefähig« sind (was für Beamte wichtig ist).

Bei den Angaben zu den Kostenträgern, Heilanzeigen, Therapien und angebotenen Kostformen konnten wir uns teilweise auf ganz aktuelle, direkte Mitteilungen der jeweiligen Häuser stützen. Es liegt auf der Hand, daß wir für diese Informationen keine Gewähr zu übernehmen in der Lage sind: der Leser darf jedoch ohne weiteres davon ausgehen, daß die Angaben einen hohen Grad von Zuverlässigkeit aufweisen.

Wer auf der Suche nach ganz speziellen Einrichtungen ist (z.B. Nachsorge bei Krebs oder Herzinfarkt, Rheuma), der sollte die einzelnen Kliniken möglichst gründlich »unter die Lupe nehmen«. Anhand der jeweiligen Heilanzeigen wird er eine ganze Reihe von Häusern finden, die in besonderer Weise auf bestimmte Leiden spezialisiert sind.

Damit der Laie sich leichter durch das Labyrinth oft schwerverständlich titulierter Behandlungsweisen hindurchfindet, wurde dem Buch noch ein kleines »Lexikon naturheilkundlicher Fachbegriffe« beigegeben. Dieses Stichwortverzeichnis soll als roter Faden dienen, um im »Dschungel der Therapien«, der gerade auch im Bereich der Alternativ-Medizin vital wuchert, nicht die Orientierung zu verlieren.

Grundsätzlich gilt: Pauschale Aussagen zur Kostenerstattung sind immer eine heikle Sache und leider deshalb kaum möglich. Jeder Fall hat seine eigenen, ganz speziellen Voraussetzungen (vorliegende Beschwerden, Kassen und sonstige Versicherungen), und wenn es ums Geld geht, sollte jeder Schritt im Falle einer stationären oder ambulanten Kurbehandlung penibel mit den möglichen Kostenträgern abgestimmt werden.

Problemfeld biologische Klinikbehandlung

Bei den hier aufzuwerfenden Fragestellungen wird ein grundlegender Richtungsstreit innerhalb der Medizin berührt, nämlich der Konflikt zwischen der herrschenden Meinung und den neuerstarkten »sanften« Heilweisen - eine bisher höchst einseitigen Auseinandersetzung, die zum großen Teil auf dem Rücken der Patienten ausgetragen wird. Denn der Kranke selbst kann im Falle eines ernsten Leidens kaum je die freie Wahl zwischen naturheilkundlich oder konventionell ausgerichteten Kliniken treffen (es sei denn, er nimmt erhebliche finanzielle Opfer in Kauf). Wie eine Versorgung aussieht, die »nach den Regeln der ärztlichen Kunst zweckmäßig und ausreichend ist« -neugefaßt im § 27 SGB (= Sozialgesetzbuch) 5 in Verbindung mit § 28 Abs. 1 SGB 5 und unter Berücksichtigung von § 12 SGB 5-, bestimmen immer noch die Vertreter der Schulmedizin und ihnen folgend auch die Gerichte.

Es kann durchaus nicht ohne weiteres davon ausgegangen werden, daß sich mit wachsender Beliebtheit der biologischen Heilweisen auch die Tore der Ganzheitseinrichtungen für den Patienten weit öffnen, und das neue *Gesundheits-Reformgesetz* gibt den Bedenken in dieser Richtung eher neue Nahrung, als daß es sie ausräumen könnte.

Die neue Lage

Immerhin: Seit dem Gesundheits-Reformgesetz von 1989 hat die stationäre Behandlung ein klar strukturiertes Fundament erhalten.

Diese übersichtliche »neue Ordnung« ist für jeden an einer biologischen Klinikbehandlung interessierten Patienten von zentraler Bedeutung und sei deshalb an dieser Stelle auch zitiert:

§ 108 SGB 5 bestimmt als »zugelassene Krankenhäuser«:

»Die Krankenkassen dürfen Krankenhausbehandlung nur durch folgende Krankenhäuser...erbringen lassen:

1. Hochschulkliniken im Sinne des Hochschulbauförderungsgesetzes,

2. Krankenhäuser, die in den Krankenhausplan eines Landes aufgenommen sind, oder

3. Krankenhäuser, die einen Versorgungsvertrag mit den Landesverbänden der Krankenkassen und den Verbänden der Ersatzkassen abgeschlossen haben.

Es versteht sich von selbst, daß in aller Regel eine naturheilkundliche stationäre Therapie vornehmlich in einem der unter *Punkt 3* angesprochenen Häuser wird erfolgen können. Ausnahmen bestätigen allerdings auch hier die Regel: so z.B. die naturheilkundliche Abteilung des *Krankenhauses Ochsenzoll* in Hamburg, oder die entsprechende Abteilung im *Krankenhaus Moabit* in Berlin, bei der es sich um eine universitäre Einrichtung handelt, die dem ersten (bundesdeutschen) Lehrstuhl für Naturheilkunde zugeordnet ist.

Dies sind jedoch, wie gesagt, die Ausnahmen. Ansonsten kommt es im Hinblick auf eine »alternative« stationäre Behandlung heute vornehmlich auf den oben in Punkt 3 angesprochenen **»Versorgungsvertrag«** an, der zwischen den Krankenanstalten und den Verbänden der Krankenkassen und Ersatzkassen zu schließen ist. Diese bedeutsame Voraussetzung ist dann später in *§ 111 SGB 5* geregelt. Und dieser Umstand erklärt dann auch, warum innerhalb der Hausbeschreibungen später im Buch dann der zuletzt genannte Paragraph so häufig auftaucht: entsprechende Hinweise beinhalten, daß ein solcher wichtiger Versorgungsvertrag mit den Krankenkassenverbänden besteht und damit überhaupt *die Möglichkeit für eine über die gesetzlichen Versicherungen abrechnungsfähige stationäre Vorsorge- oder Rehabilitationsbehandlung vorliegt.*

In derartigen anerkannten Einrichtung kann der Patient also eine stationäre Behandlung anstreben.

Eine Schlüsselstellung nimmt in diesem Zusammenhang dann neuerdings der § 39 SGB 5 in Verbindung mit § 40 Absatz 2 SGB 5 ein. Hier wird dem Versicherer die Möglichkeit der Kostenübernahme für stationäre Behandlungen in Kliniken eröffnet, die im Sinne einer Rehabilitationseinrichtung tätig sind und auf diesem Wege Vorbeugung und Behandlung verbinden.

Auch hier sei der Wortlaut der maßgebenden Bestimmungen zitiert (gekürzt):

§ 39 SGB 5:

»Versicherte haben Anspruch auf Behandlung in einem zugelassenen Krankenhaus..., wenn die Aufnahme erforderlich ist, weil das Behandlungsziel nicht durch ambulante Behandlung einschließlich häuslicher Krankenpflege erreichbar ist. Die Krankenhausbehandlung wird voll- oder teilstationär erbracht. Sie umfaßt im Rahmen des Versorgungsauftrags des Krankenhauses alle Leistungen, die im Einzelfall nach Art und Schwere der Krankheit für die medizinische Versorgung der Versicherten im Krankenhaus notwendig sind, insbesondere ärztliche Behandlung..., Krankenpflege, Versorgung mit Arznei-, Heil- und Hilfsmitteln, Unterkunft und Verpflegung...«

§ 40 Absatz 2 SGB 5:

»Reicht die Leistung nach Absatz 1 (= ambulante Rehabilitationskur bzw. »offene Badekur«) nicht aus, kann die Krankenkasse stationäre Behandlung mit Unterkunft und Verpflegung in einer Rehabilitationseinrichtung erbringen, mit der ein Vertrag nach § 111 besteht«.

Im Hinblick auf eine stationäre Behandlung ist es also wichtig, daß das hierfür ins Auge gefaßten Haus einen »Versorgungsvertrag« vorweisen kann. Dieser Punkt ist in § 111 SGB 5 geregelt:

»(1) Die Krankenkassen dürfen medizinische Leistungen zur Vorsorge... oder Rehabilitation einschließlich der Anschlußheilbehandlungen..., die eine stationäre Behandlung, aber keine Krankenhausbehandlung erfor-

dern, nur in Vorsorge- oder Rehabilitationseinrichtungen erbringen lassen, mit denen ein Versorgungsvertrag nach Absatz 2 besteht.

(2) Die Landesverbände der Krankenkassen und die Verbände der Ersatzkassen gemeinsam schließen mit Wirkung für ihre Mitgliedskassen einheitliche Versorgungsverträge über die Durchführung der in Absatz 1 genannten Leistungen mit Vorsorge- oder Rehabilitationseinrichtungen, die... für eine leistungsfähige und wirtschaftliche Versorgung der Versicherten ihrer Mitgliedskassen mit stationären medizinischen Leistungen zur Vorsorge und Rehabilitation einschließlich der Anschlußheilbehandlung notwendig sind...«

An diesen Bestimmungen haben auch die neuesten Regelungen grundsätzlich nicht gerüttelt, wenn es auch im einzelnen für die Branche und den betroffenen Kurwilligen zu schmerzhaften Einschnitten kam. So müssen bei stationären Behandlungen in Sanatorien, Kur- und Fachkliniken statt der bisher üblichen Selbstbeteiligung von DM 11,- pro Tag nun DM 25,- berappt werden. Versicherte aus den neuen Bundesländern müssen DM 20,- zuzahlen. Billiger wird es für den Versicherten, wenn die stationäre Kurmaßnahme mit einem Krankenhausaufenthalt gleichzusetzen ist (z.B. im Falle einer Anschlußheilbehandlung = AHB). Dafür muß dann eine Zuzahlung von DM 12,- (neue Länder: DM 9,-) für höchstens 14 Tage entrichtet werden. Die Eigenbeteiligung kann darüber hinaus auf Antrag erlassen werden, wenn sie -z.B. bei geringfügigem Einkommen- eine erhebliche finanzielle Belastung darstellt. Eine solche Befreiung von der Zuzahlung ist z.B. dann möglich, wenn die Einnahmen bei Alleinstehenden DM 1.708,- (neue Länder: DM 1.456,-) bzw. bei gemeinsamem Haushalt mit einem Angehörigen DM 2.349,- (neue Länder: DM 2.002,-) nicht übersteigen.

Als ziemlich harte Nuß für die Kureinrichtungen hat sich die folgende Neuerung erwiesen: Dem Kurenden werden pro Kurwoche zwei Urlaubstage abgezogen. Experten schätzen, daß dies einer der Hauptgründe dafür ist, daß die Zahl der Kuranträge schlagartig um ein Drittel zurückgegangen ist.

Reformeifer und Kurkrise

Der Gesetzgeber hat sich in Sachen Kur keine Meriten erworben, sondern den Karren durch hilflosen Aktionismus resolut an die Wand gefahren - die Schadensregulierung überläßt man nun den Betroffenen. 1989 beispielsweise gingen die Gesundheitspolitiker gegen das "Badekuren-Unwesen" vor (jetzige ambulante Rehabilitationskur) und begrenzten die maximale Zuzahlung für Unterkunft und Verpflegung auf 15 Mark. Folge: die für den Patienten finanziell nunmehr urplötzlich sehr viel günstigere stationäre Kurbehandlung erlebte einen ungeahnten und beispiellosen Aufschwung, Kurkliniken schossen geradezu aus dem Boden - mit der Konsequenz, daß auch die Aufwendungen für die Versicherungsträger fast ins Astronomische stiegen. Dies wiederum rief die besagten Gesundheitspolitiker erneut auf den Plan und fachte den Reform-Eifer unvermeidlich wieder heftig an. So gebiert eine undurchdachte und unzulängliche Reform nur aufs neue weiteres Stückwerk, ohne Rücksicht auf die Verluste und den dadurch bewirkten Flurschaden in den betroffenen Gemeinden.

Die offene Badekur

Dieser alten und gerngenutzten Einrichtung sind wir weiter oben bereits im Zusammenhang mit dem § 40 SGB 5 begegnet, und sie wird jetzt als »ambulante Rehabilitationskur« oder »ambulante Vorsorgekur« (§ 23 Absatz 2 SGB 5) bezeichnet.

Auch hier der genaue gesetzliche Wortlaut:

§ 40 Absatz SGB 5:

»Reicht bei Versicherten eine ambulante Krankenbehandlung einschließlich ambulanter Rehabilitationsmaßnahmen nicht aus..., kann die Krankenkasse aus medizinischen Gründen erforderliche Maßnahmen in Form einer ambulanten Rehabilitationskur erbringen. Die Satzung der Krankenkasse kann zu den übrigen Kosten der Kur einen Zuschuß von bis zu 15 Deutschen Mark täglich vorsehen«.

Hinsichtlich dieser ambulanten Kuren hat sich inhaltlich wenig geändert, sieht man einmal vom verringerten Zuschuß für Unterkunft und Verpflegung ab. Solche Kuren können im Bedarfsfalle nunmehr allerdings nur alle vier Jahre in Anspruch genommen werden, und die Krankenkassen übernehmen dabei

* die vollen Kosten für die ärztliche Behandlung;

* 85% der Kosten für ärztlich verordnete Kurmittel (Bäder, Massagen,

Gymnastik u.ä.), wobei die Befreiung von Zuzahlungen über eine Härteklausel möglich ist;

* einen Zuschuß in Höhe von DM 15,- pro Tag für Unterkunft und Verpflegung.

Was jeder Patient beachten sollte

So kompliziert und verwirrend die Materie insgesamt auch sein mag - es gibt einige Dinge, die auf jeden Fall beachtet werden müssen, ganz egal wie die Umstände im Einzelfall nun aussehen mögen: so muß zur stationären Behandlung immer die **Einweisung** des behandelnden Arztes vorliegen. Und der Patient muß sich rechtzeitig vor dem Aufenthalt vergewissert haben, daß die Kasse oder Versicherung für die entstehenden Aufwendungen (und gegebenenfalls in welcher Höhe) auch gewiß aufkommt. Er muß also eine verbindliche **Kostenübernahmeerklärung** in Händen haben.

Dies sollten sich auch Privatversicherte immer vergegenwärtigen. Ihre Krankenversicherung unterscheidet grundsätzlich zwischen **allgemeinen Krankenhäusern** sowie solchen Einrichtungen, in denen auch Kuren und Rehabilitationsmaßnahmen durchgeführt werden, also den **Gemischten Anstalten**.

Leider ist es nun mal so, daß eine biologische Klinikbehandlung (gemeint ist dabei immer die »stationäre Behandlung«) heute nicht selten in einer solchen »Gemischten Anstalt« wird erfolgen müssen. Deshalb sei hier mit Nachdruck betont: Bitte lassen Sie sich vor Behandlungsantritt eine verbindliche Leistungszusage Ihres Versicherungsunternehmens geben. Denn wenn Sie erst nach dem Beginn einer Heilbehandlung in einer Gemischten Anstalt eine derartige Zusage beantragen, so besteht für die Versicherung keine Pflicht, für die entstehenden Kosten aufzukommen (auch wenn sonst alle Bedingungen für eine Kostenübernahme erfüllt sein sollten).

* **Merke:** Zwei unverzichtbare Voraussetzungen gibt es, ohne die keine biologische Klinikbehandlung (wenigstens zu erträglichen finanziellen Opfern) stattfinden kann: die Einweisung in eine Klinik durch den Arzt sowie die Kostenübernahmeerklärung durch Krankenkasse oder Versicherung.

Kur und Finanzen

Der »übliche« Weg zur Kur

Geht man nach den bunten Prospekten der Heilbäder (und auch so mancher Krankenkasse), so führen fast ebensoviele Wege zur Kur wie einst nach Rom. Nicht alle können wir hier beschreiben - wir wenden uns eher der »Hauptstraße« zu, der passende Route für die überwiegende Mehrzahl der Kurwilligen.

Ganz am Anfang steht dabei die »Kurreife«, d.h. eine Kur sollte natürlich vom medizinischen Standpunkt Sinn geben und angezeigt sein, um Gesundheit und Arbeitsfähigkeit des Betroffenen zu erhalten oder wiederherzustellen. Diesen Sachverhalt zu beurteilen liegt zuerst einmal in der Zuständigkeit des behandelnden Arztes.

* **Merke:** Der erste Schritt des Kurwilligen führt zum Arzt.

Wir nehmen nun einmal an, der behandelnde Arzt befürwortet in Ihrem Fall tatsächlich einen Kuraufenthalt. Und nehmen wir weiter an, Sie sind -wie dies meist zutreffen wird- gesetzlich krankenversichert. Hieraus ergibt sich dann zwingend der nächste Schritt, der Sie ins Büro Ihrer örtlichen Krankenversicherung führt. Dort hält man für Sie einen »Antrag auf Gewährung von Leistungen für eine Kur in einem Heilbad« bereit und kann Sie bei der Beantwortung einiger Fragen beraten. Ein Teil des Antrages muß vom behandelnden Arzt ausgefüllt werden.

* **Merke:** Ihr natürlicher Ansprechpartner in Sachen Kur ist die Krankenkasse (Krankenversicherung).

In den meisten Fällen wird es sich beim Antragsteller um einen Menschen handeln, der im Berufsleben steht. Zuständig für Kurleistungen sind dann die Rentenversicherungsträger (LVA, BfA). Die Krankenkasse reicht deshalb -wenn es sich um stationäre Rehabilitationsmaßnahmen handelt- in der Regel Ihren Antrag zusammen mit dem ärztlichen Attest an diese Stellen weiter.

Von der LVA (Landesversicherungsanstalt) oder BfA (Bundesversicherungsanstalt für Angestellte) wird meist ein vertrauensärztliches Gutachten über die Notwendigkeit der Kur eingeholt, d.h. Sie sollten sich nun schon einmal darauf einstellen, beim Amtsarzt vorsprechen zu müssen.

Erst nach Vorliegen dieses Gutachtens fällt die Entscheidung darüber, ob eine Kur bewilligt wird oder nicht.

* **Merke:** Hauptfinanciers für Kurleistungen (stationäre Reha-Maßnahmen) sind heute die Rentenversicherungsträger; dort fällt auch die Entscheidung darüber, ob die beantragte Kur bewilligt wird oder nicht.

Also: Immer ist die Krankenkasse Ihr direkter Ansprechpartner, und dies obwohl sie doch sehr oft Zwischenstation ist und Ihren nur Antrag weiterleitet.

Sind Sie jedoch z.B. Rentner oder als Familienmitglied mitversichert, so verbleibt der Antrag gleich bei der Krankenkasse. Denn in diesem Falle sind LVA oder BfA -deren Hauptsorge der werktätigen Bevölkerung gilt- nicht zuständig.

Die Prüfung Ihres Anliegens und die Entscheidung über eine Bewilligung der beantragten Kur erfolgt nun direkt an Ort und Stelle nach einem ähnlichen Verfahren wie oben beschrieben.

Hindernisse auf dem Wege

Soweit also die allgemeinen Empfehlungen. Im Hinblick auf eine eigenständige, gezielt gewählte »Bio-Kur« muß man nun leider doch wieder umdenken. Denn hierbei haben Sie normalerweise eine bestimmte Kureinrichtung im Auge -beispielsweise eines der in diesem Buch aufgeführten Häuser-, deren besonderes Leistungsangebot Sie anspricht. Die Rentenversicherungsträger arbeiten jedoch nur jeweils mit bestimmten Vertragshäusern zusammen. Nur Kuren, die in diesen Häusern abgewickelt werden, können finanziert werden - und es ist leider noch die Ausnahme, wenn ausgesprochen ganzheitlich orientierte Kureinrichtungen auf der Vertragsliste der Rentenversicherungsträger stehen (auch hier sei jedoch empfohlen, sich mit Nachdruck danach zu erkundigen, ob ein Aufenthalt in der ins Auge gefaßten Kureinrichtung nicht vielleicht doch von der Versicherung getragen wird).

Was also tun?

Als Ausweg bietet sich in diesem Falle eine Behandlung auf der Grundlage der »offenen Badekur« bzw. »ambulante Rehabilitations- oder Vorsorgekur« an. Hierfür ist Ihre Krankenkasse zuständig. Der Kurende ist dabei in der Wahl von Unterkunft und Verpflegung relativ frei, bekommt allerdings für seine ihm dabei entstehenden Aufwendungen nur einen bestimmten Betrag als Zuschuß (um die 15 Mark seit der Neufassung durch das Gesundheits-Reformgesetz); die badeärztlichen Leistungen sowie die Kurmittel werden von der Kasse übernommen. Einzelfragen wie die Abrechnung der einzelnen Kurleistungen (zuständig sind die Badeärzte des Kurortes!) müssen mit der Krankenkasse vorab geklärt werden.

* **Merke:** Eine Bio-Kur wird häufig nur auf Zuschußbasis in Form der »offenen Badekur« abgewickelt werden können. Ihre Krankenkasse muß die Ortswahl »absegnen« und entscheidet über Ihren Antrag.

Privatversicherte haben es nicht immer besser

Nehmen wir nun einmal an, Sie sind privat versichert. Eigentlich kann man Sie dann im Krankheitsfalle nur beneiden. Denn es ist einfach eine Tatsache, daß Sie in der Arztpraxis und im Krankenhaus gewisse Privilegien genießen, aus dem einfachen Grunde, weil jeder eben mehr an Ihnen verdient. Sie sind also das, was man im Geschäftsleben einen »guten Kunden« nennt. Nicht ganz so günstig stehen Ihre Aktien möglicherweise, wenn es um einen Kuraufenthalt geht. Denn hierbei werden Sie vielleicht einen erklecklichen Teil der Kosten aus eigener Tasche zahlen müssen. Die Entscheidung hierüber trifft wie so oft das Kleingedruckte des Vertragstextes. Das erste, was Sie deshalb tun müssen: schlagen Sie in Ihrem Versicherungsvertrag nach, was dort über die Durchführung von Kurbehandlungen geschrieben steht und ob solche Leistungen überhaupt erstattungsfähig sind (Kurklausel). Noch besser ist es, gleich bei der Versicherung persönlich (oder telefonisch/schriftlich) vorzusprechen und nach den Möglichkeiten und Voraussetzungen einer bezahlten Kur zu fragen. Bestätigt man Ihnen dabei, daß Sie anspruchsberechtigt sind, so können Sie sich wieder in Ihre alten Vorrechte eingesetzt fühlen: nun benötigen Sie nur mehr ein entsprechendes Attest des behandelnden Arztes und sind als Privatpatient überall ein gerngesehener Gast, ohne dafür erhebliche finanzielle Opfer aufbringen zu müssen.

Auf jeden Fall gilt jedoch auch hier als eine Art »Grundgesetz«: Sie müssen vor Antritt der Kur die verbindliche Kostenübernahmeerklärung der Versicherung in der Tasche haben, sonst wird die Kur zum finanziellen Abenteuer.

* **Merke:** Der privatversicherte Kurwillige vergewissere sich zuerst, ob sein Vertrag eine Kurklausel enthält. In den meisten Fällen ist es so, daß Sanatoriumskuren von den Versicherungen nicht erstattet werden müssen.

Dies ist jedoch noch nicht alles. Stehen Sie nämlich als Beamter in öffentlichen Diensten, so sind Sie darüber hinaus auch beihilfeberechtigt. Die Fürsorgepflicht des Staates seinen Bediensteten gegenüber macht die Beihilfestellen (Versorgungsämter) zum Ansprechpartner für Kurleistungen (die jedoch nur in Höhe von 50% übernommen werden). Der -leider nur in mancher Hinsicht- mit spitzem Bleistift rechnende Staat jedoch legt eine schon bekannte Hürde in den Weg: es genügt hier nicht das Attest des behandelnden Arztes, sondern der Kurwillige muß zusätzlich noch zum Gesundheitsamt und sich seine »Kurreife« amtlich bestätigen lassen.

* **Merke:** Beamte können auf Staatskosten kuren, wobei jedoch im besten Falle 50% der entstehenden Kosten erstattet werden.

Kostenerstattung für biologische Heilweisen

Leider läßt sich hier ganz pauschal sagen, daß es der Patient oft schwer haben wird, die Kosten für sehr viele gebräuchliche biologische Heilweisen erstattet zu bekommen. Dies gilt in besonderer Weise im Hinblick auf die gesetzlichen Krankenkassen, jedoch auch weitgehend im privaten Bereich. Behandlungen wie die »Sauerstoff-Mehrschritt-Therapie« oder die »Haematogene Oxydationstherapie« werden unseres Wissens von kaum einem Krankenversicherungsträger erstattet. Die Ablehnung der Kostenerstattung stützt sich hier -wie auch bei anderen Therapieformen- auf das Argument, diese Heilweisen seinen »wissenschaftlich nicht allgemein anerkannt«. Bei schweren und bisher unzureichend erforschten Leiden (Multiple Sklerose) ging der Bundesgerichtshof zwar so weit, die Erstattungsfähigkeit auch auf sog. unorthodoxe Heilmethoden auszudehnen. In der Regel wird man sich jedoch weiterhin vor Beginn einer jeden »biologischen« Therapie bei seinem

Versicherungsunternehmen oder seiner Krankenkasse sehr genau informieren müssen -egal ob es sich nun um eine stationäre Behandlung oder einen Kuraufenthalt dreht-, welche therapeutischen Maßnahmen aus eigener Kasse zu begleichen sein werden und für welche Leistungen (gegebenenfalls aus Kulanz) der Versicherungsgeber eintritt.

1997 eröffneten sich unvermittelt und kaum erwartet aber für den Patienten auch neue Perspektiven. Es gibt inzwischen eine gesetzliche Krankenkasse, die »Leistungen der Schulmedizin und seriöser Naturheilverfahren gleichberechtigt nebeneinander« erstattet. Der Versicherte hat also in diesem Fall einen Rechtsanspruch auf eine »sanfte« Behandlung!

Info: Securvita BKK, Große Elbstr. 39, 22767 Hamburg, Telefon (gebührenfrei) 0130/76917, Fax 040/386025-90.

Auch die IKK Hamburg bezieht in begrenztem Rahmen neuerdings Naturheilweisen in ihren Leistungskatalog mit ein. Dies gilt für die Anthroposophische Medizin, Kunsttherapie, Homöopathie, Akupunktur, Neuraltherapie sowie Heileurythmie, rhythmische Massagen und Bäder.

Info: IKK Hamburg, Kieler Str. 464-470, 22525 Hamburg, Telefon 040/54003-552, Fax 54003-333.

Für Privatversicherte gibt es die Möglichkeit, sich einen Anspruch auf Nutzung der Kraft der heilkräftigen Pflanzen und anderer naturgemäßer Therapien über eine Zusatzversicherung mit Spezialtarif vorsorglich zu sichern.

Info: Viktoria Krankenversicherung AG, Hans-Böckler-Str. 36, 40198 Düsseldorf, Telefon 0211/477-4444, Fax 477-4333.

Noch ein Tip für die Steuererklärung

Selbst erbrachte Kur-Aufwendungen können gegenüber dem Finanzamt als »außergewöhliche Belastung« geltend gemacht werden. Voraussetzung für die Anerkennung ist auf jeden Fall eine amtsärztliche Bescheinigung über die medizinische Notwendigkeit der Maßnahme **vor** Kurantritt.

Als Bescheinigung in diesem Sinne gilt z.B. auch die Genehmigung der Kur durch Krankenkasse oder Rentenversicherungsträger.

Mögliche Kur-Hürden

Haben Sie in jüngerer Zeit bereits eine Kur angetreten? Dann wird man Ihnen wahrscheinlich Schwierigkeiten bei der Neubewilligung machen. Die neue 4-Jahres-Klausel wird jedoch nicht immer so streng gehandhabt, wie es dem Buchstaben des Gesetzes entsprechen würde.

Wenn Sie im Ausland kuren möchten, so steht dem Privatversicherten (mit Kurklausel) nichts im Wege, zumindest was den Bereich der Europäischen Gemeinschaft betrifft sowie die Länder, mit denen ein Sozialversicherungs-Abkommen besteht (z.B. Österreich; Schweiz in Vorbereitung).

Auch wenn eine Ersatzkasse die Aufwendungen trägt, sind Kuren im Ausland möglich; jedoch auch hier gilt: Es gibt keine Zuschüsse für Kuren in Ländern ohne Sozialversicherungs-Abkommen, und selbst wenn solche Abkommen bestehen, empfiehlt sich die vorherige Rücksprache mit der Krankenkasse.

Schließlich tritt noch ganz allgemein folgender Gesichtspunkt hinzu: Es kommt darauf an, daß der »Standort« des Sanatoriums oder Kurheimes Ihrer Wahl als Badeort von Ihrer Krankenkasse anerkannt ist, damit die Kurkosten erstattet und Zuschüsse gezahlt werden können. Auch dieser Punkt läßt sich schnell im Gespräch mit Ihrem Versicherungsträger klären.

INFO: Bei den gesetzlichen Regelungen im Gesundheitswesen, was Kuren und stationäre Kuraufenthalte und Rehabilitationsmaßnahmen angeht, ist vieles im Fluß. Was bei -unausweichlich noch folgenden- Neuregelungen gerade im Bereich des Krankenhauswesens auf den Patienten zukommt, kann dieser bei seiner Krankenkasse, seinem Versicherungsträger erfragen. Oder er wendet sich an den **Deutschen Bäderverband**, Schumannstr. 111, 53113 Bonn, Telefon 0228/262010, Fax 215524.

Kostenloser Rat in Sachen Kur

Eine Informations-Initiative in Sachen Klarheit rund um die Kur hat man beim Nordrhein-Westfälischen Heilbäderverband gestartet. Dort ist bereits seit Sommer 1997 ein gebührenfreies Service-Telefon eingerichtet, das angewählt werden kann unter der Nummer: 0130/726292. Der Anrufer erhält kompetente, direkte und individuelle Antworten bei persönlichen Problemstellungen (Schwerpunkt: Einrichtungen in Nordrhein-Westfalen). Dies gilt z.B. im Hinblick auf die teilweise höchst kompliziert gewordenen Zulassungsschranken für Kur- und Rehamaßnahmen (was den ganzen Aufwand an Anträgen und Voraussetzungen angeht). Auch Ablehnungsbescheide der Kostenträger können unter die Lupe genommen werden. Ein waches Auge will man überdies auch darauf haben, daß bei der Kinderrehabilitation (Mutter-Kind-Kuren) keine ungerechtfertigten Einschnitte vorgenommen werden.

Wie lange der Service einer gebührenfreien Auskunftsstelle aufrechterhalten werden kann, ist im Moment noch ungewiß. Sollten Sie unter der aufgeführten Rufnummer nicht mehr ankommen, so erhalten Sie weiterhin Auskünfte beim: * Nordrhein-Westfälischen Heilbäderverband e.V., c/o Saline Bad Sassendorf GmbH, Kaiserstr. 14, 59505 Bad Sassendorf, Telefon 02951/5014502, Fax 5014509.

Wer konkrete Informationen über Zuzahlungen und besondere Reha-Formen (z.B. Kinder-Rehas) wünscht, kann auch das Service-Telefon der Bundesversicherungsanstalt für Angestellte (BfA) anwählen: Telefon 01803/331919 (montags bis mittwochs 15.30 bis 19.30 Uhr). Manche meinen, man könne für die Kur im herkömmlichen Sinne schon das Sterbeglöcklein läuten. Dies wäre bedauerlich. Denn bei den Badeärzten verfügt man über genügend statistisches Material, das belegt: Patienten, die seriöse Kuren durchführen, sind weniger krank und weniger arbeitsunfähig, benötigen signifikant weniger Krankenhausaufenthalte.

Info: Verband Deutscher Badeärzte, Geschäftsstelle, Elisabethstr. 7, 32545 Bad Oeynhausen, Telefon 05731/21203, Fax 260880.

Hochinteressant ist auch das neuentwickelte Konzept der **Kompaktkuren**. Entsprechende Programme wurden inzwischen für zahlreiche Indikationsbereiche entwickelt. Die Behandlungen werden in Gruppen von maximal 15 Personen, die alle ein ähnliches Krankheitsbild aufweisen, relativ straff in drei Wochen durchgeführt, begleitet von einem Team von Spezialisten.

Info: Kompakt-Kur-Zentrale, Postfach 1226, 56864 Bad Bertrich, Telefon 02674/9371-0, Fax 9371-55.

Ganzheitsbehandlung mit System: Kneipp & Co.

100 Jahre Weltruhm - Die Kneipp-Kur

Die Kneipp-Kur ist nun bereits seit mehr als einem Jahrhundert ein Begriff und hat Millionen Menschen dazu verholfen, zu einem natürlicheren Leben zurückzufinden. Mit Sebastian Kneipp (1821-1897) ist gewissermaßen der neue Aufbruch und Durchbruch der »Lebensreformer« verbunden, die aus dem gesellschaftlichen Abseits zu Anerkennung und zeitweise enthusiastisch gefeierter Popularität fanden.

Man schrieb den Mai 1855, als das damals noch winzige Allgäu-Dörfchen Wörishofen Zuzug erhielt: Ein neuer Geistlicher, Sebastian Kneipp mit Namen, sollte die örtliche Benediktiner-Abtei auf Vordermann bringen. Der Mann Gottes hielt ganz unspektakulär auf einem unbequemen Pferdewagen Einzug. Bald sollten auf seinen Spuren ganze Heerscharen von Heilungssuchenden folgen. Die Mitte des 19. Jahrhunderts wurde so zu einem Brenn- und Wendepunkt für die Medizin und unsere Auffassungen vom Krankheitsgeschehen. Einerseits formierte sich in jenen Jahren die moderne universitäre Medizin und führte die organischen Fehlfunktionen auf »Zelldefekte« und auf Infektionen durch pathogene Mikroorganismen zurück. Andererseits entfaltete zu diesem Zeitpunkt Sebastian Kneipp seine Tätigkeit als Laienbehandler, und er propagierte weniger eine »neue Medizin« als Hoffnung für den Kranken als vielmehr ein reformiertes Verständnis vom naturgemäßen, bewußten Leben. Bei Sebastian Kneipp und seiner »Lehre vom gesunden Leben und naturgerechten Heilen« (M. Bocksch) fanden sich damit bereits alle Keime angelegt, die in der modernen Ganzheitsmedizin zum tragen gekommen sind.

Und dies sind die »5 Säulen« der Kneipp-Therapie:

* **Hydro- und Balneotherapie**, also die traditionellen und verfeinerten Wasserheilverfahren. Hier wird das Lebenselement Wasser zu einem Heil-Impuls-Vermittler erster Ordnung, und zwar durch eine Vielzahl von

thermischen, chemischen, mechanischen oder hydroelektrischen Reizen.

* **Bewegungstherapie** mit einer abwechslungsreichen Palette von körperlichen Aktivitäten, so z.B. Wandern (in zügigem Tempo!), Gymnastik, Schwimmen, Bewegungsbäder und Massagen, Radfahren.

* **Gesundkost**, d.h. eine Basiskost nach den Prinzipien der vitalstoffreichen und naturnahen Vollwerternährung, wie sie von Sebastian Kneipp selbst vorempfunden, von Bircher-Benner und Prof. Werner Kollath ausgearbeitet und heute von Dr. M. O. Bruker und Prof. C. Leitzmann propagiert wird. Denaturierte Nahrungsmittel (u.a. Fabrikzucker, Weißmehlprodukte, Fertiggerichte) und Genußgifte sollen hierbei gemieden werden, und bevorzugt werden Gerichte unter Verwendung des vollen Korns sowie möglichst umfangreicher Frischkostanteile.

* **Pflanzenheilkunde**, ein besonderes »Steckenpferd« von Pfarrer Kneipp: gezielte Anwendung (äußerlich und innerlich) von vorwiegend mild wirkenden Mitteln aus dem »Arzneimittelschatz von Feldern, Wiesen und Wäldern«.

* **Ordnungstherapie**, das Kernstück jedes dauerhaften Kurerfolges. Hierzu gehört eine »Neuordnung« unseres Wertegebäudes. Der bewußten Gesundheitspflege sollte dabei ein hoher Stellenwert eingeräumt werden, mit der lebenslangen Bemühung um den »richtigen Weg« und dem damit verbundenen Willen, das Wissen darum in die tägliche Lebenspraxis einfließen zu lassen.

Die Behandlung nach Kneipp entfaltet ein äußerst facettenreiches Wirkungsspektrum, so z.B. bei Herz- und Kreislauferkrankungen und Gefäßleiden (Blutdruck, Arteriosklerose, Venenleiden u.ä.), Erkrankungen der Atemwege und der Verdauungsorgane, Leber- und Gallenleiden, Erkrankungen der Niere und Harnwege, Stoffwechselstörungen, Erkrankungen des Bewegungsapparates sowie auf dem weiten Feld der organischen oder vegetativen Störungen des Zentralnervensystems. Auch bei Infektanfälligkeit (Abwehrschwäche), Hautleiden und Frauenkrankheiten kann eine Kneipp-Kur angezeigt sein.

Bad Wörishofen ist immer noch erste Pilgerstätte für alle Kneippianer, mit über 200 Kurbetrieben, 70 Badeärzten, 160 Therapeuten und fast 300 Bademeister(inne)n. In den besten Jahren kam man dort auf bis zu 1,4 Millionen Übernachtungen - unerreichbar im nun rauheren Wind, welcher der Kur neuerdings entgegenweht. In Deutschland gibt es davon einmal abgesehen jedoch noch insgesamt 20 anerkannte Kneippheilbäder und 38 Kneippkurorte. Informationen zur Kneipp-Kur erhält der Interessierte beim *Verband Deutscher Kneippheilbäder und Kurorte, 57334 Bad Laasphe, Kneipp Service-Telefon 02752/898, Kneipp Service-Fax 7789. Ansprechpartner in der Schweiz: Schweizer Kneipp-Verband, Weissensteinstr. 35, CH-3007 Bern, Telefon 031/3724543 (ca. 410 Ortsvereine, mehr als 15.000 Mitglieder). Auskünfte erteilt natürlich auch der Kneipp-Bund e.V., Postfach 1452, 86817 Bad Wörishofen, Telefon 08247/3002-0, Fax 3002-199. In Deutschland gibt es mehr als 600 örtliche Kneipp-Vereine, die vielfältige Veranstaltungen zur Gesundheitsbildung anbieten.*

Die Kur nach »Wunderpastor« Felke - Heilen mit den vier Elementen

Leopold Emanuel Felke (1856-1926), der »Lehmpastor«, gehört zu den bemerkenswertesten Persönlichkeiten der deutschen Naturheilkunde.

Er hielt nichts von »Medikamenten«. Als Arzneien genügten ihm allein die vier Elemente, die auch den Menschen selbst hervorbringen und formen: Luft, Licht, Wasser und Erde - und mit dieser weisen Bescheidung auf das Wesentliche wurde er zu Beginn unseres Jahrhunderts zu einem der bekanntesten Heiler seiner Zeit.

Selbst Schulmediziner bestaunten dieses Phänomen, um nur eine von vielen Stimmen zu zitieren: »Der Ruf des Wunderpastors verbreitete sich über ganz Deutschland. Immer mehr Kranke kamen, um sich in Licht, Luft und Sonne gesundzubaden, und sie zogen, den Pastor preisend, verjüngt und gekräftigt wieder davon«.

Felke war in vielen Dingen ein Anreger und Vorreiter; so beispielsweise für die Augendiagnose und, wichtiger noch, für die Popularisierung einer vitalstoffreichen vegetarischen Ernährung. Dies geschah zu einer Zeit, als Bircher-Benner in Zürich noch verspottet wurde und sich noch kaum jemand von Vitaminen und ähnlichen essentiellen Nahrungsbestandteilen auch nur eine Vorstellung machte.

Als ganz besondere Lebensleistung erwies sich die von Felke entwickelte gesundheitliche Nutzanwendung des Elementes Erde: also die bis heute beliebte Lehmbehandlung, wie sie in der »Felke-Hochburg« Sobernheim mit großem Erfolg praktiziert wird.

Mit Lehm wurde schon seit vielen Jahrhunderten behandelt. Erst Felke jedoch machte aus diesen verstreuten und immer wieder vergessenen Ansätzen ein geschlossenes System zur Behandlung vielfältiger Leiden wie z.B. von rheumatischen Erkrankungen, Krankheiten der Haut und der Atemwege, Stoffwechsel- und Herz-Kreislauf-Leiden oder Durchblutungsstörungen. Daraus ersieht man auch, daß die Felke-Kur im Laufe der Jahrzehnte ganz und gar keinen »Staub angesetzt« hat, sondern vielmehr von Tag zu Tag immer aktueller wird: denn die nachhaltigsten Wirkungen entfaltet sie im Hinblick auf die verbreiteten Zivilisationskrankheiten, die aus falscher Lebensweise und Fehlernährung resultieren und denen die herkömmliche Medizin bisher oft machtlos gegenübersteht.

Info: Felke-Bund e.V., Am Maasberg, 55666 Bad Sobernheim, Telefon 06751/876-0, Fax 876-201. Ärztlicher Arbeitskreis für Felketherapie, Winzenheimer Str. 40, 55545 Bad Kreuznach, Telefon 0671/27209.

Gewinn durch Verzicht - Die Fastenkur

Das Heilfasten ist seit langem ein unverzichtbarer Bestandteil der naturgemäßen Ganzheitsbehandlung.

Um den Selbsterneuerungsprozeß in Gang zu setzen, bedarf es oftmals zuerst einer Entlastung des Körpers, eines Reinigungsvorgangs, wie er in besonders intensiver Weise durch die kontrollierte Nahrungsenthaltung erreicht wird.

Es ist ganz unumstritten, daß die verbreitete Überernährung wesentlich an der Herausbildung der heute so bedrängenden Zivilisationskrankheiten mitbeteiligt ist, und Fasten erweist sich darüber hinaus auch als »Waffe« gegen die Fehlernährung, indem es zu natürlicheren, vollwertigen Kostformen zurückführt.

Im folgenden führen wir die gebräuchlichsten Fastenformen auf, wie sie in Kliniken oder Kurhäusern unter fachmännischer Aufsicht durchgeführt werden.

Ihnen allen ist eigen, daß das Behandlungskonzept sich nicht in bloßer »Null-Diät« erschöpft: auch der Fastende hat seinen -wenn auch sehr zusammengestrichenen- Speiseplan, um den notwendigsten Bedarf an essentiellen Nahrungsbestandteilen zu decken; und das Fasten -soll es nachhaltig wirken- ist stets begleitet von weiteren therapeutischen Maßnahmen wie z.B. einer bewußten Atemschulung, Entspannungsübungen oder Bewegungstherapie.

*** Fasten nach *Buchinger***

Dr. Otto Buchinger (1878-1966) entwickelte die beispielhafte Fastenpraxis schlechthin, wie sie zum Vorbild für das Heilfasten überhaupt wurde.

Das 3-Wochen-Fasten soll danach mit einem *Entlastungstag* beginnen.

Der *Fasten-Fahrplan* beinhaltet dann während des Tages Kräutertee, Gemüsebrühe, Obst- und Gemüsesäfte. Beendet wird das Fasten sehr vorsichtig mit dem *Fastenbrechen*, wobei ein frischer Apfel sehr langsam und gründlich gekaut verzehrt wird. Wichtiger Teil der Kur ist auch der sorgfältige *Fastenaufbau.* Hier hat sich eine naturbelassene, frischkostreiche Vollwertkost bewährt.

Begleitet ist das Buchinger-Heilfasten von einer gründlichen *Darmpflege* durch Einläufe oder abführendes Glaubersalz (Karlsbader Salz).

*** Die *Mayr-Kur***

Benannt ist diese erfolgreiche Regenerationstherapie nach dem österreichischen Arzt und »Ernährungspionier« Dr. Franz Xaver Mayr (1875-1965).

Die von ihm entwickelte »Milch-Semmel-Diät« hat die Sanierung des Verdauungstraktes zum Ziel.

Mayr ging wie Are Waerland von der Überzeugung aus, daß es »die Gifte im Darm sind, die den Menschen krank, vorzeitig alt und häßlich machen«. Dabei entwickelte er neben seiner Kur zur Schonung und Regeneration des Verdauungskanals eine besondere Diagnostik, die aufgrund von Haltungsformen (»Hab-Acht-Haltung«, »Entenhaltung« u.a.) deutliche Rückschlüsse auf die gesundheitliche Verfassung des Patienten zuläßt.

Außer diesen »klassischen« Heilfastenkuren gibt es noch eine ganze Reihe von Sonderformen, so z.B.:

* **Die *Breuß-Kur***

Diese nicht unumstrittene Tee-Saft-Fastenkur eines österreichischen Laienbehandlers soll sich besonders bei Krebsleiden bewähren.

* ***Molkefasten***

Hierbei wird über den Tag verteilt etwa 1 Liter Molke (ein kalorienarmes, mineralstoffhaltiges Nebenprodukt bei der Quark- und Käseherstellung) getrunken, meist zusätzlich zu Obst- und Gemüsesäften.

Tip: Eine aktuelle Aufstellung von besonderen Fastenhäusern für Therapie, Kur und Urlaub findet sich im **»Ratgeber Fastenkuren** (64 Seiten, DM 12,-) von Dr. med. Marlis Armbrüster. Die entsprechenden Häuser werden ausführlich beschrieben, und das Buch enthält auch ein »ABC des Heilfastens«, in dem die Besonderheiten der einzelnen Fastenarten erläutert werden sowie ein Kapitel zum »Fasten ohne Risiko«, das zur sog. Fastenkontroverse Stellung nimmt. Es ist direkt erhältlich beim: Verlag Norbert Messing, Postfach 1217, 76663 Bad Schönborn (siehe auch Buchanhang).

Ballast abwerfen - Die Schroth-Kur

Die Schroth-Kur ist eine der ältesten praktizierten Entschlackungskuren. Begründer war auch hier ein medizinischer Laie, und zwar der Bauer und Fuhrmann Johann Schroth (1798-1856) aus Niederlindewiese im Sudetenland.

Anhand intuitiver Naturbeobachtungen entwickelte er ein System von Behandlungen, das auf der Kombination von sog. »Packungen«, Diät sowie Trink- und Trockentagen beruht.

Ein Kernstück der Schroth-Kur ist die *»frühmorgendliche Packung«*. Was es damit auf sich hat, beschreibt der Fachmann so:

»Zunächst wird der Kurgast in feuchtkalte Laken eingeschlagen, was die Wärmerezeptoren der Haut reizt. Diese stimulieren dann den ganzen Körper, steigern seine Wärmeproduktion, regen Organe wie Leber und Muskulatur stark an. Die geschickte Packerin wickelt dabei das feuchtkalte Leinentuch enganliegend um Körper, Arme und Beine. Dann folgen Wolldecken, anschließend wird auch noch das Packbett mit zwei Bändern festgeschnürt« (A. Gassner).

Durch die dabei erfolgende Temperaturerhöhung werden alle körperlichen Abläufe, der gesamte Stoffwechsel stimuliert, es wird also gewissermaßen das Startsignal zur Entgiftung und Entschlackung gegeben.

Bei der *Diät* geht es darum, den Körper zu entlasten. Er soll unnötigen Ballast, überflüssige Pfunde abwerfen und sich während dieses Prozesses der Entschlackung erneuern.

Im folgenden bringen wir zur Veranschaulichung eine knappe Beschreibung der verschiedenen Trink- und Trockentage, wie sie im Verlauf der langen Behandlungstradition an inzwischen 20 Kurorten (Zentrum ist Oberstaufen) entwickelt wurden:

»Großer Trinktag«:

Früh gibt es 1 Glas Kräutertee mit Gebäck; mittags Gemüsesuppe oder Spargel, Reis mit Weinschaum und nachmittags zwischen 15 und 22 Uhr bis zu 1 Liter verordnete Kurgetränke (z.B. Wein, Tee, Fruchtsäfte oder Heilwasser). Das Abendessen besteht aus Schwarzbrot mit geraspelten Möhren, Kresse oder Schnittlauch und Kurgebäck.

(Anmerkung zum Wein: es sollen dabei alkoholarme, trockene Weißweine getrunken werden.)

»Trockentag«:

Früh: 1 Glas Kräutertee mit Kurgebäck; mittags: Pflaumen mit Kurgebäck und abends: frisch gepreßter Obstsaft sowie Leinsamenbrot mit Möhren, Schnittlauch oder Kresse.

»Kleiner Trinktag«:

Morgens: 1 Glas Kräutertee mit Gebäck; mittags: Reissuppe mit Gemüse; nachmittags bis zu 1/2 Liter verordnete Kurgetränke; Abendessen wir beim »Großen Trinktag«.

Hauptindikationen für die Schroth-Kur sind Herz-Kreislaufleiden, Rheuma, Hauterkrankungen, Drüsenfunktionsstörungen, chronische Vergiftungen

(Arzneimittelmißbrauch u.a.), Übergewicht, Verdauungsleiden, Nikotinsucht.

Oberstaufen ist das einzige Schroth-Kurbad. Schrothkuren werden darüber hinaus noch in zahlreichen Heilbädern und Kurorten angeboten, zunehmend auch im Ausland. So ist eines der jüngsten Neu-Mitglieder die Schrothgesellschaft in Laszne Dolni-Lipova (Bad Niederlindewiese) in Tschechien. Info: Internationaler Schrothverband e.V., Postfach 80, 87528 Oberstaufen, Telefon 08386/93000. Schrothvereine gibt es an mehreren Orten (Oberstaufen: Telefon 08386/4920, Fax 49210; 37421 Bad Lauterberg, Telefon 05524/92040; 29683 Fallingbostel, Telefon 05162/6011, Fax 6014; 29389 Bodenteich, Telefon 05824/2376; Bad Orb, Telefon 06052/810; Südtirol, I-39012 Meran, Telefon 0039/473/230413).

Von der Macht heilkräftiger Pflanzen
Die Maurice-Mességué-Kur

Maurice Mességué - dieser Name ist zum Markenzeichen für Kräuterkundige geworden und ein Schlüssel zum unerschöpflichen Reich medizinisch wirkender, heilkräftiger Pflanzen.

Allein mit dem hier versammelten Schatz an ursprünglichen Arzneien gelang es diesem populären Naturheiler, über viele Jahrzehnte hinweg einer unerhört großen Zahl von Menschen zuverlässig und konkret zu helfen.

Von ganz besonderer Bedeutung dürfte sich in Zukunft jedoch eine Lebensleistung des »Kräuterzauberers« erweisen, die bisher noch weniger bekannt ist: Maurice Mességué hat auch eine *Kur* entwickelt, die sich als Weg und Chance zur Rückeroberung oder Bewahrung unserer Gesundheit und Vitalität bewährt.

Im Vordergrund steht dabei die Entschlackung - eine Einsicht, die Mességué mit den führenden Persönlichkeiten vor allem der deutschen Naturheilkunde teilt.

Unvorteilhafte Lebensgewohnheiten (u.a. Bewegungsarmut), Fehl- und Überernährung, Genußgifte, schädigende Umwelteinflüsse stellen heute mehr als je zuvor die Entgiftung in den Mittelpunkt der ganzheitstherapeutischen

Maßnahmen im Kampf gegen die chronischen Zivilisationsleiden.

Mességué sagt hierzu selbst: »Ich wollte beweisen, daß die Heilung eines Kranken nach einer vorangegangenen Entschlackung besonders große Fortschritte macht. Deshalb haben wir ein Kurzentrum unter ärztlicher Leitung eröffnet, in dem meine Pflanzenrezepte angewendet werden. Die Ergebnisse sind bemerkenswert. In kürzester Zeit werden Übergewicht, erhöhter Blutdruck, hoher Cholesterin- und Blutzuckerspiegel günstig beeinflußt« - eine Einschätzung, die sich heute im Therapiealltag täglich aufs neue bestätigt.

Der gesamte Behandlungsablauf -von der gründlichen diagnostischen Eingangsuntersuchung über die speziellen pflanzenheilkundlichen inneren und äußeren Anwendungen bis zur sorgsam zusammengefaßten therapeutischen Bilanz der Kur- findet dabei unter Aufsicht eines Arztes statt, der über besondere Erfahrungen im Hinblick auf natürliche Heilweisen und Homöopathie verfügt. Das Kernstück sind die erwähnten Entschlackungsmaßnahmen, mit deren Hilfe der Körper lernt, sich »mit erstaunlicher Schnelligkeit und Energie gegen äußere Einflüsse« zu wehren (Mességué) und wobei besondere Kräuterbäder eine wichtige unterstützende Rolle spielen. Ein wichtiges und unverzichtbares Element innerhalb dieses neuen Kurkonzepts bildet schließlich noch der spezielle *Diätplan*, durch welchen die vielfältigen Entlastungs- und Heilimpulse einer vitalstoffreichen, stoffwechselanregenden Kost in den Prozeß der gesamtkörperlichen Erneuerung und Regeneration verstärkend einbezogen werden.

Mit diesem ganzheitsmedizinischen, »sanften« Ansatz reiht sich die Kur nach Maurice Mességué somit in die klassischen Behandlungsformen der Naturheilkunde ein und bietet eine wertvolle Bereicherung für die vorbeugende Gesundheitspflege und ursächliche Heilbehandlung.

Seren helfen auf die Sprünge - die Wiedemann-Kur

Warum und wodurch altert der Mensch?

Diese grundsätzliche Frage war es, welche den Grundstein für die noch relativ junge **Wiedemann-Kur** legte, insbesondere ihr Kernstück: die

Serumtherapie. Verfolgt man ihre Wurzeln zurück, so stößt man auf eine ziemlich spektakuläre Linie der Medizin. Denn seit langem hatten Ärzte versucht, über eine Beeinflussung der inneren Sekretion (Drüsen) die Alterungsprozesse beim Menschen zu verlangsamen (siehe auch Kasten). Dies führte schließlich unter anderem zu so grotesken Aktionen wie jener des russischen Arztes Veronoff, der älteren Männern die Keimdrüsen von Affen einsetzte, um sie sexuell wieder in Schwung zu bringen. Versuche, die ihm neben einem Sturm der Entrüstung, viel Spott, auch ein volles Wartezimmer einbrachten.

Verjüngende Stimulationen von Geweben, Organen und Drüsen mußten jedoch auch auf anderem Wege möglich sein. Davon war Veronoffs Landsmann Ilja Metschnikoff überzeugt, ein Zoologe und späterer Nobelpreisträger, der am berühmten Institut Pasteur in Paris seine Sporen verdient hatte. Er versuchte es mit Injektionen sog. Immun-Seren zu bewerkstelligen. Diesen Ansatz vollendete dann schließlich Alexander Borgomoletz, sein Schüler, am Institut für experimentelle Biologie und Pathologie in Kiew. Ein von ihm eigentlich zur Krebsbehandlung entwickeltes Präparat (»reticuloendotheliales Serum«) zeigte überraschenderweise eine allgemein immunstimulierende Wirkung und Vitalisierung bei den Patienten, was die Forschungen schließlich auf eine neue Bahn lenkte. Das Serum galt seither -wobei sicher einiges an Übertreibung mit im Spiel war- als eine Art Geheimtip und »Verjüngungsmittel«.

In der Folgezeit wurde das Borgomoletzsche Verfahren weiterentwickelt, insbesondere stellte man in den 50er Jahren bestimmte Organseren her (Menk und Wiedemann), die beispielsweise auf Herz, Nieren, Pankreas, Leber oder die Gelenke wirken.

Heute arbeitet man mit 14 »Einzel-Organsera« sowie zwei Kombinationsseren.

Die Therapie wurde schließlich in Sanatorien kurmäßig durchgeführt, wobei sich ein eigenständiges Programm herausbildete. Neben den »drei Säulen« der Behandlung (Serum-, Procain- und Zelltherapie) integrierte man eine ganze Palette naturheilkundlicher Behandlungsweisen, vornehmlich

* Thymustherapie

* Akupunktur

* Neuraltherapie

* Ozon-Sauerstoff-Therapien

* Bewegungs- und Sporttherapie

* Autogenes Training

* Ernährungstherapie + Heilfasten

* Homöopathie.

Dieses breite Angebot an »therapeutischen Optionen« erlaubt es, jedem Patienten ein persönliches Behandlungskonzept »auf den Leib zu schneidern«. Entsprechende Therapiestätten gibt es beispielsweise in Ambach, Meersburg aber auch in Meran und auf Gran Canaria.

Eine Schutz-Impfung besonderer Art

Der Begriff »Serum« ist uns durch die Schutz-Impfungen bekannt, und die damit verbundene wechselhafte Geschichte begann mit dem Kampf gegen die Pocken. Bereits vor gut 300 Jahren hatte man im Orient entsprechende Impfungen durchgeführt. Dabei wurden geschwächte Erreger aus dem Blut (Serum) von Kranken verwendet, um andere Menschen »unempfindlich« gegen das Leiden zu machen. Lady Mary Wortley Montagu berichtete darüber in einem berühmt gewordenen Brief aus Konstantinopel im Jahre 1717. Den eigentlichen Ruhm als »Sieger über die Pocken« heimste dann schließlich jedoch ein Landsmann ein, der Chirurg Edward Jenner, als er in den Jahren nach 1774 bei seinen aufsehenerregenden »Reihen-Schutzimpfungen« auf Auszüge aus (relativ harmlosem) Kuhpockeneiter zurückgriff und so der Ausbreitung des Infektionsleidens wirksam Schranken setzte.

Auf moderne, hygienische und weniger unappetitliche Weise arbeitet man heute in der Medizin bei der sog. aktiven Immunisierung, also der Anregung des Körpers zur Bildung spezifischer Antikörper gegen bestimmte Mikroorganismen oder Fremdsubstanzen. Und ein ganz ähnliches Verfahren liegt auch der Gewinnung der »Organ-Sera« zugrunde: so werden Kaninchen geringfügige Mengen von menschlichen Organzellen eingepflanzt. Folge: das Tier bildet Immunstoffe (Antikörper). Diese werden dann in der Therapie als Stimulanzien für eine gezielte Beeinflussung gestörter oder geschwächter Körperfunktionen eingesetzt.

Ana Aslans Elixier der Jugend

Das Schlüsselerlebnis vollzieht sich vor mehr als 40 Jahren im fernen Rumänien. Die international unbekannte Herzspezialistin, Ana Aslan (1897-1988), entwickelt ein Faible für eine besondere, offenbar vielseitige Substanz: das Procain, das schon Huneke und seine Anhänger zu neuen Therapieformen inspirierte (Neuraltherapie, Sekundenphänomen). Unmittelbares Vorbild für Frau Aslan ist jedoch der französische Chirurg Leriche, der das Procain beispielsweise bei Arteriosklerose anwendet. Frau -Aslan folgt dieser Fährte, behandelt ihre »verkalkten« Patienten auf diese neuartige Weise - und ist mit dem Erfolg zufrieden. Sie fragt sich, ob das Mittel nicht auch bei anderen Krankheitsbildern mit Gewinn eingesetzt werden könnte. Und tatsächlich: nach der Injektion von Procain in die Arterie wird ein Patient von arthritischen Schmerzen im Kniegelenk befreit. Ana Aslan bemüht sich, die Fachkollegen von dieser neuen Behandlungsmöglichkeit bei Rheuma zu überzeugen. Vorerst ergebnislos. Immerhin: sie selbst, nunmehr in einem Altersheim praktizierend, hat ausreichend Gelegenheit, das Procain zu erproben.

Dabei fällt ihr auf, daß sich während solcher Therapien nicht nur die rheumatischen Beschwerden sondern auch die körperliche und psychische Verfassung der Senioren bessert.

1952 kommt es dann -mit Unterstützung staatlicher Stellen- zu einer Weltpremiere: zur Eröffnung des ersten »Instituts für Gerontologie und Geriatrie«. Und mit diesem Ereignis gerät ein eigenartiger »blinder Fleck« der Medizin ins Rampenlicht: der Umstand, daß bis dahin den besonderen Problemen älterer Menschen in der Medizin viel zu geringe Aufmerksamkeit geschenkt worden war. Dies sollte sich, bei steigender Lebenserwartung und einem immer höheren Alten-Anteil in der Gesellschaft, in den folgenden Jahrzehnten grundlegend ändern.

Was weiter geschah, ist in den Schlagzeilen vor allem der Publikumszeitschriften nachzulesen. Frau Aslan und ihre »rumänische Hexenküche« riefen bei der Ärzteschaft kollektives Kopfschütteln hervor (so auf der medizinischen Woche in Karlsruhe, 1956), fanden später aber zunehmend Anerkennung und vor allem begeisterten Zuspruch bei der Laienschaft, insbesondere in Kreisen prominenter Zeitgenossen. Der Kur unterzogen sich -wie man hört- im Laufe der Jahre so bekannte Persönlichkeiten wie John F. Kennedy,

Mao Tse Tung, Salvatore Dali, Marlene Dietrich oder Pablo Neruda.

Die Aslan-Kur erschöpft sich natürlich nicht in der Verabreichung von Procain (»H_3«). Sie beinhaltet eine umfangreiche Diagnostik und weitere therapeutische Maßnahmen. Als »Begleit-Therapien« werden u.a. angeboten: Sauerstoff-Mehrschritt-Therapie, Lichttherapie, Autogenes Training sowie Massagen und medizinische Bäder.

Vor dem Umbruch im Ostblock gab es in Rumänien 11 Sanatorien, an denen eine solche Kur durchgeführt werden konnte. Die bekannteste befindet sich in Bukarest. »Pilgerreisen« zu diesen Stätten fortschrittlicher geriatrischer Behandlung waren lange Jahre en vogue.

Heute gibt es auch in der BRD an mehreren Orten Hotels und Sanatorien, welche die Aslan-Kur anbieten, beispielsweise in Olsberg oder Bad Kissingen.

Was ist Procain?

Die Substanz wird gelegentlich als Abkömmling des Kokains bezeichnet - was nicht stimmt. Eine gewisse Beziehung zum berauschenden südamerikanischen Gewächs gibt es zwar, sie ist aber anderer Natur: Procain (oder das praktisch identische Novocain) löste das Kokain als Lokalanästhetikum ab - und dies war gut so: denn Kokain ist eine Droge und macht bekanntlich süchtig.

Im Jahre 1905 gelang es einem deutschen Chemiker, die Substanz erstmals zu synthetisieren. Seither wird sie auf diesem Wege gewonnen, genauer gesagt aus p-Aminobenzoesäure und Diethylaminobenzol. Noch heute wird Procain hauptsächlich zur lokalen Betäubung eingesetzt.

Bei der Aslan-Kur kommt nun jedoch das Präparat »H_3« (neuerdings wird die Zahl hochgestellte: H^3) zur Verwendung. Dieses Kürzel bezeichnet nicht etwa eine geheime Mixtur, die irgendwelche weiteren wirkungsvollen Effekte mit ins Spiel brächte; sie ordnet die Wirksubstanz Procain nur dem Kreis der B-Vitamine zu (z.B. war Folsäure auch einige Zeit als H_1 geführt worden. Ansonsten gilt: »H_3 ist identisch mit Procain«.

Was bewirkt Procain?

Auffällig war nach den Erkenntnissen der rumänischen Altersforscherin zu allererst die Wirkung auf die Psyche und intellektuelle Leistungsfähigkeit.

Vergeßlichkeit und Verwirrtheitszustände konnten zurückgedrängt werden.

Man spricht im allgemeinen von einer grundlegenden Stimulierung des gesamten Organismus, insbesondere des Immunsystems, begleitet in zahlreichen Fällen von Besserungen bei Beschwerden an Muskeln und Gelenken.

Procain soll darüber hinaus in der Lage sein, die Zellen zu regenerieren und zur Neuteilung anzuregen. So soll es vorkommen, daß Altersflecken und Falten während der Therapie verschwinden, Haare ihre natürliche -jugendliche- Farbe zurückgewinnen und Osteoporose (Knochenschwund) sich bessert.

Information: Deutsche Aslan-Gesellschaft e.V., Burgstr. 1, 65183 Wiesbaden, Telefon 0611/9910660, Fax 9910663.

Ayur-Veda - die »Heilslehre aus dem Himalaja«

Gänzlich aus dem uns vertrauten Rahmen fallen die Kuren nach dem »ältesten und umfassendsten ganzheitlichen Gesundheitssystem der Welt« (Theodor von Keudell), dem Ayur-Veda.

Es stammt aus einem anderen Kulturkreis -dem indischen- und einer anderen Epoche, datierbar etwa auf 600 bis 1000 v. Chr. Überdies haben wir es dabei mit einem eigenen, auch für Eingeweihte kaum auszulotendem philosophischen System zu tun, bei dem sich Meditationstechnik, medizinisch-arzneiliche und Verhaltens-Anweisungen überlappen - es geht eben nicht einfach ums schnellstmögliche Kurieren, sondern um das »Wissen vom Leben« (ayur = Leben, veda = Kenntnis/Wissenschaft).

Ein solcher Hintergrund und die besondere Perspektive des ayur-vedischen Realitätbezugs ist ganz diametral unserer modernen Sehweise, unserem naturwissenschaftlich geprägten Weltbild und seiner Zerstückelung in unzählige einzelne Fachdisziplinen entgegengesetzt. Dies mag reizvoll sein, doch man täusche sich nicht: wer in herkömmlicher Weise Therapien und Medikamente einfach »konsumieren« und dabei eben auch einmal den Reiz des Exotischen und Ungewohnten erleben will, kann dabei wenig gewinnen.

Doch nun einige Bemerkungen zu den Grundsätzen der Therapie und einige Hinweise zur Praxis des Ayur-Veda, wie sie der Patient und Interessierte seit einigen Jahren auch in westlichen Behandlungszentren -vornehmlich in Form einer intensiven ayur-vedischen Reinigungskur- kennenlernen kann. In Deutschland gibt es davon zwei an der Zahl: in Bissendorf bei Osnabrück (die erste Einrichtung dieser Art) beispielsweise, oder in Sasbachwalden und Bad Ems.

Wie entstehen Krankheiten?

* Einmal durch im Menschen angelegte Disharmonien (körperlicher oder geistiger Art; siehe auch »Tridosha-Lehre«);

* Schädigungen von außen, wobei Unfälle u.ä. gemeint sind;

* Natureinwirkungen (Klimaeinflüsse) und altersbedingte Störungen (»von den Göttern gesandte Krankheiten«).

Krankheiten sind unvermeidlich, weil der Körper unmöglich in jedem Moment mit der Vielzahl auf ihn einwirkender Faktoren fertig zu werden vermag. Gesundheit ist ein ständiges Ausbalancieren des inneren Gleichgewichts.

Wie wird das gesunderhaltende Gleichgewicht »ausbalanciert«?

Die Tridosha-Lehre

Drei Kräfte oder Körpersäfte sind es, die nach Auffassung des Ayur-Veda die Abläufe im Organismus beherrschen: Kapha (= Schleim), Pitta (= Galle) und Vata (= Wind).

* **Vata** repräsentiert das dynamische Moment, den Antrieb, die Bewegung, gewissermaßen die Glut, die das Feuer unterhält;

* **Pitta** steht für das Prinzip der ständigen Veränderung, des Wandels,

* **Kapha** dagegen für das Bewahrende, Eherne, Wohlgegründete.

Krankheit definiert sich in diesem Sinne als Ungleichgewicht, Gesundheit als »Harmonisierung von Struktur und Funktion«, von körperlichen Gegebenheiten und äußeren Einflüssen.

Wie wird beim Ayur-Veda behandelt?

1. Voraussetzung ist immer die umfassende Diagnose, die viel Zeit erfordert. Der Patient wird nach seiner Erscheinung (Typ, seelische Verfassung u.ä.) beurteilt sowie nach dem vorliegenden Krankheitsstadium (Symptome). Mittel hierzu sind die Befragung, eingehende »visuelle Betrachtung«, Berührung, »Abhören« (Herztätigkeit), Geruchs- und Geschmackseindrücke (z.B. Urin).

Später kamen Puls-, Zungen-, Antlitzdiagnose und weitere Verfahren hinzu.

2. Die Therapie kennt »acht Disziplinen«, darunter die Chirurgie, Kenntnis verschiedener Gifte und Altersmedizin.

3. Therapeutische Hilfsmittel sind z.B. die weitgehend fleischlose Ernährung (einschließlich Fasten), eine große Zahl pflanzlicher Arzneimittel (Tee und Pulver), mineralische Präparate, Edelsteintherapie, Yoga und Meditation, Therapien zur Verjüngung und sexuellen Vitalisierung.

Arzneimittel beispielsweise werden jedoch in ganz anderem Sinne verwendet als in der modernen Medizin. Ihre Wahl ist nicht nur abhängig von der festgestellten Krankheit selbst, sondern auch vom Erscheinungsbild oder »Typ« des Patienten. Sie alle -es gibt allein 50 Gruppen verschiedener Arzneien mit jeweils zahlreichen Einzelpräparaten- wirken letztlich über die Beeinflussung der Tridoshas (Vata, Pitta, Kapha).

Ein wichtiger Bestandteil des Ayur-Veda sind Behandlungsweisen, die wir heute als **Ausleitungsverfahren** bezeichnen würden, z.B. in Form einer Öl- oder Schwitz-Kur (als Vorbereitung) und anschließenden, etwas drastischeren, Methoden wie der Herbeiführung von Erbrechen, pflanzlichen Abführmittel-Anwendungen und Einläufen (»Pancha-Karma-Therapie«).

Ayur-Veda in der Praxis

* z.B. Einölen des Kopfes, und zwar mitunter über mehrere Stunden hinweg;

* z.B. spezielle Massagen, wobei mehrere Therapeuten rhythmisch und von Kopf bis Fuß Öle auf die Haut einwirken lassen (Synchronmassagen, auch »Abhanga« genannt, was soviel heißt wie »liebende Hände«);

* z.B. Auszüge aus bestimmten Kaktusarten, die Verwendung bei der Bekämpfung von Herzleiden finden.

Wie aktuell sind Ayur-Veda und andere »alte« Therapiekonzepte?

Kann man so weit gehen, zu sagen, daß die meisten (ganzheitlichen) Behandlungsweisen unserer Zeit auf die altindischen Anweisungen zurückgehen? Sogar der sprichwörtliche »weiße Kittel« der Zunft? Eine jüngst ausgestrahlte Fernsehsendung legte solche Gedanken nahe.

Derartige Einschätzungen beruhen jedoch auf einem Mißverständnis.

Überall da, wo heute oder früher die Gesunderhaltung als eine wichtige Facette der **Lebenskunst** begriffen wurde, mußten sich bestimmte Grundüberzeugungen ihre Bahn brechen. Dies geschieht auch gegenwärtig, wenn sich die Medizin allmählich ganzheitlichen Ansätzen öffnet und der Vorsorge-Gedanke immer mehr Bedeutung gewinnt.

Gesundheit als »harmonisches Gleichgewicht aller körperlichen und geistigen Funktionen des menschlichen Organismus« oder Forderungen wie jene nach der »Übereinstimmung mit Natur und Umwelt« und schließlich die Betonung der Entspannung für unser körperliches Schicksal - dies alles war auch Bestandteil der klassischen griechischen Diätetik. Auch sie, und bestimmte im arabischen Raum populäre medizinische Schulen waren, wie die große indische Weisheitslehre nichts anderes als eine Anleitung zum richtigen, »gottgefälligen« Leben.

Die richtig verstandene Kur ist also mehr als nur eine etwas intensivere ärztliche Behandlung. Sie gibt Lebenshilfe und Orientierung, getreu dem alten Imperativ: »So sollt ihr leben!« (Sebastian Kneipp).

Die Anschriften

* Deutschland von Nord nach Süd

* Österreich, Schweiz & mehr

* Fasten, Ayurveda, Seminare & mehr

Hinweis für den Leser: Die einzelnen Therapiestätten sind aufsteigend nach Postleitzahlen angeordnet.

Krankenhäuser, Kliniken, Sanatorien und Kurheime in Deutschland

Die Daten stammen aus verschiedenen Befragungen, die wir zum erheblichen Teil direkt bei den betreffenden Häusern durchgeführt haben, zuletzt unmittelbar vor Erscheinen der Neuauflage. Auch in Kliniken befinden sich die Therapiepläne in stetem Wandel, und nicht immer bekommen wir solche Veränderungen mitgeteilt. ***Sollten also einige Angaben inzwischen überholt sein, so bitten wir um Ihre Nachsicht.*** *Für die Richtigkeit der aufgeführten Daten kann keine Gewähr übernommen werden; jedoch haben wir das Möglichste getan, um dem Patienten oder Interessenten zuverlässige Angaben an die Hand zu geben.*

Von Ardenne Klinik

Schillerstr. 12 B, 01326 Dresden, Telefon 0351/2637421, Fax 2637445. Biologische Krebsbehandlung. Behandlungsstätte für systematische Krebs-Mehrschritt-Therapie nach Prof. von Ardenne (1907-1997). Sauerstoff-Ozon-Therapien. Ganzkörperhyperthermie. Wärmetherapie. Thymustherapie. Zytokine.

Klinik Bavaria

An der Wolfsschlucht 1-2, 01731 Kreischa, Telefon 035206/60, Fax 3331. Orthopädie und Rheumatologie. Neurologie. Onkologie. Kardiologie. Stoffwechsel. Besondere Heilweisen: Reflextherapie (nanuelle Therapie, Chirotherapie, Neuraltherapie, Akupunktur), Rhythmische Gymnastik, Atem- und Yogatherapie. Kneipp. Sporttherapie. Diätberatung.

Falkenstein-Klinik

Ostrauer Ring 35, 01814 Bad Schandau-Ostrau, Telefon 035022/45-0, Fax 45950. 227 Betten. Behandlung chronischer Erkrankungen und Weiterbehandlung im Anschluß an eine akute Krankenhausbehandlung. Besondere naturheilkundliche Therapieangebote: Neuraltherapie. Heilfasten. Lymphdrainage. Atemtherapie. Chirotherapie. Ernährungs- und Diätberatung. Gesundheitsbildung.

Kirnitzschtalklinik

Kirnitzschtalstr. 6, 01814 Bad Schandau, Telefon 035022/470, Fax 43359. 210 Betten. Orthopädie, Rheuma. Kneippmedizin. Atemtherapie. Chirotherapie. Lymphdrainage. Ernährungs- und Diätberatung.

Kurhaus Berggießhübel

Sebastian-Kneipp-Str. 10, 01819 Berggießhübel, Telefon 035023/62392, Fax 62337. Herz-Kreislauf. Rheuma. Hormonelle Störungen. Zustände nach Operationen. Kneippmedizin.

Haidehof

Haideweg 92, 01824 Kurort Gohrisch, Telefon 0351/4717332. Evangelisches Mutter-Kind-Kurhaus für Müttergenesungskuren (30 Mütter mit 45 Kindern).

Kneipptherapie. Fußreflexzonentherapie. Entspannungs- und Bewegungstherapie.

Sanatorium Moorbad Bad Muskau

Schloßstr. 4, 02953 Bad Muskau, Telefon 035771/411, Fax 412. Bäderheilkunde.

Sachsenklinik und Kurhaus

Parkstr. 2/Badstr. 35, 04651 Bad Lausick, Telefon 034345/30 + 32100, Fax 31200 + 32300. Orthopädie, Neurologie, Kardiologie. Besonderheit: Akupunkturbehandlung. Kneipptherapie. Rückenschule. Gesundheitstraining. Entspannungsverfahren.

Rehabilitationszentrum Bad Düben

Gustav-Adolf-Str. 15, 04849 Bad Düben, Telefon 034243/790, Fax 25081. Bäderheilkunde, Ernährungsweisen, Naturheilverfahren.

Saale Rehabilitationsklinikum Bad Kösen

Am Rechenberg 18, 06628 Bad Kösen, Telefon 34463/410, Fax 41799. Bäderheilkunde, Ernährungsweisen, Kneippmedizin, Naturheilverfahren.

Rehabilitationsklinik »Mutiger Ritter« GmbH

Käthe-Kruse-Str. 2, 06628 Bad Kösen, Telefon 034463/370, Fax 37799. Klinik mit 170 Betten. Im Haus werden stationäre Behandlungen, Sanatoriumskuren und ambulante Kuren durchgeführt. Es bestehen Versorgungsverträge nach § 111, 5. Buch SGB. (Vertragshaus der LVA Sachsen-Anhalt; alle LVA und Krankenkassen). Das Haus ist beihilfefähig. Bei der Therapie kommen unter anderem Naturheilweisen zur Anwendung. Vornehmlich behandelte Leiden (Indikationen): Orthopädie. Pulmologie. Dermatologie. Psychosomatik. Stoffwechselstörungen. Adipositas. Funktionelle Störungen des Herz-Kreislauf-Systems. Venenleiden. Biologische Therapien: Bewegungstherapie. Ernährungstherapie. Psychotherapie. Hydrotherapie. Akupunktur. Neuraltherapie. Manuelle Therapie. Heilfasten. Autogenes Training. Ergotherapie, Brügger-Therapie. Kostformen/Ernährung: Vollwertkost, teilweise aus kontrolliert-biologischem Anbau. Vegetarische Kost. Rohkost. Glutenfreie Kost. Purinarme, chosterinarme Kost, Diabetiker-Ernährung. Allergenarme Kost, Rotationsdiät u.ä.

Fachklinik Schloß Friedensburg

07338 Leutenberg/Thüringen, Telefon 036734/80-0, Fax 22362. Allgemeine Kassenzulassung. Vollwertkost. Indikationen: Neurodermitis, Schuppenflechte (Psoriasis), allergische Ekzeme, Vitiligo (Weißfleckenkrankheit).

Parkhotel Oberschlema

Markus-Semmler-Str. 73, 08301 Schlema, Telefon 03772/22238, Fax 22237. Hotel mit Bäderabteilung und Physiotherapie. Vollwertkost nach Prof. Werner Kollath und Dr. M.O. Bruker.

Reha-Kurklinik Silbernes Erzgebirge

Elterleiner Str. 25, 08358 Grünhain/Erzgebirge, Telefon + Fax 03774/62049. 30 Betten. Indikationen: Erschöpfungszustände, funktionelle Herz-Kreislauferkrankungen, Haltungs- und Bindegewebsschwächen einschließlich Osteoporose, Infektanfälligkeit, psychosomatische Störungen, Rekonvaleszenz. Lymphdrainage,

Ödemtherapie, Reflexzonenmassage, Rückenschule. Besondere, fakultative Angebote: Akupunktur, Neuraltherapie, Sauerstoff-Mehrschritt-Therapie, Kneipp-Therapie und andere Naturheilverfahren.

Sanatorium für natürliche Heilweisen

Crandorfer Str. 1, 08359 Antonsthal, Telefon 03774/81113.

Klinik am Brunnenberg

Endersstr. 5, 08645 Bad Elster, Telefon 037437/80, Fax 82204. Fachklinik mit 296 Betten (Behandlung nach § 30 GWO). Im Haus werden stationäre Behandlungen und ambulante Kuren durchgeführt. Es bestehen Versorgungsverträge nach § 111, 5. Buch SGB (Vertragshaus der BfA). Das Haus ist beihilfefähig. Bei der Therapie kommen unter anderem Naturheilweisen zur Anwendung. Vornehmlich behandelte Leiden (Indikationen): Krankheiten des Herzens und des Kreislaufs sowie der Gefäße. Entzündliche rheumatische Erkrankungen. Degenerativ-rheumatische Erkrankungen. Orthopädische Erkrankungen. Zustand nach Operationen und Unfallfolgen. Biologische Therapien: Bewegungstherapie. Kneippsche Anwendungen. Moortherapie. Ernährungstherapie. Kostformen/Ernährung:

Vollwertkost, teilweise aus kontrolliert-biologischem Anbau. Vegetarische Kost. Tier-eiweißfreie Kost. Rohkost. Glutenfreie Kost. Konventionelle Kost.

Klinikum Sachsenhof

Sanitas GmbH, Badstr. 21, 08645 Bad Elster, Telefon 037437/740, Fax 741000. Herz-Kreislauf-Erkrankungen. Bewegungsapparat. Stoffwechsel und Verdauungsorgane. Gynäkologie. Unter anderem angeboten: Musiktherapie.

Vogtland Klinik

Forststr. 3, 08645 Bad Elster, Telefon 037437/60, Fax 64900. Bäderheilkunde. Naturheilverfahren. Reflexzonenmassage. Lymphdrainage. Gesundheitsbildung. Diätberatung. Konzentrative Entspannung.

Knappschafts-Kurklinik Warmbad

Am Freibad 59, 09429 Gehringswalde-Warmbad, Telefon + Fax 037369/830. Kureinrichtung mit 282 Betten. Bewegungsapparat, Herz-Kreislauf, Nieren- und Harnwege, Nachsorgekuren bei Krebs. Kneippanwendungen. Schröpfen. Bewegungstherapie, Sporttherapie.

Jugendherberge Warmbad

An der Jugendherberge 68, 09429 Gehringswalde-Warmbad, Telefon + Fax 037369/9437. Einzige Jugendherberge in Deutschland, die Zöliakie-Betroffenen (bei uns immerhin 50.000 Kranke; jährlich kommen etwa 1.000 hinzu) eine glutenfreie Kost anbietet. Im Falle von Zöliakie (Sprue) besteht eine Überempfindlichkeit gegenüber dem Klebereiweiß Gluten in den meisten Getreiden. Die Jugendherberge führt Zöliakiefreizeiten mit Koch- und Backkursen durch. Es werden auch Gesundheitsurlaube organisiert.

Rehabilitationsklinik Miriquidi

Annaberger Str. 3, 09488 Thermalbad Wiesenbad, Telefon 03733/504-0.

Indikationen: Morbus Bechterew, Multiple Sklerose, degenerative Erkrankungen des Bewegungsapparates u.ä. Besondere Therapien: Manuelle Therapie. Chirotherapie. Diättherapie. Galvanische Bäder. Gesundheitsbildung. Aktive Therapien.

Krankenhaus Moabit

IV. Innere Abteilung, Naturheilweisen, c/o Prof. Dr. med. Malte Bühring, Turmstr. 21, 10559 Berlin Telefon 030/39763400 + 1, Fax 39763409. Das Krankenhaus Moabit ist ein Akutkrankenhaus mit etwa 800 Betten. Naturheilverfahren werden vorwiegend in der IV. Inneren Abteilung (Naturheilweisen) angeboten. Dort stehen 61 Betten für solche Behandlungen zur Verfügung. Im Haus werden stationäre Behandlungen durchgeführt (Vertragshaus aller gesetzlichen Kassen, Ersatzkassen; Privatkassen). Das Haus ist beihilfefähig. Bei der Therapie kommen in der IV. Inneren Abteilung vorwiegend Naturheilweisen zur Anwendung. Vornehmlich behandelte Leiden (Indikationen): Beispielsweise: Metabolische Erkrankungen. Chronische Darmerkrankungen. Herz-Kreislauferkrankungen. Entzündliche und degenerative Gelenkerkrankungen. Chronische Schmerzsyndrome. Allergische Erkrankungen. Atemwege. Onkologische Leiden. Neurodermitis. Psoriasis. Biologische Therapien: Klassische Naturheilverfahren. Wasserheilkunde. Bewegungstherapie. HOT. Neuraltherapie. Thymus. Phytotherapie. Darmsanierung. Colon-Hydro-Therapie. Traditionelle Chinesische Medizin (TCM). Akupunktur. Ernährungstherapie. Misteltherapie. Kuren nach Kneipp. Mayr-Kur. Manualtherapie. Feldenkrais-Arbeit. Atemtherapie nach Middendorf. Goralewski-Körperarbeit. Kunsttherapie (Malen, Plastizieren, Arbeiten mit Naturstoffen. Lymphdrainage. Muskelrelaxation nach Jacobson. Buchinger-Fasten. Fiebertherapie. Heilfasten. Kostformen/Ernährung: Vollwertkost. Vegetarische Kost. Tier-eiweißfreie Kost. Rohkost. Frischkost-Ernährung. Glutenfreie Kost. F.X. Mayr-Diät. Buchinger-Saftfastenkur und andere Fastenformen. Allergenarme Kost, Rotationsdiät u.ä. Konventionelle Kost.

Gemeinschaftskrankenhaus Havelhöhe

Kladower Damm 21, 14089 Berlin, Telefon 030/36501-0, Fax 36501435. Klinik für anthroposophisch erweiterte Heilkunst mit 320 Betten, eröffnet am 1. Januar 1995. Anthroposophische Medizin bedeutet »die ganzheitliche Betrachtung des Menschen in seinem körperlichen, seelischen und geistigen Sein«. Zur Anwendung kommen beispielsweise künstlerische Therapien (Malen, Zeichnen, Plastizieren, Musizieren) und Heileurythmie.

Lutherstift Evangelisches Krankenhaus

Abt. für Naturheilverfahren, Heinrich-Hildebrand-Str. 22, 15232 Frankfurt/Oder, Telefon 0335/55420, Fax 5542-102. U.a. biologische Krebstherapie. Vollwertkost, vegetarische Ernährung, Homöopathie, Immuntherapie, Mistel-Therapie, Sauerstoff-Therapien Organtherapie, Orthomolekulare Medizin, Akupunktur, Mikrobiologische Therapie.

Landhaus Alte Eichen

Alte Eichen 21, 15526 Bad Saarow, Telefon 03363/4115. Schroth-Kur.

Hotel Pieskow

Ingeborg Nickel, 15526 Bad Saarow, Telefon 03363/2428. Schroth-Kur.

Reha-Zentrum Lübben

Postbautenstr. 50, 15907 Lübben, Telefon 03546/2380, Fax 238700. Fachklinik für Orthopädie und Onkologie. Biologische Krebstherapie: Zytokine. Lymphdrainage. Akupunktur. Vollwerternährung und vegetarische Kost. Ernährungsberatung. Psychotherapie. Ambulante Behandlung möglich.

Fachklinik und Moorbad Bad Freienwalde

Gesundbrunnenstr. 33, 16259 Bad Freienwalde, Telefon 03344/4100, Fax 410701. Bäderheilkunde, Ernährungsweisen.

Rehabilitationsklinik Usedom

Delbrückstr. 1-4, 17424 Seebad Heringsdorf, Telefon 038378/81111, Fax 81666

Bäderheilkunde, Naturheilverfahren.

Kinder Rehazentrum Usedom

Strandstr. 3, 17459 Kölpinsee auf Usedom, Telefon 038375/500. Behandlung nach § 111 SGB V. Von allen Krankenkassen anerkannt. Therapie nach einem ganzheitlichen, familientherapeutisch orientiertem Konzept.

Landhaus Immenbarg

Groß Kleiner Weg 19, 18109 Warnemünde-Dietrichshagen, Telefon 0381/ 77693-0, Fax 77693-55. Schroth-Kur.

Parkhotel Seeblick

Strandweg 12 A, 18119 Warnemünde, Telefon 0381/51955-0 [5433-0], Fax 51955-113. Original Schrothkur. Kurhotel für Naturheilverfahren. Tumor-Therapie. Allergiebehandlung, Entgiftung. Schmerztherapie. HOT. Sauerstoff-Mehrschritt-Therapie. Hypnose-Therapie. Neuraltherapie. Akupunktur. Bioresonanz-Therapie. Chiropraktik. Bach-Blüten-Therapie. Schröpfen. Kinesiologie. Yoga. Besonderheit: Matrix-Regenerations-Therapie (MRT) zur Reinigung der sog. Grundsubstanz (= das grundlegende Ver- und Entsorgungssystem der Organzellen). Beispielsweise bei Asthma bronchiale, Rheuma, Arthrose, Cellulitis, Depressionen, Allergien, Wirbelsäulenverspannungen, Abwehrschwächen, Altershaut.

Hotel Godewind

Warnemünder Str. 5, 18148 Rostock-Markgrafenheide, Telefon 0381/609570, Fax 669929. Schroth-Kur.

Klinik Graal-Müritz

Lindenweg 16, 18181 Graal-Müritz, Telefon 038206/750, Fax 75175. Fachklinik für biologische Krebstherapie. Enzyme. Fiebertherapie. Mistel. Organpräparate. Orthomolekulare Medizin. Sauerstoff-Ozon-Therapien. Thymus-Therapie. Zytokine. Homöopathie. Lymphdrainage. Vollwertkost und vegetarische Ernährung. Psychotherapie.

Hotel Ostseewoge

An der Seebrücke 35, 18181 Seeheilbad Graal-Müritz, Telefon 038206/710, Fax 71777. Vollwertkost. Original Schrothkur. Fastenwochen. Yoga. Geführte Wanderungen.

Haus Linden

Gemeindeplatz, 18375 Ostseebad Prerow, Telefon 038233/636, Fax 63736. Vollwertkost aus rein ökologischem Anbau. Haus erstellt nach neuesten baubiologischen Erkenntnissen (23 Einzel- und 11 Doppelzimmer).

Kinder Rehazentrum Binz

Proraer Str. 27, 18609 Binz auf Rügen, Telefon 038393/470. Behandlung nach § 111 SGB V. Von allen Kassen anerkannt. Therapie nach einem ganzheitlichen, familientherapeutisch orientierten Konzept.

Kurklinik Bad Wilsnack

Badstraße, 19336 Bad Wilsnack, Telefon 038791/30, Fax 2050. Bäderheilkunde, Ernährungsweisen, Naturheilverfahren.

Hanseatisches Gesundheits Zentrum

Schöne Aussicht 14, 22085 Hamburg, Telefon 040/227192-0, Fax 22719299. Ganzheitliche Therapie von Haut- und Atemwegserkrankungen. Ambulante und wohnortnahe Rehabilitation. Interdisziplinäres Team an Therapeuten (Ärzte, Psychologen, Ernährungswissenschaftler, Umweltberater, Asthmatrainer). Vorträge zu Gesundheitsthemen.

Allgemeines Krankenhaus Ochsenzoll

Abt. für Naturheilverfahren, Langenhorner Chaussee 560, 22419 Hamburg, Telefon 040/52712309, Fax 52712870. Die folgenden Angaben stammen aus zurückliegenden Befragungen, die wir von etwa 1992 bis 1997 beim betreffenden Haus durchgeführt haben: Es handelt sich hier sicher um eine der bemerkenswertesten Einrichtung naturgemäßer medizinischer Grundversorgung in Deutschland, denn die Abteilung für Naturheilverfahren im Allgemeinen Krankenhaus Ochsenzoll existiert bereits seit 1953. Worum es dem Ärzteteam geht, dazu sei im folgenden eine ausführliche Selbstdarstellung zitiert: »In der Abteilung werden schwerpunktmäßig die sogenannten klassischen Naturheilverfahren angewandt. Hierzu gehören im einzelnen Ordnungs- bzw. Gesprächstherapie, Ernährungstherapie, Phytotherapie (Behandlung mit pflanzlichen Medikamenten) sowie das gesamte Spektrum der Physikalischen Therapie-Maßnahmen wie z.B. alle Formen der Hydro- und Thermotherapie (Kneipp'sche Anwendungen, Bäder Packungen etc.), Bewegungstherapie (sämtliche Formen der Krankengymnastik einschließlich Bewegungsbad), alle Massageformen, Wärme- und Kälteanwendungen, Elektrotherapie, Inhalationen, Atem- und Entspannungstherapieformen. Darüber hinaus können in geeigneten Fällen ausleitende Verfahren durchgeführt werden, wie z.B. Aderlaß und Schröpfen, Symbioselenkung, einfache Formen der Neuraltherapie, Akupunkturbehandlungen sowie Schmerztherapien (Behandlung von chronischen Schmerzen -z.B. mit TENS) und symptombezogene Homöopathie. Grundlage des Behandlungskonzeptes ist zunächst eine gründliche naturwissenschaftlich fundierte Diagnostik, und verfahren wird nach dem therapeutischen Grundsatz: »So naturgemäß wie möglich, so schulmedizinisch medikamentös wie unbedingt erforderlich«. Aufgenommen werden alle Patienten, die der stationären Krankenhausbehandlung bedürfen. In der Regel erfolgt die Einweisung durch den Hausarzt bzw. über den zentralen Hamburger Bettennachweis (Telefon 040/248181). Kinder unter 14 Jahren werden im Regelfall nicht aufgenommen. **Die Krankenkassen übernehmen den Tagespflegesatz üblicherweise in voller Höhe.** In der Abteilung für Naturheilverfahren arbeiten drei Fachärzte für Innere Medizin, sämtliche Ärzte verfügen über die Zusatzbezeichnung Naturheilverfahren. Die Abteilung behandelt erwachsene Personen mit sämtlichen Erkrankungen auf dem Gebiet der Inneren Medizin. Ausgenommen davon sind solche Krankheiten, die der intensiv-medizinischen Behandlung und Überwachung bedürfen. Ein besonderer Schwerpunkt der Behandlung liegt auf dem Gebiet der ernährungsbedingten Krankheiten bzw. Stoffwechselerkrankungen: z.B. allgemeine Arteriosklerose, Adipositas (Fettsucht), koronare Herzkrankheit, Hochdruck, Gicht, Fettstoffwechselstörungen, Diabetes mellitus sowie einige Krankheiten des Magen-Darm-Systems. Angeboten werden verschiedene Ernährungskonzepte -wie z.B. Saft-Fasten, modifizierte Fastenbehandlung nach F.X. Mayr, Reduktionsdiäten, laktovegetabile Diät und Vollwerternährung, die in einer Diätküche zubereitet werden. Erwähnt werden sollte, daß zwei Diplom-Oecotrophologinnen zur Abteilung gehören. Darüber hinaus führen wissenschaftlich geschulte Mitarbeiterinnen sowohl individuelle als auch Gruppen-Ernährungs-Beratungen und -Therapien durch. Ferner behandelt die Abteilung Patienten mit allen Formen der rheumatisch-entzündlichen Erkrankungen, Bandscheibenleiden sowie weiteren degenerativen Erkrankungen des Bewegungsapparates, sowie Erkrankungen auf dem Gebiet der Orthopädie, Chirurgie, Neurologie, Dermatologie und psychosomatischen Medizin (insbesondere die allergischen Erkrankungen Neurodermitis, Psoriasis). Für Krebspatienten existiert bisher keine wissenschaftlich gesicherte Behandlung mit natürlichen Heilweisen. Der Behandlung mit klassischen Naturheilverfahren bei Krebsleiden kann infolgedessen nur eine unterstützende Wirkung zugeschrieben werden. Für jeden Patienten wird ein individueller Therapieplan nach dem Gesichtspunkt erstellt, daß die klassischen Naturheilverfahren als Teil bzw. Ergänzung, nicht jedoch als Alternative zur Schulmedizin aufzufassen sind.

Krankenhaus Rissen GmbH

Suurheid 20, 22559 Hamburg, Telefon 040/8191-1, Fax 813019. Krankenhaus mit 96 Betten. Im Haus werden stationäre Behandlungen durchgeführt. Bei der Therapie kommen unter anderem Naturheilweisen zur Anwendung. Vornehmlich behandelte Leiden (Indikationen): Krebs. Rheuma. Autoimmunkrankheiten. Gastroenterologische Erkrankungen. Psychosomatosen. Biologische Therapien: Anthroposophische Medizin. Phytotherapie. Kneipp-Therapie. Rhythmische Massage. Öldispersionsbäder. Misteltherapie. Heilfastenkuren bei rheumatischen Erkrankungen. Kostformen/Ernährung: Vollwertkost, teilweise aus kontrolliert-biologischem Anbau. Vegetarische Kost. Rohkost Glutenfreie Kost. Allergenarme Kost, Rotationsdiät u.ä. Konventionelle Kost. CED-Diät.

Schloß Warnsdorf

Schloßstraße 10, 23626 Ratekau, Telefon 04502/840200, Fax 840284. Heilfasten mit Ostseeklima. Abbau von Risikofaktoren für Herz-Kreislauf-Erkrankungen. Neu: Abbau von Belastungen aus der Umwelt durch spezielle Entgiftungskuren. Akupunktur, Bäderheilkunde, Ernährungstherapie, Phytotherapie Neuraltherapie. Die folgenden Angaben stammen aus zurückliegenden Befragungen, die wir von etwa 1992 bis 1997 beim betreffenden Haus durchgeführt haben: Kurklinik mit 79 Betten (anerkannte private Krankenanstalt, § 30 GWO). Im Haus werden stationäre Behandlungen, Sanatoriumskuren und ambulante Kuren durchgeführt (gemischte Anstalt). Es bestehen Versorgungsverträge nach § 111, 5. Buch SGB. Das Haus ist beihilfefähig. Bei der Therapie kommen vorwiegend Naturheilweisen zur Anwendung. Vornehmlich behandelte Leiden (Indikationen): Magen-Darm-Erkrankungen. Stoffwechselleiden. Herz-Kreislauf und Gefäße. Rheumatische Erkrankungen. Hautleiden. Biologische Therapien: Heilfasten. Physikalische Therapie, Wasserheilkunde, Balneologie, Bewegungstherapie. Neuraltherapie. Phytotherapie. Akupunktur. Kostformen/Ernährung: Vollwertkost. Vegetarische Ernährung. Spezialdiäten (Heilfasten nach Buchinger). Trennkost.

ReFast-Klinik Dünenhaus

Strandallee 44, 23669 Timmendorfer Strand, Telefon 04503/800-0, Fax 800-115. Klinik/Sanatorium/Hotel mit 96 Betten (Behandlung nach § 30 GWO). Im Haus werden stationäre Behandlungen, Sanatoriumskuren. Es bestehen Versorgungsverträge nach § 111, 5. Buch SGB. Das Haus ist beihilfefähig. Bei der Therapie kommen, je nach Indikation, Naturheilweisen zur Anwendung. Vornehmlich behandelte Leiden (Indikationen): Schmerztherapie (hauptsächlich Bewegungsapparat, Kopfschmerzen). Funktionsstörungen des Magen-Darm-Traktes. Streß. Osteoporose. Fettstoffwechselstörungen. Rekonvaleszenz. Biologische Therapien: Sauerstoff-Mehrschritt-Therapie. Neuraltherapie. Phytotherapie. Chirotherapie. Akupunktur. Ernährungstherapie. Kneipp-Therapie. Autogenes Training. Thalasso-Therapie. Kostformen/Ernährung: Vollwertkost, teilweise aus kontrolliert-biologischem Anbau. Vegetarische Kost. Tier-eiweißfreie Kost. Rohkost. Trennkost. Fasten. Kalorienreduzierte Kost. Allergenarme Kost, Rotationsdiät u.ä. Konventionelle Kost.

Kneipp Sanatorium Haus Imandin

Godenbergredder 34-36, 23714 Malente-Gremsmühlen, Telefon 04523/4080, Fax 40811. Kneippmedizin. Die folgenden Angaben stammen aus zurückliegenden Befragungen, die wir von etwa 1992 bis 1997 beim betreffenden Haus durchgeführt haben: Sanatorium mit ca. 50 Betten. Es werden sowohl stationäre Behandlungen als auch Sanatoriumskuren und offene Badekuren durchgeführt, wobei ausschließlich Naturheilweisen zur Anwendung kommen. Das Haus ist eine sog. »gemischte Anstalt«, beihilfefähig. Es besteht ein Versorgungsvertrag gemäß § 111 SGB 5. Vornehmlich behandelte Leiden: Allgemeine Zivilisationsleiden. Die biologischen Therapien: Kneipp-Therapie sowie allgemeine physikalische

Therapie. Kostformen/Ernährung: Vollwertkost, teilweise aus biologischem Anbau, vegetarische Kost, tiereiweiß-freie Kost, Spezialdiäten (Diabetes, Leber-Galle, Reduktion).

Kneipp-Sanatorium Landhaus am Holzberg

Neversfelde, Grebiner Weg 2, 23714 Malente, Telefon 04523/4090, Fax 40931. Vertragspartner aller gesetzlichen Krankenkassen. Ambulante und stationäre Rehabilitations- und Vorsorgemaßnahmen. Heilfasten (auch in Gruppen), Kneippmedizin, Neuraltherapie. Schrothkur. Thymus-Kur. Sauerstofftherapie. Neuraltherapie. Vollwertkost.

Kinder Rehazentrum Fehmarn

Postfach 1250, 23764 Burg auf Fehmarn, Telefon 04371/89-3320 + 3300, Fax 89-3317. Behandlung nach § 111 SGB V. Von allen Kassen anerkannt. Ganzheitliches Therapiekonzept, familientherapeutisch orientiert. Gesunde Ernährung. Hautleiden. Neurodermitis. Psoriasis. Akne.

Fehmarn-Klinik

Schlagsdorfer Str. 10, 23769 Petersdorf/Westfehmarn, Telefon 04372/9929-89, Fax 9929-29. Ganzheitlicher Therapieansatz bei chronischen Haut- und Atemwegserkrankungen. Naturheilverfahren und Homöopathie werden u.a. eingesetzt. Yoga, Atemtherapie, Autogenes Training können erlernt werden. Gesundheitsvorträge. Betreuung durch ein interdisziplinäres Team an Fachleuten. Es bestehen mit gesetzlichen Krankenkassen Belegungsvereinbarungen.

Fachklinik Bellevue

23769 Westfehmarn, Telefon 04372/9970-10, Fax 997080. Fachklinik für Ganzheitsmedizin und ambulantes Rehabilitationszentrum. Fachärztliche Einzelbehandlung für Kinder und Erwachsene. Schwerpunkt: Atopiebehandlung (Neurodermitis, Allergien). Verstärkte Berücksichtigung bewährter unkonventioneller Methoden: Klassische Homöopathie und ausgewählte Naturheilmethoden wie beispielsweise Akupunktur und Phytotherapie. Ergänzend: Ernährungstherapie, ökologische Medizin, Verhaltenstherapie, Entspannungsverfahren. Langzeitnachsorge in Kooperation mit dem Hausarzt. Kindergarten. Stützunterricht durch eigene Lehrerin.

Kastania

Gesundheitszentrum, Schlagsdorferstr. 10, 23769 Petersdorf, Telefon 04372/9929-9, Fax 9929-29. Asthma- und Neurodermitisbehandlung. Fachärztliche, psychologische und ernährungswissenschaftliche Beratung. Naturheilverfahren, Homöopathie. Lehrküche. Fasten, Entschlackung. Streßbewältigung. Ökologische Innenausstattung. Gesundheitsseminare.

Waldhotel Schattin

Manfred Langmaack, Waldstr. 1, 23923 Schattin, Telefon 038821/315. Schroth-Kur.

Hotel Gutshaus Stellshagen

Lindenstr. 1, 23948 Stellshagen, Telefon 038825/440, Fax 44333. Hotel (60

Betten) mit der Möglichkeit zu naturheilkundlichen Einzelbehandlungen durch Heilpraktiker. Bei der Therapie kommen weitestgehend Naturheilweisen zur Anwendung. Vornehmlich behandelte Leiden (Indikationen): Streß, Abgespanntheit. Rückenschmerzen. Schmerzen am Bewegungsapparat. Nichtraucherkuren. Biologische Therapien: Akupunktur. Farbakupunktur. Kirliandiagnose. Shiatsu. Cranio Sacrale Therapie. Massage. Tachyonen. Aura Soma. Reiki. Ohr-Akupunktur. Hypnose. NLP. Bachblüten. Fußreflexzonen. Heilfasten. Kostformen/ Ernährung: Vollwertkost aus kontrolliert-biologischem Anbau (70%; eigener Bioland-Anbau). Vegetarische Kost. Bio-Weine. Spezialdiäten auf Anfrage.

A.C. Kurhotel Plön

Ölmühlenallee 6-7, 24306 Plön, Telefon 04522/809-0, Fax 809-160. Wellness-Wochen: Gesundheitsurlaub mit Tips und praktischer Anleitung zum Kennenlernen neuer Lebensformen. Auf Wunsch vollwertige, vegetarische Kost. Reduktionskost. Für Rekonvaleszenz und Vorbeugung: Ernährung im Rahmen des Herzprogrammes nach Dr. Ornish (fettfrei, cholesterinfrei).

Rheumaklinik Bad Bramstedt

Oskar-Alexander-Str. 26, 24576 Bad Bramstedt, Telefon 04192/900, Fax 902390. Bäderheilkunde, Ernährungsweisen.

Fachkrankenhaus Nordfriesland,

Krankenhausweg 3, 25821 Bredstedt, Telefon 04671/904-0, Fax 904150. Klinik mit kleiner Abteilung für MCS-Patienten. MCS = Multiple Chemical Sensitivity (vielfache Überempfindlichkeit gegenüber Chemikalien). Symptome: ähnlich wie bei Allergien. Typisch ist auch die leichte Ermüdbarkeit der Betroffenen. Die Therapiesäulen der Umweltklinik sind einmal Substanz-Tests für die Hypo-Sensibilisierung (hierbei orientiert man sich an Strategien der Allergologen). Zum anderen werden über den Tag verteilt größere Dosen an Vitaminen und Mineralstoffen verabreicht (Mega-Dosen, jeweils ein Vielfaches des offiziellen Tagesbedarfs). Eine bestimmte Speiseordnung (Rotationsdiät) soll helfen, die Sensibilität abzubauen und damit ein normales Leben führen zu können. Verwendet werden dabei Lebensmittel aus biologischem Anbau.

Institut für Akupunktur und Regeneration

25980 Westerland, Telefon 04651/28318. Akupunktur, Naturheilverfahren.

Asklepios Nordseeklinik

Norderstr. 81, 25980 Westerland/Sylt, Telefon 04651/840, Fax 84259. Atemwege. Hautleiden. Allergien.

Fachklinik Sylt für Kinder und Jugendliche

Steinmannstr. 52-54, 25980 Westerland/Sylt, Telefon 04651/8520, Fax 85258. Möglichst cortisonfreie Salbentherapie. Behandlung durch ein Team aus Ärzten, Psychologen, Physiotherapeuten, Schulungspädagoginnen, Sportlehrerinnen und Diätassistentinnen. Entspannungstechniken. Bäder- und Heliotherapie.

Gesundheitspark Dreibergen

Dreiberger Str. 21, 26160 Bad Zwischenahn, Telefon 04403/9870. Heilfasten.

Vegetarische Sonnenkost. Vollwerternährung. Nichtraucherhotel. Behinderten- und seniorengerecht. Lehrküche. Eigenes Seminarprogramm. Ernährungskurse. Dauerbrause. Colon-Hydro-Therapie. Lymphdrainage. Reflexzonen. Alexandertechnik. Akupressur.

Hotel am Torfteich

Gundula Eckhardt, Rosmarinweg 7, 26160 Bad Zwischenahn, Telefon 04403/ 1033, Fax 603021. Schrothkuren. Wiedemann-Kuren. Aslan. Sauerstoff-Mehrschritt-Therapie nach Prof. Ardenne. Thymus-Behandlung. Neuraltherapie nach Huneke. Aromatherapie. Mineralstoff-Elektrolyte-Therapie.

Rehazentrum Wilhelmshaven

Bremer Str. 2, 26382 Wilhelmshaven, Telefon 04421/9450. Fachklinik mit 110 Betten. Im Haus werden stationäre Behandlungen durchgeführt. Es bestehen Versorgungsverträge nach § 111, 5. Buch SGB. Das Haus ist beihilfefähig. Bei der Therapie kommen unter anderem Naturheilweisen zur Anwendung. Vornehmlich behandelte Leiden (Indikationen): Neurologische Erkrankungen. Neurochirurgische Erkrankungen. Schlaganfälle. Schädelhirntraumata. Hirntumore. Hirnschädigungen. Morbus Parkinson. Multiple Sklerose. Bandscheibenvorfälle. Biologische Therapien: Bewegungstherapie. Klassische Naturheilverfahren. Chiro-Gymnastik. Atemtherapie. Kneipp. Lymphdrainage. Rückenschule. Hirnleistungstraining. Biofeedback-Therapie. Autogenes Training. Entspannungstraining nach Jacobson. Psychotherapeutische Einzel- und Paargespräche. Kostformen/ Ernährung: Vollwertkost, teilweise aus kontrolliert-biologischem Anbau. Vegetarische Kost. Rohkost. Glutenfreie Kost. Spezialdiäten: purinarme Kost, Reduktionskost, Diabeteskost.

gisunt-Klinik

Hermann-Ehlers-Str. 3, 26386 Wilhelmshaven, Telefon 04421/8668, Fax 87332. Tagesklinik. Ambulante biologische Krebstherapie.

Wasserschloß Klinik

Bettenwarften 2-14, 26427 Neuharlingersiel, Telefon 04974/160 + 16123, Fax 16160. Neurodermitisbehandlung. Bäderheilkunde, Ernährungsweisen, Reflexzonen-Behandlung, Immuntherapie, Kneippmedizin, Qigong. Kleine Abteilung für umweltkranke Patienten (v.a. Kinder). Die folgenden Angaben stammen aus zurückliegenden Befragungen, die wir von etwa 1992 bis 1997 beim betreffenden Haus durchgeführt haben: Fachklinik mit 126 Betten (anerkannte private Krankenanstalt, § 30 GWO). Im Haus werden stationäre Behandlungen durchgeführt; es ist Vertragshaus z.B. der BEK, DAK, TKK, von AOKs. Es bestehen Versorgungsverträge nach § 111, 5. Buch SGB. Das Haus ist beihilfefähig. Bei der Therapie kommen unter anderem Naturheilweisen zur Anwendung. Vornehmlich behandelte Leiden (Indikationen): Eltern-Kind-Behandlungseinheit und erwachsene Patienten: Neurodermitis. Rezidivierende infektiöse und allergische Erkrankungen der oberen und unteren Luftwege. Obstruktive Bronchitis. Asthma bronchiale, Verdauungs- und Gedeihstörungen, Urticaria, Sinusitis. Biologische Therapien: Ernährungstherapie, u.a. Schafsmolke-Trinkkur. Psychosomatische, psychologische Beratung, Autogenes Training Qigong in

Gruppen. Ausdauertraining mit oder ohne Sauerstoff. Azidosemassagen, Wirbelsäulengymnastik, Rückenschule, Atemgymnastik, Fußreflexzonenmassage, Homöostasebehandlung, Lymphdrainage, Bäder, Elektrotherapie. Kostformen/ Ernährung: Vollwertkost aus biologischem Anbau. Vegetarische Ernährung. Diverse Spezialdiäten und konventionelle Kost.

Nordseeklinik Norderney

Bülowallee 6, 26548 Norderney, Telefon 04932/88-0, Fax 88-1200. Hautkrankheiten, Atemwegsallergien.

Privatklinik Miramar

Am Westkaap 20, 26757 Borkum, Telefon 04922/91230. Einrichtung nach § 30 der Gewerbeordnung. Vollwertkost. Vegetarische Ernährung. Glutenfreie Ernährung (Zöliakie/Sprue). Kinderbetreuung, seniorengerecht. Ambulante Kuren. Anschlußheilbehandlungen. Original-Meerwasser-Hallen-Schwimmbad.

Bundesknappschaft-Klinik

Boeddinghausstr. 25, 26757 Borkum, Telefon 04922/301-0, Fax 301-491. Dermatologie.

Klinik für Dermatologie und Allergie

Jann-Berghaus-Str. 49, 26757 Borkum, Telefon 04922/7080, Fax 708630. Atemwege. Allergien. Tumore.

Pension Am Wiesengrund

Alte Heerstr. 12, 26847 Detern-Stickhausen, Telefon 04957/912002. Mayr-Kur in Ostfriesland mit therapeutischer Betreuung.

Haus Wolfgang

Seb.-Kneipp-Str. 2, 29549 Bad Bevensen, Telefon 05821/520.

Kneipp-Kurheim Unter den Eichen

Scharnhorststr. 12, 29683 Fallingbostel, Telefon 05162/2055, Fax 91781

Kneippmedizin. Schrothkur. Atemtherapie.

Kurheim Haus Am Walde

Soltauer Str. 14-16, 29683 Fallingbostel, Telefon 05162/6011, Fax 6014. Kneipp-Kuren. Vegetarische Kost. Gewichtsreduktion und Entschlackung (Schroth-Kuren). Molke-Trinkkur. Tee-und Saftfasten. Akupunktur. Heilfasten und Darmreinigung nach Dr. F. X. Mayr. Sauerstoff-Therapien. Ozon-Therapie. Neuraltherapie. Raucherentwöhnung. Thailändische Heilmassage.

Liethwald Sanatorium

Soltauer Str. 33, 29683 Fallingbostel, Telefon 05162/98900, Fax 989015. Die folgenden Angaben stammen aus zurückliegenden Befragungen, die wir von etwa 1992 bis 1997 beim betreffenden Haus durchgeführt haben: Sanatorium (anerkannte, beihilfefähige private Krankenanstalt, § 30 GWO) mit ca. 18 Betten. Im Haus werden stationäre Behandlungen und Sanatoriumskuren durchgeführt. Es besteht ein Versorgungsvertrag gemäß § 111 SGB 5, und es kommen vorwiegend Naturheilweisen zur Anwendung.

Vornehmlich behandelte Leiden: Allgemeine Zivilisationsleiden. Die biologischen Therapien: Therapie und Diagnostik nach Dr. F. X. Mayr sowie Schulung in Klassischer Diätetik: Ernährung, Bewegung, Psychohygiene. Kostformen/ Ernährung: Vollwertkost.

Paracelsus-Klinik am Silbersee

Oertzeweg 24, 30851 Langenhagen, Telefon 0511/77940, Fax 778254. U.a. biologische Krebstherapie. Immuntherapie, Sauerstoff-Therapien, Orthomolekulare Medizin.

Orthopädisches Rehabilitationsklinikum

An der Peesel 6, 31162 Bad Salzdetfurth, Telefon 05063/4701, Fax 1440. Bäderheilkunde, Ernährungsweisen, Naturheilverfahren.

Rheumaklinik Sonnengarten

Bahnhofstr. 9, 31542 Bad Nenndorf, Telefon 05723/702100, Fax 702666. Bäderheilkunde.

Klinik Niedersachsen

Hauptstr. 59, 31542 Bad Nenndorf, Telefon 05723/707-0, Fax 707-164. Klinik mit 383 Betten (Behandlung nach § 30 GWO). Im Haus werden stationäre Behandlungen und ambulante Kuren durchgeführt (§ 40 + § 107 SGB V). Es bestehen Versorgungsverträge nach § 111, 5. Buch SGB (Vertragshaus u.a. der LVA Westfalen, AOK Niedersachsen). Das Haus ist beihilfefähig. Bei der Therapie kommen unter anderem Naturheilweisen zur Anwendung. Vornehmlich behandelte Leiden (Indikationen): Entzündlich-rheumatische Erkrankungen. Degenerativ-rheumatische Erkrankungen. Zustände nach Gelenk- und Wirbelsäulenoperationen. Osteoporose. Chronische Venenerkrankungen. Arterielle Verschlußkrankheiten. Biologische Therapien: Bewegungstherapie. Homöopathie. Kunsttherapie. Heileurythmie. Kneipp-Kur. Psychologische Behandlung. Heilfasten. Kostformen/Ernährung:

Vollwertkost aus kontrolliert-biologischem Anbau. Vegetarische Kost. Konventionelle Kost.

Schaumburg-Klinik

Fachklinik für Altersmedizin, Arensburger Str. 3, 31707 Bad Eilsen, Telefon 05722/8880, Fax 888200. Fachklinik für Präventive und Rehabilitative Altersmedizin. Bäderheilkunde, Ernährungsweisen, Naturheilverfahren, Neuraltherapie. Lymphdrainage, Ernährungsberatung. Hirnleistungs- und Geschicklichkeitstraining.

Klinik am Harrl

Fürst-Adolf-Str. 5-10, 31707 Bad Eilsen, Telefon 05722/8850, Fax 885196. Klinik für Erkrankungen der Haltungs- und Bewegungsorgane einschließlich Morbus Bechterew u.ä. Akupunktur. Atemtherapie. Manuelle Lymphdrainage, Reflexmassagen. Kneipp-Anwendungen. Gesundheitsbildung. Entspannungstraining. Raucherentwöhnung. Vorträge zu gesundheitsbezogenen Themen. Gesundheitstraining. Isokinetisches Muskelaufbautraining.

Burghof-Klinik

Ritterstr. 19, 31737 Rinteln 1, Telefon 05751/9400, Fax 41568.

Rheumaklinik Bad Pyrmont

Auf der Schneise 3, 31812 Bad Pyrmont, Telefon 05281/167-0, Fax 167-1400. Klinik für Orthopädie und Rheumatologie mit 419 Betten. Vollwertkost. Patientenschulung. Neuraltherapie. Chirotherapie.

Kurklinik am Bomberg

Bombergallee 18, 31812 Bad Pyrmont, Telefon 05281/1630, Fax 609251. Fachklinik für Rheumatologie und Innere Medizin mit 125 Betten. Chirotherapie.

Klinik Dr. Otto Buchinger

Forstweg 39, 31812 Bad Pyrmont, Telefon 05281/1660, Fax 166450. Klinik für Stoffwechselkrankheiten, Ernährungstherapie, Fastentherapie und Naturheilverfahren mit 110 Betten. Akupunktur, Ernährungstherapie (eigener organischer Gartenbau), Gesundheitsschulung, Heilfasten, Homöopathie, TCM, Qigong Yangsheng (chinesische Gymnastik), Feldenkrais, Aura-Soma, Feldenkrais, Reiki. Die folgenden Angaben stammen aus zurückliegenden Befragungen, die wir von etwa 1992 bis 1997 beim betreffenden Haus durchgeführt haben: Fachklinik, Kurklinik, mit 110 Betten (anerkannte private Krankenanstalt, § 30 GWO). Im Haus werden stationäre Behandlungen durchgeführt (gemischte Anstalt). Es bestehen Versorgungsverträge nach § 111, 5. Buch SGB. Das Haus ist beihilfefähig. Bei der Therapie kommen weitestgehend Naturheilweisen zur Anwendung. Vornehmlich behandelte Leiden (Indikationen): Rheumatischer Formenkreis. Stoffwechselstörungen. Herz-Kreislauferkrankungen. Leberschäden. Allergischer Formenkreis, dermatologischer Formenkreis. Psychosomatosen. Übergewicht. Biologische Therapien: Heilfasten bzw. bilanzierte Kostformen. Ernährungstherapie. Physiotherapie. Körperschulung. Psychologische Gruppen-Therapie. Feldenkrais. Autogenes Training. Homöopathie und andere Naturheilverfahren (z.B. Akupunktur). Vorträge zur Gesundheitsschulung. Kostformen/ Ernährung: Vollwertkost aus biologischem Anbau. Vegetarische Ernährung. Tier-eiweißfreie Kost als Spezialdiät. Spezialdiäten, bilanzierte Kostformen und diverse andere.

Sanatorium-Privatklinik Lentrodt

Schloßstr. 9, 31812 Bad Pyrmont, Telefon 05281/6170, Fax 2440. 42 Betten. Chirotherapie.

Sanatorium am Schloß

Schloßplatz 1, 31812 Bad Pyrmont, Telefon 05281/9319-0, Fax 931943. 30 Betten. Ärzte für Allgemeinmedizin, Naturheilverfahren, Innere Medizin, Kardiologie. Rheuma. Osteoporose. Herz-Kreislauf. Rollstuhlgerecht.

Kurklinik-Sanatorium Dr. Umland

Unter der Hünenburg 1, 31812 Bad Pyrmont, Telefon 05281/93019, Fax 10612. 30 Betten. Frauenkrankheiten. Kinderlosigkeit. Wechseljahrsbeschwerden. Osteoporose. Orthopädie. Rheuma. Magnetfeldtherapie. Gewichtsreduktion.

DAK Herz-Kreislauf-Zentrum Haus Weserland

Vogelreichsweg 49, 31812 Bad Pyrmont, Telefon 05281/6180, Fax 618308. Fachklinik mit 192 Betten. Im Haus werden stationäre Behandlungen durchgeführt. Es bestehen Versorgungsverträge nach § 111, 5. Buch SGB. Bei der Therapie kommen unter anderem Naturheilweisen zur Anwendung. Vornehmlich behandelte Leiden (Indikationen): Herz-Kreislauf, Primär- und Sekundärprävention. Stoffwechsel: Hyperlipidaemie, Hypertonie, Diabetes, Gicht u.a. Biologische Therapien: Bewegungstherapie. Neuraltherapie. Phytotherapie. Ernährungstherapie. Kneipp-Therapie. Gesundheitsbildung mit Information und Motivation zur Lebensstiländerung. Kostformen/Ernährung: Vollwertkost, teilweise aus kontrolliert-biologischem Anbau. Rohkost. Glutenfreie Kost. Allergenarme Kost, Rotationsdiät u.ä. Konventionelle Kost.

Villa Idyll

Drakestr. 6, 31812 Bad Pyrmont, Telefon 0171/6202877. Hotel für Nichtraucher. Eingerichtet -wo immer möglich- mit unbehandelten Materialien, Naturfasern und heimischem Massivholz. Vollwert- und landestypische Kost, weitgehend aus biologisch-kontrolliertem Anbau. Vegetarische Kost.

Klinikum für Rehabilitation

Alte Vlothoer Str. 47-49, 32105 Bad Salzuflen, Telefon 05222/370, Fax 374400. Bäderheilkunde, Chirotherapie, Kryotherapie.

Klinikum für Rehabilitation

Klinik Flachsheide 1 + 2, Forsthausweg 1, 32105 Bad Salzuflen, Telefon 05222/3980, Fax 398804. Bäderheilkunde, Chirotherapie, Kryotherapie.

Sophienhaus

Sophienstr. 5, 32105 Bad Salzuflen, Telefon 05222/184-0, Fax 184-399. Klinik und Sanatorium des DRK für innere Krankheiten, physikalische Medizin und Rehabilitation. 74 Betten. Beihilfefähig. Erkrankungen des Herz-Kreislaufs, der Atemwege, des Stoffwechsels, der Verdauungsorgane. Rheuma, Alters-, Aufbrauch- und Verschleißkrankheiten. Rehabilitation nach Schlaganfall, Herzinfarkt, Operationen, Unfällen. Vorsorge. Atemgymnastik. Diät. Heilfastenkuren.

Klinik am Kurpark

Parkstr. 23-25, 32105 Bad Salzuflen, Telefon 05222/1890, Fax 189806. Fachklinik für Dermatologie, Onkologie, Kardiologie. Ganzheitliche Therapie bei Neurodermitis (Schwelmer Modell). Ernährungstherapie. Erlernen von Entspannungsverfahren (Autogenes Training). Vollwertkost. Tägliche Schulungen in den Bereichen Ernährung, Allergologie und Psychologie. Die folgenden Angaben stammen aus zurückliegenden Befragungen, die wir von etwa 1992 bis 1997 beim betreffenden Haus durchgeführt haben: Klinik mit 194 Betten, in der unter anderem Naturheilweisen zur Anwendung kommen. Es werden stationäre Behandlungen durchgeführt. Es besteht ein Versorgungsvertrag gemäß § 111 SGB 5. Das Haus ist beihilfefähig und Vertragshaus der BfA und LVA. Vornehmlich behandelte Leiden: Onkologie (Krebstherapie), Herz und Kreislauf, Dermatologie. Die biologischen Therapien: Es kommen alle modernen Therapien zur Anwendung. Kostformen/Ernährung: Vollwertkost, teilweise aus biologischem Anbau, vegetarische Kost, tiereiweiß-freie Kost, Spezialdiäten und konventionelle Kost.

Haus Renate

Moltkestr. 9, 32105 Bad Salzuflen, Telefon 05222/9133-0, Fax 10579. Hotel/ Pension. Im Haus werden ambulante Kuren und Kompaktkuren durchgeführt. Das Haus ist beihilfefähig. Bei der Therapie kommen unter anderem Naturheilweisen zur Anwendung. Vornehmlich behandelte Leiden (Indikationen): Allgemeine Zivilisationsleiden. Biologische Therapien: Schroth-Kur. Kostformen/Ernährung: Vollwertkost. Schroth-Diät.

Kurheim Haus Hansa

Parkstr. 36/38, 32105 Bad Salzuflen, Telefon 05222/9151-0, Fax 9151-13. 28 Betten. Vollwertkost. Familienfreundlich. Senioren- und behindertengerecht. Nichtraucher. Ambulante Kuren.

Institut für ganzheitliche Gesundheitsberatung

Parkstr. 48, 32105 Bad Salzuflen, Telefon 05222/60555. Homöopathie, Immuntherapie, Sauerstoff-Therapien, Ozon-Therapie Neuraltherapie, Orthomolekulare Medizin. U.a. biologische Krebstherapie.

Maritim Staatsbadhotel

Parkstr. 53, 32105 Bad Salzuflen, Telefon 05222/1810, Fax 15953. Physikalische Therapieabteilung (für alle Krankenkassen zugelassen) und Praxis für Naturheilverfahren.

Haus der Königin

Roonstr. 7, 32105 Bad Salzuflen, Telefon 05222/91540, Fax 915433. Kuren. Entschlackung und Gewichtsreduktion (Trink- und Spezialkuren). Naturheilpraxis im Haus, u.a. mit Chirotherapie, Ozon-, Sauerstoff- und Neuraltherapie, Bachblüten-Therapie, biologischer Krebstherapie, Heilfasten. Vegetarische Kost vorwiegend aus biologischem Anbau.

Vitalotel Roonhof

Roonstr. 9-13, 32105 Bad Salzuflen, Telefon 05222/3430, Fax 343-100. Mit Regenerationszentrum italité. Thalasso-Algen-Therapie. Spezielle Wellness-Programme. Vorsorge-Check-Up.

Kurpark-Villa Stüde

Wenkenstr. 47, 32105 Bad Salzuflen, Telefon 05222/12467, Fax 600791. Gemüse- und Salat-Diät. Reduktionskost.

Bach Hotel Zur Porta

Zur Porta 14, 32457 Porta Westfalica, Telefon 0571/7327, Fax 70667. Neueröffnung Ende 1997. Vollwertkost. Wellness.

Rehabilitationsklinik Bad Oeynhausen

Am Brinkkamp 16, 32545 Bad Oeynhausen, Telefon 05731/850, Fax 858103. Bäderheilkunde, Ernährungsweisen, Heilfasten, Kneippmedizin. Die folgenden Angaben stammen aus zurückliegenden Befragungen, die wir von etwa 1992 bis

1997 beim betreffenden Haus durchgeführt haben: REHA-Klinik mit 652 Betten. Es werden stationäre Behandlungen durchgeführt, und die Klinik (beihilfefähig) ist Vertragshaus der LVA Baden, LVA Rheinland-Pfalz, LVA Oldenburg-Bremen, Bundesversicherungsanstalt für Angestellte, Bundesministerium für Arbeit und Sozialordnung, Innenministerium des Landes Nordrhein-Westfalen. Vornehmlich behandelte Leiden: Reha-Klinik für Erkrankungen des rheumatischen Formenkreises, Herz- und Kreislauferkrankungen, AHB-Klinik für degenerativ-rheumatische Erkrankungen und Zustand nach Operationen und Unfallfolgen an den Bewegungsorganen. Die biologischen Therapien: Gesundheitsbildung, Sporttherapie, Ernährungstherapie, Fastentraining sowie physikalische Therapie einschließlich Kneipp, Autogenes Training, Nichtraucher-Training, Schlaftraining, Psychotherapie. Kostformen/Ernährung: Vollwertige ballaststoffreiche Kost, Diäten.

Klinik Sonnenhof

Brahmsstr. 8, 32545 Bad Oeynhausen, Telefon 05731/984-10, Fax 984-1888. Bäderheilkunde, Kneipp-Anwendungen.

Klinik Gollwitzer-Meier

Herforder Str. 43, 32545 Bad Oeynhausen, Telefon 05731/249-123, Fax 249200. Bäderheilkunde, Chirotherapie.

Johanniter-Ordenshäuser Rehabilitationszentrum

Johanniterstr. 7, 32545 Bad Oeynhausen, Telefon 05731/151-0, Fax 151-999. Rehabilitationszentrum mit Anschlußheilbehandlungen und Tagesklinik. Rheumatischer Formenkreis. Neurologische Erkrankungen. Bäderheilkunde, Ernährungsweisen, Hirnleistungstraining.

Klinik am Park

Westkorso 14, 32545 Bad Oeynhausen, Telefon 05731/2480, Fax 248248. Nichtraucherklinik für Innere Medizin, speziell Herz-Kreislaufleiden. Onkologie. Bäderheilkunde, Ernährungsweisen. Beratung hinsichtlich alternativer Formen der Tumorbehandlung. Befähigung zur aktiven Krankheitsbewältigung.

Klinik am Rosengarten,

Westkorso 22, 32545 Bad Oeynhausen, Telefon 05731/1302, Fax 132120. Fachklinik für orthopädische und neurologische Rehabilitation. Bäderheilkunde, Ernährungsweisen. Hirnleistungstraining.

Institut für Manualtherapie

und Traditionelle Chinesische Medizin, Telefon 05731/131455 (Informationen auch über Staatsbad Oeynhausen, Ostkorso 12, 32545 Bad Oeynhausen, Telefon 05731/131295). Akupunktur. Laserakupunktur bei Kindern. Chinesische Kräutermedizin. Spezielle chinesische Massagen. Tai Chi Chuan. Qigong. Akupressur. Es gibt während des ganzen Jahres spezielle »Kurpakete« für fernöstliche Ganzheitstherapie.

Klinik Bad Oexen

Oexen 27, 32549 Bad Oeynhausen, Telefon 05731/5370, Fax 537736. Fachklinik mit 298 Betten (Behandlung nach § 30 GWO). Im Haus werden stat Behandlungen und ambulante Kuren durchgeführt. Es bes Versorgungsverträge nach § 111, 5. Buch SGB. Die Klinik ist seit 1957 Vertragshaus der Arbeitsgemeinschaft für Krebsbekämpfung. Das Haus ist beihilfefähig. Bei der Therapie kommen unter anderem Naturheilweisen zur Anwendung. Vornehmlich behandelte Leiden (Indikationen): Onkologie. Kinder-Onkologie. Kinder-Kardiologie. Orthopädische, internistische, urologische und gynäkologische Krankheiten. Biologische Therapien: Wasserheilkunde. Bewegungstherapie. Kneippsche Anwendungen. Ernährungstherapie. Kostformen/Ernährung: Vollwertkost. Vegetarische Kost. Spezialdiäten.

Berolina Klinik

Bültestr. 25, 32584 Löhne im Staatsbad Oeynhausen, Telefon 05731/782-0. Fachklinik mit 280 Betten (Behandlung nach § 30 GWO). Im Haus werden stationäre Behandlungen und Sanatoriumskuren durchgeführt. Es bestehen Versorgungsverträge nach § 111, 5. Buch SGB (Vertragshaus der BfA). Das Haus ist beihilfefähig. Bei der Therapie kommen vorwiegend Naturheilweisen zur Anwendung. Vornehmlich behandelte Leiden (Indikationen):

Innere Medizin. Orthopädie. Neurologie. Psychosomatik, Psychotherapie, Psychiatrie. Kardiologie. Rheumatologie. Tinnitus. Tumornachbehandlung. Migräne. Osteoporose. Biologische Therapien: Wasserheilkunde. Bewegungstherapie. Feldenkrais. Chirogymnastik. Chirotherapie. Sauerstoff-Mehrschritt-Therapie. HOT. Phytotherapie. Homöopathie. Antihomotoxische Therapie nach Dr. Reckeweg. Darmsanierung. Ernährungstherapie. Traditionelle Chinesische Medizin (TCM). Akupunktur. Akupunkt-Massage. Neuraltherapie. Fußreflexzonenmassage. Bindegewebsmassage. Lymphdrainage. Autogenes Training. Jacobson-Training. Muskelentspannung. Biofeedback. Qigong. Spezielle Schmerztherapie. Verhaltenstherapie. Laser-Lichtbehandlung. Magnetfeldtherapie. Kostformen/Ernährung: Vollwertkost. Vegetarische Kost. Glutenfreie Kost. Spezialdiäten. Jede medizinisch erforderliche Kost, u.a. Diabetes mellitus, Fettstoffwechselstörungen, Übergewicht einschließlich spezieller Diätberatung und Lehrküche. Allergenarme Kost, Rotationsdiät u.ä.

Werretal Klinik

Bültestr. 21, 32584 Löhne, Telefon 05731/783-0, Fax 783-799. Fachklinik und Kurklinik mit 200 Betten (Behandlung nach § 30 GWO). Im Haus werden stationäre Behandlungen, Sanatoriumskuren und ambulante Kuren durchgeführt. Es bestehen Versorgungsverträge nach § 111, 5. Buch SGB (Vertragshaus der LVA, gesetzliche Krankenkassen). Das Haus ist beihilfefähig. Bei der Therapie kommen unter anderem Naturheilweisen zur Anwendung. Vornehmlich behandelte Leiden (Indikationen): Orthopädie. Innere Medizin. Psychosomatik. Biologische Therapien: Naturheilverfahren. Bewegungstherapie. Entspannungstherapie nach Jacobson. Psychotherapie. Neuraltherapie. Ernährungstherapie und Heilfasten. Akupunktur. Kuren nach Kneipp. Hydrotherapie. Massageformen (u.. klassisch, APM und Marnitz). Phytotherapie, Homöopathie. Kostformen/Ernährung: Vollwertkost, teilweise aus kontrolliert-biologischem Anbau. Vegetarische Kost. Glutenfreie Kost. Spezialdiäten (kochsalzarm, cholesterinarm, purinarm). Reduktionskost. Diabetiker-Diät. Leichte Vollkost. Lactosefrei; oxalsäurearm, ballaststoffreich, calciumreich bei Osteoporose. Allergenarme Kost, Rotationsdiät u.ä.

Kurkliniken Dr. Macherey Haus Extertal

Oststr. 10, 32683 Barntrup, Telefon 05263/9464-0. Bäderheilkunde, Ernährungsweisen, Kneippmedizin, Homöopathie, Neuraltherapie. Die folgenden Angaben stammen aus zurückliegenden Befragungen, die wir von etwa 1992 bis 1997 beim betreffenden Haus durchgeführt haben: Kurklinik, Sanatorium mit 30 Betten (anerkannte private Krankenanstalt, § 30 GWO). Im Haus werden stationäre Behandlungen, Sanatoriumskuren und Anschlußheilbehandlungen durchgeführt. Es bestehen Versorgungsverträge nach § 111, 5. Buch SGB. Das Haus ist beihilfefähig. Bei der Therapie kommen unter anderem Naturheilweisen zur Anwendung. Vornehmlich behandelte Leiden (Indikationen): Hypertonie. Verschleißerscheinungen der Gelenke. Wirbelsäulen-Erkrankungen. Diabetes mellitus. Übergewicht. Emphysem-Bronchitis. Körperliche und seelische Erschöpfungszustände. Biologische Therapien: Alle klinischen und physikalisch-diätetischen Behandlungsmöglichkeiten, einschließlich ergänzender biologischer Heilverfahren. Wasserheilkunde, Bewegungstherapie. Neuraltherapie. Kuren nach Kneipp. Kostformen/Ernährung: Vegetarische Ernährung, teilweise aus biologischem Anbau. Spezialdiäten (Diabetes-Diät, Heilfastenkuren). Alle Diätformen. Konventionelle Kost.

Institut für moderne Therapie

Lindenweg 4-6, 32756 Detmold, Telefon 05231/88004.

Kursanatorium Birkeneck

32760 Detmold-Hiddesen, Telefon 05231/98580, Fax 89998. Beihilfefähig. Alle Krankenkassen. Indikationen: Schlafstörungen. Herz-Kreislauf. Offenes Bein. Allergien. Bewegungsapparat. Streß. Gewichtsreduktion. Kneipp-, Mayr-, Schroth-Kur. Molkekur. Lymphdrainage. Dauerbrause. Darmentgiftung, Colon-Hydro-Therapie. Cryo-Kaltluft-Therapie bei Rheuma. Krebsnachsorge.

Kurhotel Bärenstein

Am Bärenstein 44, 32805 Horn-Bad Meinberg 1, Telefon 05234/209-0, Fax 209269. Sanatorium und Hotel mit 100 Betten (Behandlung nach § 30 GWO). Im Haus werden ambulante Kuren durchgeführt. Das Haus ist beihilfefähig. Bei der Therapie kommen vorwiegend Naturheilweisen zur Anwendung. Vornehmlich behandelte Leiden (Indikationen): Übergewicht. Rheumatische Erkrankungen. Schmerztherapie. Durchblutungsstörungen. Immunschwäche. Psycho-vegetative Erschöpfungszustände. Biologische Therapien: Neuraltherapie nach Huneke. Thymus. Misteltherapie. Kneipp-Therapie. Schroth. Ozontherapie, auch als Darmbehandlung (Colozontherapie = Darmbegasung mit Ozon). Lymphdrainage. Reflex-Behandlung. Inhalation mit ionisiertem Sauerstoff. Procain-Sauerstoff-Ozon-Intensivkur. Raucherentzugstherapie. Heilfasten. Kostformen/Ernährung: Vegetarische Kost, teilweise aus kontrolliert-biologischem Anbau. Spezialdiäten.

Kursanatorium Vierjahreszeiten

Fliederweg 13, 32805 Horn-Bad Meinberg, Telefon 05234/9900, Fax 890119.

Kneippmedizin. Schroth-Kur. Sauerstoff-Mehrschritt-Therapie. Lymphdrainage. Gewichtsreduktion.

Blindenzentrum Bad Meinberg

Oberförster-Feige-Weg 1, 32805 Horn-Bad Meinberg, Telefon 05234/9040, Fax 904-84. Kneippmedizin, Neuraltherapie. Die folgenden Angaben stammen aus zurückliegenden Befragungen, die wir von etwa 1992 bis 1997 beim betreffenden Haus durchgeführt haben: Sanatorium für Kur, Erholung und Rehabilitation mit 95 Betten. Es werden Sanatoriumskuren und offene Badekuren durchgeführt. Das Blindenzentrum ist beihilfefähig. Es besteht ein Versorgungsvertrag gemäß § 111 SGB 5. Das Sanatorium ist darüber hinaus Vertragshaus der BfA, LVA, Knappschaft, Landschaftsverband Westfalen-Lippe. Im Haus werden u.a. Naturheilweisen angewendet. Vornehmlich behandelte Leiden: Herz- und Kreislauferkrankungen, Gelenk- und Muskelrheumatismus, Bandscheibenschäden sowie Frauenleiden, Ischias, Nervenentzündungen, Stoffwechselerkrankungen, neurovegetative Störungen, nervöser und körperlicher Erschöpfungszustand, Unfall- und Verletzungsfolgen. Die biologischen Therapien: Neuraltherapie nach Dr. Huneke sowie Kohlensäurebäder, Hauffesche Arm- und Beinbäder, Unterwassermassagen, Fango, Kneippsche Wechselduschen, Moorbäder. Kostformen/Ernährung: Vegetarische Kost, tiereiweiß-freie Kost, Spezialdiäten (Diabetes, Galle-, Lebererkrankungen), konventionelle Kost.

Kurhotel Parkblick

Parkstr. 63, 32805 Horn-Bad Meinberg, Telefon 05234/909-0, Fax 909150. Naturheilverfahren wie beispielsweise Neuraltherapie nach Huneke, Ozontherapie, Frischzellenextrakte, Thymus (THX). Gewichtsreduktion.

Klinik Silvaticum

Wällenweg 42, 32805 Horn-Bad Meinberg, Telefon 05234/87, Fax 87-1875. Klinik mit 230 Betten (Behandlung nach § 30 GWO). Im Haus werden stationäre Behandlungen, Sanatoriumskuren und ambulante Kuren durchgeführt. Es bestehen Versorgungsverträge nach § 111, 5. Buch SGB (Vertragshaus der LVA, gesetzliche Krankenkassen). Das Haus ist beihilfefähig. Bei der Therapie kommen vorwiegend Naturheilweisen zur Anwendung. Vornehmlich behandelte Leiden (Indikationen):

Rheuma. Chronische Schmerzen. Allergien. Geriatrische Rehabilitation. Diabetes. Gicht. Funktionelle Kreislauferkrankungen. Psychische Erschöpfung. Biologische Therapien: Akupunktur. Mora. Neuraltherapie. Chirotherapie. Komplette balneologische Therapie. Kältekammer (-70° C). Bewegungsbad (Thermalbad). Homöopathie. Kostformen/Ernährung: Vollwertkost, teilweise aus kontrolliert-biologischem Anbau. Vegetarische Kost. Tier-eiweißfreie Kost. Reduktionskost. Diabetiker-Kost. Purinarme Kost. Allergenarme Kost, Rotationsdiät u.ä.

Klinik am Park

Wällenweg 46, 32805 Horn-Bad Meinberg, Telefon 05234/903-645, Fax 903-655. Klinik mit 329 Betten (Behandlung nach § 30 GWO). Im Haus werden stationäre Behandlungen, Anschlußheilbehandlungen (ABH), Sanatoriumskuren und ambulante Kuren durchgeführt. Es bestehen Versorgungsverträge nach § 111, 5. Buch SGB (Vertragshaus der LVA Westfalen, BfA). Das Haus ist beihilfefähig. Bei der Therapie kommen weitestgehend Naturheilweisen zur Anwendung. Vornehmlich behandelte Leiden (Indikationen): Schmerzsyndrome des Bewegungssystems. Kopf- und Gesichtsschmerzen. Tinnitus (Ohrgeräusche). Bandscheiben- und Wirbelsäulenschäden. Verdauungsstörungen, Übergewicht. Gürtelrose. Trigeminusneuralgien. Sudeck Dystrophie. Phantomschmerzen. Hypertonie. Stoffwechselstörungen (z.B. Diabetes mellitus), Fettstoffwechselstörungen. Biologische Therapien: Chirotherapie. Traditionelle Chinesische Medizin (TCM). Körper- und Ohr-Akupunktur. Darmsanierung und Colon-Hydro-Therapie. Biophysikalische Informationstherapie. Elektroakupunktur nach Voll. Ernährungstherapie. Phytotherapie. Homöopathie. Atlastherapie nach Arlen. Kinesiologie. Hypnose. Verhaltenstherapie. Biofeedback. Umweltmedizin. Orthomolekulare Medizin. Hypnosuggestive Entspannung. Fußreflexzonenmassagen. Akupunkt-Massage. Marnitz Massage. Lymphdrainage. Cranio-sakrale Therapie. Viszerale Manipulationen. Verschiedene Krankengymnastik-Behandlungen. Qigong. Tai Chi Chuan. Sporttherapie. Medizinische Trainingstherapie. Ergotherapie. Besonderheit: Zahnarztpraxis im Hause zur Behandlung von Biß- und Kiefergelenkstörungen, Störfeldtherapie im Zahnbereich, Materialaustestung. Heilfasten. Kostformen/Ernährung: Vegetarische Kost teilweise aus kontrolliert-biologischem Anbau. Tier-eiweißfreie Kost. Spezialdiäten bei Nahrungsmittelunverträglichkeiten. Glutenfreie Kost. Allergenarme Kost, Rotationsdiät u.ä. Konventionelle Kost.

Gräfliches Kurhaus-Hotel

Postfach 1260, 33002 Bad Driburg, Telefon 05253/841, Fax 842204. 112 Betten. Vollwertkost und vegetarische Ernährung. Ambulante Kuren und Anschlußheilbehandlungen. Seniorengerecht. Nichtraucher.

Caspar Heinrich Klinik

Georg-Nave-Str. 26, 33014 Bad Driburg, Telefon 05253/82-0, Fax 82-432. Fachklinik für innere und orthopädische Erkrankungen mit 255 Betten. Das Haus ist von der BfA und Trägern der gesetzlichen Krankenversicherung und für Privatpatienten zur Durchführung von Anschlußrehabilitation und stationäre Heilverfahren zugelassen. Therapieformen: Chirotherapie. Neuraltherapie. Akupunkturbehandlung (Körper-, Ohr-, Schädelakupunkturen u.a.). Lymphdrainage. Nichtraucherkurse. Motivation zur Risikominderung (Gewichtsreduktion, Training).

Kur- und Diäthaus Jäger

Waldstr. 1, 33005 Bad Driburg, Telefon 05253/9838-0.

Präventions-Rehabilitationsklinik

Bad Hermannsborn, 33014 Bad Driburg, Telefon 05253/407000, Fax 407503. Bäderheilkunde, Ernährungsweisen.

Marcus-Klinik

Rehabilitations-Klinik für Orthopädie und Neurologie, Brunnenstr. 1, 33014 Bad

Driburg, Telefon 05253/4010, Fax 401199. Bäderheilkunde, Ernährungsweisen.

Reform-Hotel Neuhaus

Steinbergstieg 15, 33014 Bad Driburg, Telefon 05253/3061.

Bildungshaus Bosenholz e.V.

33154 Salzkotten, Telefon 05258/8152, Fax 930167. Fastenkurse.

Klinik Waldfrieden

Waldstr. 27, 33175 Bad Lippspringe, Telefon 05252/20010, Fax 200-160. Atemwege. AHB beispielsweise nach Lungenoperationen. Herz-Kreislauf. Übergewicht. Osteoporose. Wirbelsäulen-Syndrom. Sauerstoff-Therapie. Akupunktur. Homöopathie. Eigenblut-Therapie. Neuraltherapie. Autogenes Training.

Sanatorium Schloss Hamborn

33178 Borchen über Paderborn, Telefon 05251/38860, Fax 389-268. Die folgenden Angaben stammen aus zurückliegenden Befragungen, die wir von etwa 1992 bis 1997 beim betreffenden Haus durchgeführt haben: Beihilfefähiges Sanatorium mit 47 Betten. Es werden vorwiegend Naturheilweisen praktiziert. Die Behandlung erfolgt als Sanatoriumskur und kann auf der Grundlage des § 111 SGB 5 beantragt werden. Vornehmlich behandelte Leiden: Krebs-Nachsorge, allgemeine Psychosomatik, Magen-Darmleiden sowie Bewegungsapparat, allgemeine internistische Indikationen. Die biologischen Therapien: Anthroposophisch erweiterte Medizin, künstlerische Übungstherapien, Physiotherapie, Diätetik sowie Gesprächstherapie und Lebensorientierung. Kostformen/Ernährung: Vollwertkost, teilweise aus biologischem Anbau, vegetarische Kost und Spezialdiäten.

Habichtswald-Klinik Ayurveda

Wigandstr. 1, 34131 Kassel-Wilhelmshöhe, Telefon 0561/3108622, Fax 3108858. Fachklinik mit 300 Betten (Behandlung nach § 30 GWO). Im Haus werden stationäre Behandlungen durchgeführt. Es bestehen Versorgungsverträge nach § 111, 5. Buch SGB. Das Haus ist beihilfefähig. Bei der Therapie kommen vorwiegend Naturheilweisen zur Anwendung. Vornehmlich behandelte Leiden (Indikationen): Onkologie. Innere Medizin. Psychotherapie. Orthopädie. Biologische Therapien: Ayurveda-Therapien. Sauerstoff-Mehrschritt-Therapie. HOT. Neuraltherapie. Thymus. Phytotherapie. Homöopathie. Darmsanierung und Colon-Hydro-Therapie. Traditionelle Chinesische Medizin (TCM). Akupunktur. Qigong. Ernährungstherapie. Misteltherapie. Kneipp-Therapie. Alle klassischen und neueren Naturheilverfahren. Onkologie: Enzyme, Fiebertherapie, Ganzkörperhyperthermie, Mistel, Organpräparate, Orthomolekulare Therapie, Sauerstoff-Ozon-Therapien, Thymus-Therapie, Zytokine, Lymphdrainage, Magnetfelder, Mikrobiologische Therapie. Heilfasten. Kostformen/Ernährung: Vollwertkost aus kontrolliert-biologischem Anbau. Vegetarische Kost. Tier-eiweißfreie Kost. Ayurveda-Kost. Rohkost. Spezialdiäten. Glutenfreie Kost.

Tagesklinik für Naturheilverfahren

Wilhelmshöher Allee 273 A, 34131 Kassel, Telefon 0561/34031, Fax 34033. Umweltmedizin, Colon-Hydro-Therapie. Anti-Pilz-Therapie. 5-Tage-Intensivkuren in Kooperation mit einem Hotel.

Institut für Umweltkrankheiten

Im Kurpark 1, 34308 Bad Emstal, Telefon 05624/8061, Fax 8695. Die folgenden Angaben stammen aus zurückliegenden Befragungen, die wir von etwa 1992 bis 1997 beim betreffenden Haus durchgeführt haben: Kurklinik mit 50 Betten. Im Haus werden stationäre Behandlungen durchgeführt, sowie ambulante umweltmedizinische Diagnostik und Therapie. Über Versorgungsverträge nach § 111, 5. Buch SGB, wird gerade verhandelt. Beihilfefähig ist beantragt. Bei der Therapie kommen vorwiegend Naturheilweisen zur Anwendung. Vornehmlich behandelte Leiden (Indikationen): Umweltmedizin. Schadstoffbelastung. Allergien. Darmdysbiose. Biologische Therapien: Umweltmedizinische Diagnostik und Therapie. Allergiediagnostik und Therapie. Balneophysikalische Therapie, Kneipp. Bewegungstherapie. Phytotherapie. Thymus-Behandlung. Microbiologie. Kostformen/Ernährung: Individuell erstellte Kost nach Allergie-Gesichtspunkten. Spezialdiäten.

Parkhotel Emstaler Höhe

Kissinger Str. 2, 34308 Bad Emstal, Telefon 05624/5090, Fax 509200. Ausstattung streng nach ökologischen Gesichtspunkten (für Allergiker besonders geeignet). Colon-Hydrotherapie. Trinkkur zur Normalisierung der Darmmodalität und der Darmflora. Bad Emstaler Kompaktkur für chronische Darmerkrankungen.

Haus Chattenbühl

An der Rehbocksweide 29 A, 34346 Hannov.-Münden, Telefon 05541/33461. Kuren nach Dr. Gerson sowie Breuß und Schroth. Bei Erkrankungen des Stoffwechsels, Blutes, Darmes, der Gefäße, Nerven. Bluthochdruck, Rheuma, Migräne, Diabetes, Bandscheiben.

Rehabilitationsklinik Carolinum

Mündener Str. 9-13, 34385 Bad Karlshafen, Telefon 05672/1810, Fax 181403. Bäderheilkunde.

Seehotel Sonnengruß

Am See 3 + 5, 34431 Marsberg-Helminghausen, Telefon 02991/9636-0, Fax 9636-96. Hotel mit 50 Betten. Bei der Therapie kommen weitestgehend Naturheilweisen zur Anwendung. Vornehmlich behandelte Leiden (Indikationen): Asthma. Migräne. Neurodermitis. Chronische Schmerzen. Chronisches Müdigkeitssyndrom. Herz- und Kreislauferkrankungen. Psychovegetative Störungen. Rheuma. Aktivierung des Immunsystems bei Krankheits- und Therapiefolgen nach Krebserkrankungen. Biologische Therapien: Klassische Homöopathie. Akupunktur. Yoga. Entspannungstechniken. Ausleitungstherapie. Eigenbluttherapie. Entsäurerungstherapie. Neuraltherapie. Schröpfen. Bach-Blüten-Therapie. Ernährungstherapie. Gesundheitsberatung. Heilfasten. Kostformen/Ernährung: Vegetarische Kost. Tier-eiweißfreie Kost. Rohkost. Trennkost.

Sanatorium Windhuk

Richard-Kirchner-Str. 9, 344537 Bad Wildungen, Telefon 05621/7916, Fax 705101. Bäderheilkunde, Ernährungsweisen.

Klinik Parkhöhe

Hufelandstr. 18-20, 34537 Bad Wildungen, Telefon 05621/7030, Fax 703777. Bäderheilkunde, Ernährungsweisen.

Parkland-Klinik

Im Kreuzfeld 6, 34537 Bad Wildungen-Reinhardshausen, Telefon 05621/7060, Fax 06705. Klinik mit 80 Betten (Behandlung nach § 30 GWO). Im Haus werden stationäre Behandlungen, Sanatoriumskuren und ambulante Kuren durchgeführt. Es bestehen Versorgungsverträge nach § 111, 5. Buch SGB (alle Kassen). Das Haus ist beihilfefähig. Bei der Therapie kommen vorwiegend Naturheilweisen zur Anwendung. Vornehmlich behandelte Leiden (Indikationen): Innere Medizin. Urologie. Neurologie. Umweltmedizin. Mykosen. Verletzungsfolgen. Allgemeine Zivilisationsleiden. Biologische Therapien: Physikalische Therapie. Bewegungstherapie. Darmsanierung. Phytotherapie. Neuraltherapie. Ernährungstherapie. Kneipp-Therapie. Thymus. Misteltherapie. Umweltmedizin. Kostformen/ Ernährung: Vollwertkost, teilweise aus kontrolliert-biologischem Anbau. Vegetarische Kost. Tier-eiweißfreie Kost. Rohkost. Glutenfreie Kost. Allergenarme Kost, Rotationsdiät u.ä.

Klinik Waldeck

Langemarckstr. 15-17, 34537 Bad Wildungen, Telefon 05621/804600, Fax 804601. Klinik für Rehabilitation und Anschlußheilbehandlungen. Bäderheilkunde, Kneippmedizin, Phytotherapie, Umweltmedizin, Mikrobiologische Therapie, Neuraltherapie. Die folgenden Angaben stammen aus zurückliegenden Befragungen, die wir von etwa 1992 bis 1997 beim betreffenden Haus durchgeführt haben: Fachklinik, Kurklinik, Sanatorium mit 71 Betten. Im Haus werden stationäre Behandlungen durchgeführt. Es bestehen Versorgungsverträge nach § 111, 5. Buch SGB; die Fachklinik ist Vertragshaus der Versorgungsämter. Das Haus ist beihilfefähig. Bei der Therapie kommen vorwiegend Naturheilweisen zur Anwendung. Vornehmlich behandelte Leiden (Indikationen): Bewegungsapparat. Neurologie. Stoffwechsel-Magen-Darm. Urologie (Harnwege, Prostata). Herz-Kreislauf. Umweltmedizin (Schadstoffbelastung). Nahrungsmittelallergie, Schimmelpilzallergie. Schmerztherapie. Biologische Therapien: Balneologische, physikalische, Kneipp-Behandlung. Bewegungstherapie. Neuraltherapie. Umweltmedizinisches Schadstoffausschwemmprogramm. Eliminations-Rotationsdiät bei Nahrungsmittelallergie. Phytotherapie. Microbiologie. Kostformen/Ernährung: Vollwertkost. Vegetarische Ernährung. Tiereiweißfreie Kost. Spezialdiät bei Diabetes, Ca-Oxalat-Nierenstein, Leber-Schonkost.

Kurpension Schöne Aussicht

Oldenburgerstr. 2, 34537 Bad Wildungen, Telefon 05621/5535. Hotel/Pension mit 27 Betten. Ambulante Kuren im Kurmittelhaus der Kurverwaltung. Die folgenden Angaben stammen aus zurückliegenden Befragungen, die wir von etwa 1992 bis 1997 beim betreffenden Haus durchgeführt haben: Biologische Therapien: Eigenblutbehandlung, Zelltherapie, Ozon-Blutwäsche, THX-Kur (nach Sandberg), Neuraltherapie, Akupunktur (Raucherentwöhnung), Rheumakur, Mayr-Kur, Magen-Darmsanierung. Kostformen/Ernährung: Vollwertkost, teilweise aus biologischem Anbau. Tier-eiweißfreie Kost. Konventionelle Kost.

Wald-Sanatorium

mit Fachklinik für Onkologie und Lymphologie, Quellenstr. 8-12, 34537 Bad Wildungen, Telefon 05621/7050, Fax 705101. Bäderheilkunde, Ernährungsweisen, Homöopathie, Immuntherapie. Behandlung nach einem umfassenden medizinisch-therapeutischen Konzept. Die folgenden Angaben stammen aus zurückliegenden Befragungen, die wir von etwa 1992 bis 1997 beim betreffenden Haus durchgeführt haben: Es handelt sich um eine Klinik (230 Betten), in der stationäre Behandlungen und Sanatoriumskuren durchgeführt werden (Rehabilitations- und Nachsorgemaßnahmen gemäß § 40 SGB 5) sowie Anschlußheilbehandlungen und offene Badekuren. Es besteht ein Versorgungsvertrag gemäß § 111 SGB 5. Das Haus ist beihilfefähig und Vertragshaus der Landesversicherungsanstalten Schleswig-Holstein, Hamburg, Niedersachsen, Braunschweig und Oberbayern. Vornehmlich behandelte Leiden: Herz-Kreislauferkrankungen, Onkologie (Krebsbehandlung) und Lymphologie, Erkrankungen der Bewegungsorgane sowie onkologische Nachsorge, Stoffwechselerkrankungen, urologische Erkrankungen. Die biologischen Therapien: Ganzheitstherapie, balneologische Therapie, krankengymnastische Therapie, physikalische Therapie, Ernährungstherapie. Kostformen/Ernährung: Vollwertkost, teilweise aus biologischem Anbau, vegetarische Kost, Spezialdiäten: Basis-Wertkost, konventionelle Kost.

Stilles Haus

Waldparkstr. 15, 34537 Bad Wildungen-Bergfreiheit, Telefon 05626/999-50, Fax 999-540. Die folgenden Angaben stammen aus zurückliegenden Befragungen, die wir von etwa 1992 bis 1997 beim betreffenden Haus durchgeführt haben: Pension mit 13 Betten. Im Haus werden und ambulante Kuren durchgeführt. Bei der Therapie kommen weitestgehend Naturheilweisen zur Anwendung. Vornehmlich behandelte Leiden (Indikationen): Stoffwechselkrankheiten. Generelle Rehabilitation (Krankheiten des rheumatischen Formenkreises). Biologische Therapien: Fastenkuren (u.a. Breuß). Yoga, Meditation. Zilgrei. NLP. Systematische Familientherapie. Fasten. Aura-Soma. Rohkost-Ernährung. Darmsanierung, Colon-Hydro-Therapie. Adjuvante Krebstherapie. HOT, Neuraltherapie, EVA (Elektro-Akupunktur nach Voll), Dauerbrause und physikalische Therapie. Kostformen/ Ernährung: Vollwertkost aus biologischem Anbau. Vegetarische Ernährung. Tier-eiweißfreie Kost. Sonnenkost. Trennkost.

Klinik am Kurpark

Ziergartenstr. 19, 34537 Bad Wildungen-Reinhardshausen, Telefon 05621/7020, Fax 702190. Bäderheilkunde, Ernährungsweisen.

Neuzeitliche Diät- und Lebensschule

Kurstr. 4, 34549 Edertal-Bringhausen, Telefon 05623/94940. Fax 949522. Ein Haus der Mazdaznan-Gemeinschaft. Vegetarische Vollwertkost (Mazdaznan-Ernährung) aus eigener biologisch-organischer Gärtnerei. Viele Kurse.

Haus Ebersberg

Ebersbergstr. 27, 34596 Bad Zwesten-Wenzigerode, Telefon 05621/3896 + 8020, Fax 802299. Zentrum für ganzheitliche Medizin. Individuelle Behandlung des Patienten mit anerkannt wirksamen Methoden aus den Bereichen Naturheilverfahren, Homöopathie u.ä. Allergie-Diagnostik. Bio-Therapien: Sauerstofftherapie. Lichttherapie (Bio-Light), Yoga, Meditation. Biodynamik. Physikalische Therapie. Lymphdrainage. Kneipp. Rückenschule. Bach-Blüten-Therapie. Fußreflexzonen. Traditionelle Tibetanische Medizin. Aromatherapie. Samadhi-Tank (Floating-Tank nach Dr. John Lilly Ende, mit Magnesium-Sulfat-Schwebewasser). Paartherapie. Ernährungstherapie. Gesundheitsseminare (u.a. Ayurveda, Tai Chi Chuan).

Rehabilitationszentrum Urbachtal Dr. Bartsch

34626 Neukirchen/Knüll, Telefon 06694/170, Fax 6421. Klinik mit 200 Betten (Behandlung nach § 30 GWO). Im Haus werden stationäre Behandlungen, Sanatoriumskuren und ambulante Kuren durchgeführt. Es bestehen Versorgungsverträge nach § 111, 5. Buch SGB (BfA). Das Haus ist beihilfefähig. Bei der Therapie kommen weitestgehend Naturheilweisen zur Anwendung. Vornehmlich behandelte Leiden (Indikationen): Krebs: Internistische Tumordiagnostik und Intensivtherapie. Primäre und sekundäre Arthrosen. Wirbelsäulentherapie. Schmerztherapie. Biologische Therapien: Bäderheilkunde. Neuraltherapie. Ernährungstherapie. Psychotherapie. Entspannungstherapien. Phytotherapie. Akupunktur. Misteltherapie. Kneipp-Therapie. Heilfasten. Kostformen/ Ernährung: Vollwertkost, teilweise aus kontrolliert-biologischem Anbau. Vegetarische Kost. Tier-eiweißfreie Kost. Rohkost. Glutenfreie Kost. Spezialdiäten (Nieren, Leber-Galle, Darm, Magen, Pankreas). Allergenarme Kost, Rotationsdiät u.ä. Konventionelle Kost.

Schrothkurheim Hilde

Liebigstr. 17, 35080 Bad Endbach, Telefon 02776/441, Fax 911070. Pension mit 10 Betten. Im Haus werden ambulante Kuren durchgeführt. Das Haus ist beihilfefähig. Bei der Therapie kommen vorwiegend Naturheilweisen zur Anwendung. Schrothkuren. Heilfasten. Kostformen/Ernährung: Tier-eiweißfreie Kost. Schrotkurdiät.

Kneipp-Badehaus Koch

Bornweg 1, 35080 Bad Endbach, Telefon 02776/91550. Sanatorium mit 35 Betten. Im Haus werden stationäre Behandlungen, Sanatoriumskuren und ambulante Kuren durchgeführt. Es bestehen Versorgungsverträge nach § 111, 5. Buch SGB (Vertragshaus der FAMK, Post). Das Haus ist beihilfefähig. Bei der Therapie kommen unter anderem Naturheilweisen zur Anwendung. Vornehmlich behandelte Leiden (Indikationen): Wirbelsäulen-Erkrankungen. Venen. Gelenke. Rheumatische Erkrankungen. Biologische Therapien: Wasserheilkunde. Kneipp-Therapie. Bewegungstherapie. Phytotherapie. Kostformen/Ernährung: Vollwertkost. Rohkost.

Pension Kraft

In der Aue 2, 35080 Bad Endbach, Telefon 02776/91530. Trennkost.

Hessische Berglandklinik Koller

Landstr. 4, 35080 Bad Endbach, Telefon 02776/8030, Fax 803109. Bäderheilkunde, Ernährungsweisen, Elektrotherapie.

Kneipp-Kurheim Heckenmühle

Teichstr. 17, 35080 Bad Endbach, Telefon 02776/91460, Fax 914650. Kneipp.

Klinisches Zentrum Kirchvers

Am Hanisch, 35102 Lohra-Kirchvers, Telefon 06426/851, Fax 1472. Ernährungsweisen. Die folgenden Angaben stammen aus zurückliegenden Befragungen, die wir von etwa 1992 bis 1997 beim betreffenden Haus durchgeführt haben: Fachklinik mit 27 Betten. Im Haus werden stationäre Behandlungen durchgeführt (Gemischte Anstalt). Es bestehen Versorgungsverträge nach § 111, 5. Buch SGB. Das Haus ist beihilfefähig. Bei der Therapie kommen unter anderem Naturheilweisen zur Anwendung. Vornehmlich behandelte Leiden (Indikationen): Psychosomatische Erkrankungen. Leichte psychiatrische Erkrankungen. Biologische Therapien: Autogenes Training. Ernährungskurse. Genaue Angaben hierzu liegen uns leider nicht vor. Kostformen/Ernährung: Vollwertkost.

Askelpios Klinik Dr. Walb

Krankenhaus für Ganzheitsmedizin, Am Hohen Berg 20, 35315 Homberg/Ohm, Telefon 06633/1820, Fax 182340. Krankenhaus mit 50 Betten. Im Haus werden stationäre Behandlungen durchgeführt. Es bestehen Versorgungsverträge nach § 111, 5. Buch SGB. Bei der Therapie kommen vorwiegend Naturheilweisen zur Anwendung. Kostformen/Ernährung: Vollwertkost, teilweise aus kontrolliert-biologischem Anbau. Vegetarische Kost. Rohkost. Trennkost.

Felke-Kurbad Born

Residenz Falkenhorst, 35325 Mücke/Nieder-Ohmen. Information über Born, Bgm. Kircherstr. 31, 55590 Meisenheim, Telefon 06753/2896, Fax 3546. Seit Anfang 1998 sind auch in Mücke/Nieder-Ohmen Felke-Kuren möglich. Dazu: Darmregeneration, Colon-Hydro-Therapie, Heilfasten. Vollwertkost.

Kurzentrum für Biologisch-Homöopathische Heilweisen

Dianaburgweg 11, 35638 Leun-Bissenberg, Telefon 06473/1733. Ambulanz-Tagesklinik. Im Haus werden ambulante Kuren durchgeführt (beihilfefähig). Bei der Therapie kommen weitestgehend Naturheilweisen zur Anwendung. Vornehmlich behandelte Leiden (Indikationen): Stoffwechselkrankheiten. Rheuma. Magen-Darm-Erkrankungen. Alterserkrankungen. Herz- und Kreislaufleiden. Allgemeine Zivilisationsleiden. Biologische Therapien: Homöopathie. Akupunktur. Bioresonanzverfahren. EAV-Testung. Zellorganextrakte. Wiedemann-Serum-Therapie. HOT, Neuraltherapie. Misteltherapie. Heilfasten.

Schloßpark-Sanatorium

Fritz-Stamer-Str. 11, 36129 Gersfeld, Telefon 06645/160, Fax 1663. Die folgenden Angaben stammen aus zurückliegenden Befragungen, die wir von etwa 1992 bis 1997 beim betreffenden Haus durchgeführt haben: Kurklinik/Sanatorium

(30 Betten). Im Haus (§ 30 GWO, beihilfefähig) werden Sanatoriumskuren und offene Badekuren durchgeführt. Es besteht ein Versorgungsvertrag gemäß § 111 SGB 5, und es kommen in der Therapie ausschließlich Naturheilweisen zur Anwendung. Vornehmlich behandelte Leiden: Rheumatische Erkrankungen, Stoffwechselleiden, Erkrankungen von Herz und Kreislauf, Durchblutungsstörungen, chronische Bronchitis und Asthma bronchiale, Erschöpfungszustände und Leistungsabfall, Migräne und Kopfschmerzen, biologische Krebs-Vor- und Nachsorgekur. Die biologischen Therapien: Dauerbrause, Darmbad, Neuraltherapie, Ernährungstherapie u.a. Kostformen/Ernährung: Vollwertkost aus biologischem Anbau, vegetarische Kost, tiereiweiß-frei Kost, Makrobiotik, reine Rohkost.

Kneipp-Kurheim Ludwigsstift

Günter-Groenhoff-Str. 6, 36129 Gersfeld, Telefon 06654/273. Kneippmedizin.

Vitalis-Klinik

Am Weinberg 3, 36251 Bad Hersfeld, Telefon 06621/2050, Fax 205199. Bäderheilkunde, Kneippmedizin. Die folgenden Angaben stammen aus zurückliegenden Befragungen, die wir von etwa 1992 bis 1997 beim betreffenden Haus durchgeführt haben: Krankenhaus, Fach- und Kurklinik mit 209 Betten. Im Haus werden stationäre Behandlungen (sog. »gemischte Anstalt«) durchgeführt sowie Anschlußheilbehandlungen (AHB); Naturheilweisen kommen unter anderem zur Anwendung. Die Behandlung kann nach den §§ 111, 39 und 40 SGB 5 erfolgen. Die Vitalisklinik ist beihilfefähig und Vertragshaus der BfA, LVA Hessen, Berlin, Hannover und der Arbeitsgemeinschaft für Krebsbekämpfung/Bochum. Vornehmlich behandelte Leiden: Gastroenterologische Erkrankungen und Zustand nach Operationen an den Verdauungsorganen, Stoffwechselkrankheiten, bösartige Geschwulstkrankheiten der Verdauungsorgane, Erkrankungen des Bewegungs- und Stützapparates. Die biologischen Therapien: Kuren nach Kneipp. Kostformen/Ernährung: Vegetarische Kost, Spezialdiäten (glutenfrei, lactosefrei, purinarm, cholesterinarm, salzarm, eiweißarm, ballastarm, Reduktion, Diabetes, fettarm) sowie konventionelle Kost.

Klinik Naturana

Bonifatiusstr. 7, 36364 Bad Salzschlirf, Telefon 06648/580, Fax 58580. Bäderheilkunde, Immuntherapie, Homöopathie, Ozon-Therapie. Die folgenden Angaben stammen aus zurückliegenden Befragungen, die wir von etwa 1992 bis 1997 beim betreffenden Haus durchgeführt haben: Privat und Krankenkassen, Einrichtung nach § 111 SGB 5. Natur- und Schulmedizin, 79 Betten. Heilanzeigen: Rheuma, degenerative Gelenkerkrankung (Arthrose), arterielle und venöse Durchblutungsstörungen. Biologische Therapien: Lymphdrainage, Wirbelsäulengymnastik. Vasoaktive Therapie, Sauerstofftherapie, physikalische- und Elektrotherapie, biologische Immunmodulation, biologisch-vegetarische Vollwertkost. Angebotene Kostformen: Vollwertkost, vegetarische Ernährung, Spezialdiäten und konventionelle Kost.

Kurhotel Badehof

Lindenstr. 2, 36364 Bad Salzschlirf, Telefon 06648/18184, Fax 18179. 165 Betten

(Hotel und Kurklinik). Vollwertkost und vegetarische Ernährung. Seniorengerecht. Nichtraucher. Ambulante Kuren. Akupunktur, Bäderheilkunde, Homöopathie, Immuntherapie, Sauerstoff-Therapien, Ozon-Therapie, Neuraltherapie.

Tomesa-Fachklinik

für Hauterkrankungen und Rheuma, Riedstr. 18, 36364 Bad Salzschlirf, Telefon 06648/550, Fax 55159. Bäderheilkunde, Ernährungsweisen, Phytotherapie, Hautleiden. Moor. Eltern-Kind-Therapie.

Klinik am Warteberg

Werner-Eisenberg-Weg 3, 37213 Witzenhausen, Telefon 05542/5060. Heilfasten nach Buchinger, Homöopathie, Phytotherapie, Neuraltherapie. Die folgenden Angaben stammen aus zurückliegenden Befragungen, die wir von etwa 1992 bis 1997 beim betreffenden Haus durchgeführt haben: In der Fachklinik (ca. 49 Betten) werden stationäre Behandlungen durchgeführt. Dabei kommen vorwiegend Naturheilweisen zur Anwendung. Das Haus ist beihilfefähig; es erfolgen Heilbehandlungen nach § 39 SGB 5 sowie § 30 GWO. Vornehmlich behandelte Leiden: Ernährungsbedingte Stoffwechselerkrankungen Übergewicht, Diabetes, Gicht, Fettstoffwechselstörungen, Fettleber, sog. »Zivilisationserkrankungen« (Herz- und Gefäßerkrankungen wie Hypertonie, Koronarinsuffizienz, Frühformen sklerotischer Gefäßprozesse, vasomotorischer Kopfschmerz, Erkrankungen des rheumatischen Formenkreises (Arthrosen, insbesondere die Überlastungsarthrosen der Wirbelsäule und der unteren Extremitäten, chronische Polyarthritis, Weichteilrheumatismus sowie chronische Erkrankungen bzw. Funktionsstörungen des Verdauungsapparates (Magen-Darm-Trakt, Leber, Galle, Pankreas, Obstipation), Erkrankungen des allergischen Formenkreises, chronische Haut- und Bindegewebserkrankungen (Ekzeme, Furunkulosen, Schuppenflechte), psycho-vegetative Dysregulationen, reaktive depressive Verstimmung bei Übergewicht. Die biologischen Therapien: Buchinger Heilfasten sowie Homöopathie, Phytotherapie, Neuraltherapie, physikalische Therapie. Kostformen/Ernährung: Spezialdiät: Buchinger Heilfasten.

Sonnenberg-Klinik

Hardtstr. 13, 37242 Bad Sooden-Allendorf, Telefon 05652/54916. Fachklinik mit 255 Betten. Im Haus werden stationäre Behandlungen, Sanatoriumskuren (Rehabilitationsmaßnahmen) durchgeführt. Es bestehen Versorgungsverträge nach § 111, 5. Buch SGB (BfA). Das Haus ist beihilfefähig. Bei der Therapie kommen unter anderem Naturheilweisen zur Anwendung. Vornehmlich behandelte Leiden (Indikationen): Krebserkrankungen (solide Tumoren und hämatologische Systemerkrankungen). Internistische und orthopädische Begleiterkrankungen. Biologische Therapien: Klassische und neuere Naturheilverfahren. Wasserheilkunde (Dauerbrause, Kneipp-Therapie). Phytotherapie. Akupunktur. Tai Chi Chuan. Tanztherapie. Musiktherapie. Kunsttherapie. Rebalancing. Marnitz-Therapie. Lymphdrainage. Bäderheilkunde. Entspannungstraining. Biofeedback. Einzel- und Gruppenpsychotherapie. Molke-Kur. Körner-Kur. Rohkost-Kur. Kostformen/ Ernährung: Vollwertkost, teilweise aus kontrolliert-biologischem Anbau. Vegetarische Kost. Tier-eiweißfreie Kost. Rohkost. Glutenfreie Kost. Spezialdiäten.

Euro Medica

Am Gradierwerk 4, 37242 Bad Sooden-Allendorf, Telefon 05652/508-0, Fax 508-203. Fachklinik für Allergologie, Immunologie, Ganzheitsmedizin. Aktive und passive Des-Immunisierung bei Allergien und Neurodermitis. Ganzheitsmedizinische Therapie ohne symptomatische Behandlungen (wie z.B. Cortison), auch bei bisher »austherapierten« Patienten.

Klinik Hoher Meißner

Hardtstr. 36, 37242 Bad Sooden-Allendorf, Telefon 05652/550, Fax 55870. Bäderheilkunde, Naturheilverfahren.

Kurpark-Klinik Heiligenstadt

Heinrich-Heine-Park 1, 37308 Heilbad Heiligenstadt, Telefon 03606/6630, Fax 663222. Kneippmedizin.

Wiesenbeker Teich

Wiesenbek 75, 37431 Bad Lauterberg, Telefon + Fax 05524/2994.

Sanatorium Bernhardi

Am Schoben 8-10, 37431 Bad Lauterberg, Telefon 05524/85030, Fax 850310. Beihilfefähig, zugelassen nach § 111 SBG V. Vorsorge- und Rehabilitationskuren. Ernährungsweisen, Fasten, Immuntherapie, Kneippmedizin, Atemtherapie.

Kneippkurbetrieb Gliesche

Kirchberg 36, 37431 Bad Lauterberg, Telefon 05524/3819 + 9219-0. Kneippkur. Schrothkur. Vollwertkost.

Kneipp-Kurheim Niedenthal

Germelmannstr. 8, 37431 Bad Lauterberg, Telefon 05524/92170. Kompakt-Kuren. Offene Badekuren. Alle Kassen, beihilfefähig. Kneipp-Kur. Vegetarische Kost. Stutenmilch-Trinkkuren.

Kneipp-Kurhaus Heikenberg

Kneipp-Bund e.V., Heikenbergstr. 19-21, 37431 Bad Lauterberg 1, Telefon 05524/857-0, Fax 6741. Hotel/Pension mit 150 Betten. Im Haus werden ambulante Kuren und Privat-Pauschal-Kuren durchgeführt. Das Haus ist beihilfefähig, im Rahmen der »offenen Badekur«. Bei der Therapie kommen weitestgehend Naturheilweisen zur Anwendung. Vornehmlich behandelte Leiden (Indikationen): Herz-Kreislauf-Gefäßerkrankungen. Nervenleiden. Wirbelsäule. Rheumatische Erkrankungen. Abhärtung. Erkrankungen der Atemwege. Stoffwechselstörungen. Leiden der Verdauungsorgane. Kinderkrankheiten. Wechseljahrsbeschwerden. Allgemeine Zivilisationsleiden. Biologische Therapien: Wasserheilkunde. Phytotherapie. Akupunktur. Qigong. Ernährungstherapie. Kneipp-Therapie. Molke-Kuren. Schroth-Kuren. Kur mit Stutenmilch. Heilfasten nach Dr. Buchinger. Reduktionskuren mit 600 bis 1000 kcal. Kostformen/Ernährung: Vollwertkost aus kontrolliert-biologischem Anbau. Vegetarische Kost. Tiereiweißfreie Kost. Spezialdiäten.

Kirchberg-Klinik

Kirchberg 7-11, 37431 Bad Lauterberg, Telefon 05524/859-0, Fax 859-110. Biologisch gesund gebautes Gebäude. Therapiekonzept: Moderne Medizin mit natürlichen Therapien. Ganzheitsmedizin und Naturheilverfahren. Kneippmedizin, Atemtherapie, Elektrotherapie, Eutonie. Die folgenden Angaben stammen aus zurückliegenden Befragungen, die wir von etwa 1992 bis 1997 beim betreffenden Haus durchgeführt haben: Kurklinik mit 120 Betten. Im Haus werden stationäre Behandlungen durchgeführt (beihilfefähig, § 30 GWO), wobei vorwiegend Naturheilweisen zur Anwendung kommen. Es besteht ein Versorgungsvertrag gemäß § 111 SGB 5. Vornehmlich behandelte Leiden: Herz-, Gefäß- und Kreislauferkrankungen, Regeneration und Rehabilitation bei Erschöpfungszuständen, Abnützungserscheinungen der Bandscheiben und des Bewegungsapparates sowie Nachbehandlung nach Gelenkersatz und Bandscheibenoperationen, Stoffwechselerkrankungen, Nachbehandlung nach Herzinfarkt, Innere Abteilung, Psychosomatik, Frauenheilkunde. Die biologischen Therapien: Kneipp- und Schroth-Kuren, Autogenes Training, Eutonie, Biofeedback, psychologische Betreuung, progressive Muskelentspannung, Bäder, Massagen, Lymphdrainagen, Chirogymnastik, Atemtherapie, Sport, Freizeitprogramm, Kreativ-Raum, Diät-Lehrküche. Kostformen/Ernährung: Vollwertkost, teilweise aus biologischem Anbau, vegetarische Kost, tier-eiweißfreie Kost und konventionelle Kost (RAL-Gütezeichen).

Kneipp-Sanatorium St. Bennostift

Lönsweg 3, 37431 Bad Lauterberg, Telefon 05524/9640, Fax 964195. Kneippmedizin.

Kneipp-Sanatorium Dr. von Plachy

Lönsweg 6, 37431 Bad Lauterberg, Telefon 05524/965-0, Fax 965-444. Vorsorge- und Reha-Kuren nach §§ 23 + 40, Vorsorgevertrag nach § 111 SGB V. Chirogymnastik. Homöopathische Injektionen. Heilfasten. Mayr-Kur. Molketrinkuren. Stutenmilch. Ozon- und Sauerstoff-Mehrschritt-Therapie. Kneippmedizin. Die folgenden Angaben stammen aus zurückliegenden Befragungen, die wir von etwa 1992 bis 1997 beim betreffenden Haus durchgeführt haben: Privat und Krankenkassen (Zuschüsse). Natur- und Schulmedizin, 55 Betten. Heilanzeigen: Durchblutungsstörungen, Gelenkleiden, Herz-Kreislauf-Erkrankungen. Angebotene Kostformen: Vollwertkost, vegetarische Ernährung.

Haus von Minnigerode

Promenade 11 a, 37431 Bad Lauterberg, Telefon 05524/3310. Kneipp-Kuren. Institut für ganzheitliche Selbstheilung - Leben lernen und Gesundheit erhalten.

Sanatorium Bernhardi am Kurpark

Promenade 23-25, 37431 Bad Lauterberg, Telefon 05524/85020, Fax 850210. Heilfasten. Kneipp-Kur. Schroth-Kur. Sauerstoff-Therapie. Autogenes Training. Walking. Individuelle Diätberatung und Themenschwerpunkt Alters-Diabetes-Aufklärung. Immuntherapie.

Park-Sanatorium

Promenade 33-35, 37431 Bad Lauterberg, Telefon 05524/960-0, Fax 960-202. Kneipp- und Schrothkurheim. Sanatoriumskuren nach § 23 + 40 SGB V. Heilfasten. Diät- und Entschlackungskuren. Lymphdrainage. Immuntherapie, Kneippmedizin, Sauerstoff-Therapien, Ozon-Therapie.

Sanatorium Feldmann-Gräfe

Promenade 7 + 8, 37431 Bad Lauterberg, Telefon 05524/4026, Fax 2369. Beihilfefähig. Versorgungsvertrag nach § 111 SGB V. Offene Badekuren. Kneipptherapie. Isometrische Übungen. Reflexzonen-Behandlung. Regelmäßige Vorträge über gesundheitlich interessante Themen.

Kurheim Giese

Lutterstr. 4, 37431 Bad Lauterberg, Telefon 05524/2544, Fax 5057. Schrothkur. Kneippkur. Heilfasten. Entschlackung und Entgiftung. Gewichtsreduktion.

Bergidyll-Heyder

Am Scholben 12, 37431 Bad Lauterberg, Telefon 05524/3355, Fax 3886. Kneippmedizin. Schrothkur. Sauerstoff-Mehrschritt-Therapie nach Prof. von Ardenne. Lymphdrainage. Fußreflexzonentherapie. Lichtakupunktur. Heilfasten. Vegetarische Kost.

Sanatorium Mühl

Ritscherstr. 1-3, 37431 Bad Lauterberg, Telefon 05524/85080, Fax 850834. Klinik für Vorsorge und medizinische Rehabilitation. Versorgungsvertrag nach § 111 SGB V. Beihilfefähig. Vorsorge- und Rehabilitationskuren. Sanatoriumskuren und offene Badekuren. Vollwertkost, Atemtherapie, Immuntherapie, Kneippmedizin, Naturheilverfahren, Sauerstoff-Therapien, Ozon-Therapie.

Kur-Sanatorium Gollée

Wiesenbek 11-15, 37431 Bad Lauterberg, Telefon 05524/854-11, Fax 854-141. Beihilfefähiges klinisches Sanatorium. Offene Badekuren. Bäderheilkunde, Kneippmedizin. Aktive Bewegungstherapie. Atemtherapie. Autogenes Training. Lymphdrainage. Chirogymnastik. Elektro- und Lasertherapie. Rohkost, Vollwertkost. Spezialdiäten. Diätberatung. Nichtraucherräume.

Kneipp-Sanatorium St. Hubertusklause

Wiesenbek 16, 37431 Bad Lauterberg, Telefon 05524/8690, Fax 86950. Beihilfefähig. Zu allen Kassen zugelassen. Kneippmedizin. Schrothkur. Heilfasten.

Kneipp-Sanatorium Brohm

Wiesenbek 5, 37431 Bad Lauterberg, Telefon 05524/86070, Fax 80870. Kneippmedizin. Schroth-Kur. Heilfastenkur. Atemtherapie. Lymphdrainage. Arzt für Naturheilverfahren im Haus.

Gesundungs-Haus

Am Kurpark 10, 37441 Bad Sachsa, Telefon 05523/474. Vegetarische Vollwertkost. Ernährungsbehandlung.

Sanatorium Alte Römer

Am Markt 2, 37539 Bad Grund, Telefon 05327/7080, Fax 2240. Bäderheilkunde, Speläotherapie.

Paracelsusklinik am See

Am Osterbergsee 7, 37581 Bad Gandersheim, Telefon 05382/7030, Fax 1244. Naturheilverfahren.

Park Reha-Klinikum Bad Gandersheim

Dr. Heinrich-Jasper-Str. 2, 37581 Bad Gandersheim, Telefon 05382/7090, Fax 709799. Bäderheilkunde, Kneippmedizin, Naturheilverfahren.

Paracelsus Osterberg-Klinik

Dr.-Heinrich-Jasper-Str. 4, 37581 Bad Gandersheim, Telefon 05382/7070, Fax 1244. Bäderheilkunde, Heilfasten, Kneippmedizin. Die folgenden Angaben stammen aus zurückliegenden Befragungen, die wir von etwa 1992 bis 1997 beim betreffenden Haus durchgeführt haben: Privat und Krankenkassen. Natur- und Schulmedizin, 120 Betten, Ausbau auf 165 Betten für Anschlußheilbehandlung konservative Orthopädie. Heilanzeigen: Orthopädisch-konservative Behandlung. Biologische Therapien: Physikalisch-balneologische Therapie, Kneippanwendungen, Bewegungstherapie, Entspannungsgruppen, Ohr- und Ganzkörperakupunktur, Meridiantherapie nach Ch. Heidemann, Fastentherapie nach H. Lützner. Angebotene Kostformen: Vollwertkost, vegetarische Ernährung, Spezialdiäten und konventionelle Kost.

Kurklinik Bad Gandersheim

Habichtsfang 5, 37581 Bad Gandersheim, Telefon 05382/720, Fax 6679. Bäderheilkunde, Immuntherapie.

Paracelsus Roswitha-Klinik

Hildesheimer Str. 6, 37581 Bad Gandersheim, Telefon 05382/740, Fax 1244. Ernährungsweisen, Naturheilverfahren.

Institut

Methfesselstr. 4, 37581 Bad Gandersheim-Heckenbeck, Telefon 05563/6038, Fax 8082. Institut zur Erforschung und Aktivierung der Selbstheilkräfte. Kuren und Seminare zur Förderung von Besinnung, Ganzheit und Lebendigkeit. Heilfasten unter fachärztlicher Betreuung. Ernährungstherapie. Atemtherapie, Entspannungs- und Körperübungen. Meditation. Naturheilverfahren wie Akupunktur, Eigenblut u.a.

Dr. Schüssler-Sanatorium

Hahnenklee, 38644 Goslar 2, Telefon 05325/5020, Fax 502100.

Kurzentrum am Stadtpark

Am Stadtpark 2, 38667 Bad Harzburg, Telefon 05322/7809-79, Fax 780989. Klinik/Sanatorium mit 65 Betten (Behandlung nach § 30 GWO). Im Haus werden stationäre Behandlungen, Sanatoriumskuren und ambulante Kuren durchgeführt. Es bestehen Versorgungsverträge nach § 111, 5. Buch SGB. Das Haus ist beihilfefähig. Bei der Therapie kommen vorwiegend Naturheilweisen zur Anwendung. Vornehmlich behandelte Leiden (Indikationen): Degenerative Erkrankungen der Wirbelsäule und Gelenke. Herz-Kreislauf-Erkrankungen. Stoffwechselleiden. Asthma und chronische Bronchitis. Biologische Krebsnachsorge. Rekonvaleszenz- und Erschöpfungszustände. Biologische Therapien: Komplette balneologisch-physikalische Therapie einschließlich Kneippscher Wassertherapie. Sole-Bäder und Sole-Inhalationen mit ortsgebundenen Kurmitteln (Johann-Albrecht-Sole). Bewegungstherapie. Entspannungstherapie (PM nach Jacobson), Neuraltherapie. Thymus. Phytotherapie. Homöopathie. Darmsanierung. Sauerstoff-Mehrschritt-Therapie. HOT. Ernährungstherapie. Misteltherapie. Wiedemann-Serum-Therapie. Aslan-Kuren. Heilfasten nach Buchinger. Biologische Krebsnachsorge mit Immuntherapie, Vitaminen, Mineralien, Spurenelementen, Misteltherapie, Orthomolekularer Medizin, Organpräparaten, Mikrobiologischer Therapie u.a. Kostformen/Ernährung: Vegetarische Kost. Konventionelle Kost.

Hotel Seela

Nordhäuser Str. 5, 38667 Bad Harzburg, Telefon 05322/796-0, Fax 796-199. Hotel mit 250 Betten. Im Haus werden ambulante Kuren und biologische Regenerationskuren durchgeführt. Bei der Therapie kommen weitestgehend Naturheilweisen zur Anwendung. Vornehmlich behandelte Leiden (Indikationen): Nervöse Erschöpfung. Durchblutungsstörungen. Rückenleiden. Gelenkbeschwerden. Neuralgien. Migräne. Biologische Therapien: Angewandte Kinesiologie. Sauerstofftherapie. Ozon-Sauerstofftherapie. Akupunktur. Neuraltherapie. Ausleitungsverfahren nach Aschner. Thymuskuren. Bach-Blüten-Therapie. Eigenblutbehandlung. Kostformen/Ernährung: Vollwertkost, teilweise aus kontrolliert-biologischem Anbau. Vegetarische Kost. Tier-eiweißfreie Kost. Rohkost. Glutenfreie Kost. Spezialdiäten: Bikini-, Manager- und Kartoffeldiät. Allergenarme Kost, Rotationsdiät u.ä. Konventionelle Kost.

Onkologische Praxisklinik

Karlstr. 6, 40210 Düsseldorf, Telefon 0211/354005, Fax 1640912. Ambulante biologische Krebstherapie.

Praxis- und Tagesklinik

Ackerstr. 3, 40233 Düsseldorf, Telefon 0211/353414. Tagesklinik. Ambulante biologische Krebstherapie.

Tagesklinik

Feldstr. 32, 40479 Düsseldorf, Telefon 0211/499299, Fax 4980399. Tagesklinik für Biologische Onkologie (Krebsmedizin) und Urologie.

Privatklinik Somnia

Horst 48, 41238 Mönchengladbach, Telefon 02166/86850, Fax 868532. Fachklinik für Schlafstörungen, Angsterkrankungen und Depressionen. Bäderheilkunde, Ernährungsweisen. Die folgenden Angaben stammen aus zurückliegenden Befragungen, die wir von etwa 1992 bis 1997 beim betreffenden Haus durchgeführt haben: Klinik zur Behandlung von Schlafstörungen und Angsterkrankungen. Bäderabteilung, Sauna, Gymnastik, Gruppentherapie, Vollwertkost (Frische-Küche).

Klinik Wersbacher Mühle

42799 Leichlingen, Telefon 04174/398-0. Neurodermitisbehandlung.

Klinik Blankenstein

Im Vogelsang 5-11, 45527 Hattingen, Telefon 02324/396-0, Fax 396-486. Im Januar 1997 eröffnete Modell-Klinik Naturheilkunde für Nordrhein-Westfalen.

Thermalsole- u. Schwefelbad Bentheim

Am Bade, 48454 Bad Bentheim, Telefon 05922/740, Fax 74800. Bäderheilkunde.

Samariter-Werk

Gravenhorster Str. 12, 48477 Hörstel, Telefon 05459/4071. Heilfasten. Die folgenden Angaben stammen aus zurückliegenden Befragungen, die wir von etwa 1992 bis 1997 beim betreffenden Haus durchgeführt haben: Katholisches Fastenzentrum mit 50 Betten. Im Haus werden überwachte Fastenkuren durchgeführt. Bei der Therapie kommen vorwiegend Naturheilweisen zur Anwendung. Vornehmlich behandelte Leiden (Indikationen): Übergewicht. Rheuma. Herz- und Kreislaufleiden. Nieren, Verdauungsorgane. Allergien. Alle ernährungsabhängigen Krankheiten. Stoffwechselkrankheiten. Biologische Therapien: »Samariter«-Fasten (nach Buchinger). Kostformen/Ernährung: Vollwertkost aus biologischem Anbau. Vegetarische Ernährung.

Maharischi Ayur-Ved Gesundheitszentrum

Am Berg 11, 49143 Bissendorf 2, Telefon 05402/75451, Fax 75446. Medizinische und ayurvedische Betreuung durch drei ayurvedische Ärzte. Ayurvedische Reinigungstherapie (Panchakarma). Ayurvedische Ernährung. Vorträge zur Lebensführung. Klang- und Aromatherapie. Yoga Asanas. Körperübungen. Pranayama, Atemübungen. Transzendentale Meditation. Die folgenden Angaben stammen aus zurückliegenden Befragungen, die wir von etwa 1992 bis 1997 beim betreffenden Haus durchgeführt haben: Sanatorium und Pension mit 50 Betten. Im Haus werden stationäre Behandlungen durchgeführt, und es kommen dabei ausschließlich Naturheilweisen zur Anwendung. Vornehmlich behandelte Leiden: Streßbewältigung, Revitalisierung, psychosomatische Leiden, Störungen des Magen-Darm-Traktes sowie Über- und Untergewicht, Störungen des Herz-Kreislaufsystems, Stoffwechsels, vegetativen Nervensystems, Frauenleiden, Allergien, Rheuma, Neurodermitis. Die biologischen Therapien: Ayurvedische Medizin. Kostformen/Ernährung: Vegetarische Kost und ayurvedische Kost.

Geburts-Haus-Praxisgemeinschaft

Am Berg 9, 49143 Bissendorf 2, Telefon 05402/9910-20. Natürliche Geburt. Ayurveda.

Charlottenburg-Klinik

Am Freibad 5, 49152 Bad Essen, Telefon 05472/4000, Fax 2373. Bäderheilkunde, Ernährungsweisen, Homöopathie, Naturheilverfahren.

Villa Carlshorst

Osnabrücker Str. 14, 49176 Hilter, Telefon 05424/2326-0, Fax 2326-50. Akupunktur. Wirbelsäulen-Spezialbehandlung. Farbtherapie. Bach-Blüten-Therapie. Tiefensuggestion. Hydro-Star Dauerbrause mit ätherischen Ölen. Immunstärkung. Entschlackung. Wellness-Wochen für Körper, Geist und Seele.

Klinisches Sanatorium Sonnenhof

Cheruskerstr. 7, 49186 Bad Iburg, Telefon 05403/4030, Fax 403320. Bäderheilkunde, Kneippmedizin.

Kneipp-Kurheim Fandrey

Von-Wartenberg-Str. 9, 49186 Bad Iburg, Telefon 05403/2121 + 73210. Kneippmedizin.

Blomberg-Klinik

Remseder Str. 3, 49196 Bad Laer, Telefon 05424/8080, Fax 808799. Bäderheilkunde, Naturheilverfahren.

Park-Klinik

Parkstr. 12-14, 49214 Bad Rothenfelde, Telefon 05424/6480, Fax 648100. Bäderheilkunde, Ernährungsweisen.

Schüchtermann-Schillerschen-Klinik

Ulmenallee 11, 49214 Bad Rothenfelde, Telefon 05424/6410, Fax 541598. Bäderheilkunde, Naturheilverfahren.

Homburger Schloß

Dr. Suchert, Homburger Str. 23, 51588 Nümbrecht, Telefon 02293/6212. Sauerstoff-Therapien, Ozon-Therapie.

Privatklinik Schürhoff

Neudieringhauser Str. 64, 51645 Gummersbach, Telefon 02261/75071, Fax

72058. Stoffwechsel- und Verdauungsleiden. Herz-Kreislauf, Durchblutung. Akupunktur, Moxa, Sauerstoff-Ionisation, Bäderheilkunde, Chirotherapie, Homöopathie, Ozon-Therapie, Neuraltherapie, Zelltherapie. Nikotinentwöhnung. Altersheilkunde, z.B. spezielle Aufbaukuren bei Parkinson oder Schlaganfall.

St. Brigida Krankenhaus

Innere Abteilung, Kammerbruchstr. 8, 52152 Simmerath, Telefon 02473/891, Fax 89282. U.a. biologische Krebstherapie. Vollwertkost. Immuntherapie, Kneippmedizin, Mistel-Therapie, Phytotherapie, Homotoxikologie, Neuraltherapie. Die folgenden Angaben stammen aus zurückliegenden Befragungen, die wir von etwa 1992 bis 1997 beim betreffenden Haus durchgeführt haben: Privat und alle Krankenkassen, Allgemeines Krankenhaus. Natur- und Schulmedizin, ca. 103 Betten. Heilanzeigen: Alle Krankheiten, da Krankenhaus der Grundversorgung. Biologische Therapien: Therapie nach Kneipp, Neuraltherapie, Mistel, Phytotherapie, Immunstimulationstherapie bei Neoplasmen, Therapien gemäß Homotoxikologie. Angebotene Kostformen: Spezialdiäten (Reduktionskost), konventionelle Kost.

Carat Hotel

Laufenstr. 82, 52156 Monschau, Telefon 02472/860, Fax 86199. Reflexzonen, Akupressur. Entspannung.

Haus Thymian

Buchenweg 14, 52396 Heimbach/Eifel-Hasenfeld, Telefon 02446/1079, Fax 3925. Biologische Kurpension mit 8 Betten (Behandlung nach § 30 GWO). Im Haus werden Privatkuren durchgeführt. Bei der Therapie kommen weitestgehend Naturheilweisen zur Anwendung. Vornehmlich behandelte Leiden (Indikationen): Bewegungsapparat. Stoffwechsel und Verdauung. Gefäße. Allergien. Infektanfälligkeit. Krebs. Biologische Therapien: Chiropraktik. Neuraltherapie. Colon-Hydro-Therapie. Ozon. Thymus. Phytotherapie. Homöopathie. Entspannungsmassage. Regenerationstherapie. Baunscheidtieren. Schröpfen. Ernährungsberatung. Heilfasten. Kostformen/Ernährung: Vollwertkost aus kontrolliert-biologischem Anbau. Vegetarische Kost. Tier-eiweißfreie Kost. Rohkost.

Ambulanz für Naturheilverfahren

Medizinische Poliklinik der Universität Bonn, c/o PD Dr. med. Karin Kraft, Wilhelmstr. 35-37, 53111 Bonn, Telefon 0228/2872263 + 2872534, Fax 2872266. Wissenschaftlich-therapeutische Pilot-Einrichtung zur Praktizierung und Erforschung von Naturheilweisen innerhalb der »etablierten« Medizin, grundsätzlich für jeden (Kassen-) Patienten zugänglich.

Robert-Janker-Klinik

Baumschulallee 12-14, 53115 Bonn, Telefon 0228/7291-0, Fax 631832.

Klinik Hochstrasse

Hochstr. 23, 53474 Bad Neuenahr, Telefon 02641/8009-0.

Steigenberger Kursanatorium

Kurgartenstr. 1, 53474 Bad Neuenahr-Ahrweiler, Telefon 02641/941-0, Fax 7001.

Sanatorium/Hotel mit 67 Betten. Vollwertkost. Familienfreundlich. Senioren- und behindertengerecht. Nichtraucher. Im Haus werden ambulante Kuren und Anschlußheilbehandlungen durchgeführt. Vornehmlich behandelte Leiden (Indikationen): Erkrankungen von Herz, Kreislauf, Lunge, Gehirn, der Bauchorgane, des Stoffwechsels und des Skeletts. Erkrankungen des rheumatischen Formenkreises (Arthrosen, Muskel- und Gelenkrheumatismus, Bechterewsche Erkrankung). Diabetes-Einstellung und Vermeidung der Folge- und Begleiterscheinungen). Biologische Therapien: Ernährungstherapie. Kneipp-Therapie. Kostformen/ Ernährung: Vollwertkost. Vegetarische Kost. Spezialdiäten (z.B. Diabetes mellitus).

Klinik Kurköln

Landgrafenstr. 32-38, 53474 Bad Neuenahr, Telefon 02641/74-0, Fax 74174.

Kurklinik Landskrone

Ravensberger Str. 3-5, 53474 Bad Neuenahr, Telefon 02641/8910, Fax 79356. Immuntherapie, Ozon-Therapie, Zelltherapie. Die folgenden Angaben stammen aus zurückliegenden Befragungen, die wir von etwa 1992 bis 1997 beim betreffenden Haus durchgeführt haben: Indikationen: Biologische Krebsbehandlung, Arthrose, Rheuma, Gelenkerkrankungen, Herz und Kreislauf, Asthma, Leberleiden, körperliche und geistige Erschöpfung, Abwehrschwäche, Altersbeschwerden, Schmerztherapie. Biologische Therapien: aktive Zellregeneration, Thymus, Sauerstofftherapie.

Rheinsanatorium Bad Breisig

Rheinufer 1, 53498 Bad Breisig, Telefon 02633/6060, Fax 606211. Zentrum für biologische Heilmethoden. Kursanatorium und Naturheilpraxis mit Tagesklinik unter fachärztlicher Leitung. Stationäre und ambulante Behandlungen. Osteoporose. Venenbehandlung (Krampfadern). Wirbelsäule. Rheuma. Darmsanierung, Colon-Hydro-Therapie. Frischzellen-Therapie nach Prof. Niehans. Vital-Behandlung (Geriatrie, vorzeitige Altersleiden; Umweltschäden). Thymusfrischextrakt THX nach Sandberg. Ozon-Therapie. Sauerstoff-Mehrschritt-Therapie.

Gut Tossens Seminar GmbH

Kurmittelhaus, 53489 Sinzig-Bad Bodendorf, Telefon 02642/42074, Fax 5088. Vitalkur mit heimischen therapeutischen Anwendungen (Eifelfango, Massage, Bäder, Wassergymnastik) und asiatischen Heilverfahren zur Gesunderhaltung (Qigong, Akupunktur, Moxibustion, Shiatsu).

Villa Schaaffhausen

Schaaffhauser Str. 5, 53604 Bad Honnef, Telefon 02224/917-0. Familien- und Gesundheitszentrum. Eine Naturheilpraxis befindet sich im Haus. Es werden Kurse, Lehrgänge, Fortbildungen angeboten (Atemseminare, Yog, Heilfasten, Theorie und Praxis der Vollwerternährung, Ayurveda, Gesundheitsberater-Ausbildung).

Parkklinik

Kurhausstr. 27, 53773 Hennef, Telefon 02242/88060, Fax 880664. U.a. biologische Krebstherapie. Immuntherapie, Enzyme, Organpräparate, Orthomolekulare Medizin, Zytokine, Chelattherapie, Homöopathie, Ganzkörperhydrotherapie, Regionale Hydrotherapie, Lymphdrainage, Akupunktur, Magnetfelder, Mikrobiologische Therapie, Neuraltherapie, Phytotherapie, Sauerstoff-Therapien, Ozon-Therapie, Zelltherapie. Die folgenden Angaben stammen aus zurückliegenden Befragungen, die wir von etwa 1992 bis 1997 beim betreffenden Haus durchgeführt haben: Fiebertherapie. Misteltherapie. Thymus-Behandlung, Organpräparate. Akupunktur. Immunmodulation. Lymphdrainage. Phytotherapie. Vegetarische Vollwertkost. Frischzell-, Regenerations- und Aufbaukuren (Sauerstoff-Mehrschritt-Therapie, Ozon, Aslan-Kur).

Klinik Silvana

Talsperrenstr. 66, 53881 Euskirchen-Kirchheim, Telefon 02255/94020, Fax 940240. Naturheilzentrum, spezialisiert auf die Behandlung von Allergien, Neurodermitis, Rheuma und Migräne. Ambulant und stationär. Behandlung von Umwelterkrankungen. Gezielte Amalgam- und Palladiumentgiftung. Ganzheitliches biologisches Behandlungskonzept. Biologische Krebstherapie: Enzyme, Fiebertherapie, Mistel, Organpräparate, Orthomolekulare Medizin, Sauerstoff-Ozon-Therapien, Thymus-Therapie, Homöopathie, Lymphdrainage, Akupunktur, Bachblüten-Therapie, Chelattherapie, Colon-Hydro-Therapie, Mikrobiologische Therapie, Neuraltherapie, Wärmebehandlung. Vollwertkost.

Kur- und Kongreßhotel

Nöthener Str. 10, 53902 Bad Münstereifel, Telefon 02253/54000, Fax 6408. Kneippmedizin. Sauerstoff-Mehrschritt-Kur. Regenerationskuren. Moxa-Therapie. Fußreflexzonen. Lymphdrainage.

Kurhotel Marquardt

54427 Kell am See, Telefon 06589/180.

Landhaus Schiffmann

Postfach 33, 54486 Mülheim bei Bernkastel, Telefon 06534/93940, Fax 18201. Sauerstoff-Mehrschritt-Therapie. Besondere Programme zum Heilfasten oder Relaxwochenende. Fußreflexzonenmassage, Colonmassage. Thalasso-Therapie. Aromabäder, Nachtkerzenöl-Cremebad. Vegetarische, vollwertige oder kalorienreduzierte Kost.

Villa Herbaria

Fam. Klausen, Maria-Hilf-Str. 4, 54550 Daun, Telefon 06592/8601.

Kurklinik Eifeler Hof

Hochstr. 2, 54655 Kyllburg, Telefon 06463/9640, Fax 964413. Bäderheilkunde, Ernährungsweisen, Kneippmedizin, Reflexzonen-Behandlung. Die folgenden Angaben stammen aus zurückliegenden Befragungen, die wir von etwa 1992 bis 1997 beim betreffenden Haus durchgeführt haben: Kurklinik und Hotel-Pension (anerkannt nach § 30 GWO, beihilfefähig) mit 96 Betten. Im Haus werden stationäre Behandlungen, Sanatoriumskuren und offene Badekuren durchgeführt. Es besteht ein Versorgungsvertrag gemäß § 111 SGB 5, und in der Therapie kommen Naturheilweisen unter anderem zur Anwendung. Vornehmlich behandelte Leiden: Herz-Kreislauf, venöse- und lymphatische Erkrankungen, rheumatische

Leiden sowie orthopädische Erkrankungen, Stoffwechselleiden, Erkrankungen des Nervensystems. Die biologischen Therapien: Hydro- und Balneotherapie, Kneippsche Wasserheilverfahren, klassische Massagen einschließlich Reflexzonentherapie und manueller Lymphdrainage, Elektrotherapie, Heilkräuter, Bewegungstherapie und Krankengymnastik. Kostformen/Ernährung: Spezialdiäten, naturreine Kost, teilweise aus biologischem Anbau.

Golfhotel Park Village ProVital

Schindeldorf, 55442 Stromberg, Telefon 06724/8834, Fax 6843. Anti-Streß-Kuren. Vitalisierungskuren. Reiki. Meridian-Massagen. Sauerstoff-Aktiv-Regeneration. Organ-Frisch-Extrakte. Ozon-, Farb- und Musiktherapie. Biologische Schmerz-, Rheuma- und Krebstherapie. Homöopathie. Akupunktur. Neuraltherapie. Chirotherapie. Cryo- oder Hyperthermie. Magnetfeld.

Privat-Sanatorium Schmieden

Dr.-Karl-Aschoff-Str. 22, 55543 Bad Kreuznach, Telefon 0671/83616-16, Fax 83616-10. Naturheilzentrum. Alternative Behandlung von chronischen Leiden. Schwerpunkt: Entschlackung/Entgiftung. Ausleitung und Reinigung des Organismus durch Heilfasten, Darmsanierung, Injektionen zur Regeneration, Vitalisierung, Stärkung der körpereigenen Abwehrkräfte und zur schonenden Unterstützung der Ausscheidungsorgane. Für chronisch Kranke mit hoher Motivation und Bereitschaft, aktiv am Gesundungsprozeß mitzuwirken. Seniorenurlaubs-Betreuung.

Augusta Klinik

für Rheumatologie und Orthopädie, Kurhausstr. 18, 55543 Bad Kreuznach, Telefon 0671/2940, Fax 294-123. Klinik mit 73 Betten. Im Haus werden stationäre Behandlungen, Privat-Pauschalkuren und ambulante Kuren durchgeführt. Es bestehen Versorgungsverträge nach § 111, 5. Buch SGB. Das Haus ist beihilfefähig. Bei der Therapie kommen unter anderem Naturheilweisen zur Anwendung. Vornehmlich behandelte Leiden (Indikationen): Rheumatische Beschwerden. Orthopädie. Innere Medizin. Biologische Therapien: Schmerzbehandlung der Gelenke. Neuraltherapie nach Dr. Fahmy. Ozontherapie. Thymus. Lymphdrainage. Hydrotherapie. Kryotherapie. Magnetfeldtherapie. Schlingentisch. Haltungs- und Rückenschule. Kostformen/Ernährung: Vollwertkost, teilweise aus kontrolliert-biologischem Anbau. Vegetarische Kost. Spezialdiäten.

Prieger-Kurklinik

Kurhausstr. 21, 55543 Bad Kreuznach, Telefon 0671/931246, Fax 932999. Bäderheilkunde.

Felke-Kurhaus Menschel

55566 Sobernheim-Meddersheim, Telefon 06751/850, Fax 5380. Vollwertkost mit gartenfrischen Zutaten. Felke-Kur. Darmregeneration durch schonende Spezialbehandlungen. Entschlackung und Heilfasten. Entspannungstechniken.

Kurhaus am Maasberg

55566 Sobernheim, Telefon 06751/876-0, Fax 976-201. Felketherapie. Naturheilverfahren. Vollwertkost.

Kurhaus Dhonau

55566 Sobernheim, Telefon 06751/9339-0, Fax 2696. Felke-Kur. Original Sobernheimer Heilerde-Therapie. Individuelle vegetarische Vollwerternährung. Heilfasten. Energiebehandlung (Shiatsu, Akupunktmassage, Tai Chi Chuan). Darmregeneration. Beihilfefähig. Die folgenden Angaben stammen aus zurückliegenden Befragungen, die wir von etwa 1992 bis 1997 beim betreffenden Haus durchgeführt haben: Kurklinik mit 70 Betten (Behandlung nach § 30 GWO). Im Haus werden stationäre Behandlungen, Sanatoriumskuren und ambulante Kuren durchgeführt. Es bestehen Versorgungsverträge nach § 111, 5. Buch SGB. Das Haus ist beihilfefähig. Bei der Therapie kommen weitestgehend Naturheilweisen zur Anwendung. Vornehmlich behandelte Leiden (Indikationen): Darmerkrankungen. Allergien. Rheuma. Biologische Krebsnachsorge. Biologische Therapien: Felke-Kur. Elektroakupunktur. Neuraltherapie. Darm-Regeneration. Ozonbehandlung. Kostformen/Ernährung: Vollwertkost aus biologischem Anbau. Vegetarische Ernährung. Tier-eiweißfreie Kost. Spezialdiäten (glutenfrei). Buchinger Heilfasten.

Asklepios Katharina-Schroth-Klinik

Leinenborner Weg 44/Korczakstraße, 55566 Sobernheim, Telefon 06751/8740 + 87411, Fax 87454. Atemtherapie. Spezialtherapie bei Skoliose (Rückgratverkrümmung). Dreidimensionale Skoliosebehandlung nach Katharina Schroth. Die folgenden Angaben stammen aus zurückliegenden Befragungen, die wir von etwa 1992 bis 1997 beim betreffenden Haus durchgeführt haben: Rehaklinik. Im Haus werden stationäre Behandlungen durchgeführt. Es bestehen Versorgungsverträge nach § 111, 5. Buch SGB (VdAK). Das Haus ist beihilfefähig. Bei der Therapie kommen Naturheilweisen wie Atmung und Gymnastik zur Anwendung. Indikationen: Skoliose. Morbus Scheuermann. Haltungsinsuffizienz. Vor- und Nachbehandlung bei Wirbelsäulen-Operationen. Morbus Bechterew. Biologische Therapien: Dreidimensionale Schroth'sche Skoliosebehandlung. Atemtherapie. Gymnastik. Kostformen/Ernährung: Vegetarische Ernährung. Konventionelle Kost.

Kurklinik Rheingrafenstein

Berliner Str. 63-65, 55583 Bad Münster am Stein, Telefon 07608/6200, Fax 62077. Bäderheilkunde, Ernährungsweisen.

Paracelsus Parkklinik + Rothenfels-Klinik

Kurhausstr. 27 + 8, 55583 Bad Münster am Stein, Telefon 06708/810, Fax 1302. Bäderheilkunde, Ernährungsweisen.

Pension Helma Kohl

Am Steiger 19, 55743 Idar-Oberstein, Telefon 06781/22511, Fax 22575. Aktiv-Gesundheitswochen mit Vollwertkost nach Dr. Bruker (GGB), Schallwellen- und Fußreflexzonen-Behandlung, Wandern.

Parkschlößchen Bad Wildstein

Wildbadstr. 201, 55841 Traben-Trarbach, Telefon 06541/705-0, Fax 705-120. Ayurveda-Medizin. Ganzheitlich ayur-vedische Diagnostik und Therapie. Systematische Entgiftung. Gesundheitsseminare. Yoga. Meditation. Ganzkörper-Synchron-Ölmassagen.

Kneipp-Krankenhaus Marianum

Cherubine-Willmann-Weg 1, 56077 Koblenz, Telefon 0261/6401300. Kneippmedizin.

Krankenhaus Lahnhöhe

Am Kurpark, 56112 Lahnstein, Telefon 02621/9150, Fax 915-335. Die folgenden Angaben stammen aus zurückliegenden Befragungen, die wir von etwa 1992 bis 1997 beim betreffenden Haus durchgeführt haben: Klinik mit 202 Betten. Überregionales Zentrum für Ganzheitsmedizin. Ernährungstherapie auf der Basis von vitalstoffreicher Vollwertkost. Homöopathie. Die Klinik ist eine der profiliertesten naturheilkundlichen Einrichtungen im deutschsprachigen Raum und wurde seit 1977, als Dr. Max-Otto Bruker die Leitung übernahm, bundesweit zum Inbegriff für eine fundierte, ernährungsmedizinisch orientierte Ganzheitsmedizin.

Maharishi Ayur-Ved

Am Robert-Kampe-Sprudel, 56130 Bad Ems, Telefon 02603/2220, Fax 3122. Die folgenden Angaben stammen aus zurückliegenden Befragungen, die wir von etwa 1992 bis 1997 beim betreffenden Haus durchgeführt haben: Hotel mit integriertem Gesundheits- und Seminarzentrum. Von 160 Betten des Kurhotel Bad Ems stehen dem Zentrum 40 Betten zur Verfügung. Im Haus werden Maharishi Ayur-Ved-Behandlungen vorgenommen, wobei weitestgehend Naturheilweisen zur Anwendung kommen. Vornehmlich behandelte Leiden (Indikationen): Vegetative Dysregulation. Magen-Darm-Erkrankungen. Degenerative Gelenkbeschwerden. Stoffwechselstörungen, Migräne, Atemwegserkrankungen, Frauenleiden, Über- und Untergewicht. Biologische Therapien: Maharishi Ayur-Ved-Behandlungen. Synchron-Ganzkörper-Ölmassagen. Kräuterdampfbäder. Individuelle Ernährungsberatung. Ausleitende Verfahren. Transzendentale Meditation, Yoga. Kostformen/Ernährung: Vegetarische Ernährung, teilweise aus biologischem Anbau. Spezialdiät (Ayurveda-Kost).

Deutsch-Ordens-Hospital

Abteilung für innere Medizin, Römerstr. 45, 56130 Bad Ems, Telefon 02603/975-0. Bäderheilkunde, Immuntherapie, Kneippmedizin, Zelltherapie. Die folgenden Angaben stammen aus zurückliegenden Befragungen, die wir von etwa 1992 bis 1997 beim betreffenden Haus durchgeführt haben: Vegetarische Vollwertkost. Immunstimulation. Mistel. Phytotherapie. Privat und Krankenkassen. Natur- und Schulmedizin, 196 Betten. Heilanzeigen: Bronchopulmonale Erkrankungen, Herzkreislaufbehandlungen, Stoffwechselerkrankungen, rheumatische Leiden, Tumornachbehandlung, Anschlußheilverfahren. Biologische Therapien: Fortsetzung eingeleiteter Immunstimulation (Iscador, Mesacton o.ä.), Balneotherapie, Kneippsche Anwendungen, biologische Kost, Psychotherapie, Zelltherapie (tiefgefrorene Zellen). Angebotene Kostformen: Vollwertkost, vegetarische Ernährung, Spezialdiäten und konventionelle Kost.

Ausbildungs- und Erholungszentrum

Friedrich Depke, Im Kirschengarten 6-8, 56132 Kemmenau, Telefon 02603/93390, Fax 933966. Indikationen: Individuelle Therapie bei Sehstörungen aller

Art. Neurodermitis. Allergien. Stoffwechselstörungen. Vegetarische Vollwertkost. Antlitz-Diagnostik-Seminare und Sehschulung nach Dr. Hickethier. Biochemie nach Dr. Schüßler. Mineralbäder. Nervenmassage nach Dr. Hickethier. Fußreflexzonenmassage. Sanfte Wirbelsäulentherapie nach Dorn.

Kur- u. Reha-Klinik Belgrano

Untere Fraubachstr. 2, 56154 Boppard, Telefon 06742/1050, Fax 105478. Lymphdrainage. Bäderheilkunde, Ernährungsweisen, Kneippmedizin. Gewichtsreduktion. Die folgenden Angaben stammen aus zurückliegenden Befragungen, die wir von etwa 1992 bis 1997 beim betreffenden Haus durchgeführt haben: Klinik/Sanatorium mit 85 Betten. Es werden stationäre Behandlungen, Sanatoriumskuren und offene Badekuren durchgeführt (sog. »gemischte Anstalt«). Das Haus ist beihilfefähig. Es besteht ein Versorgungsvertrag gemäß § 111 SGB 5. Die Kurklinik ist Vertragshaus der LVA Westfalen und der LVA Rheinprovinz. Bei der Therapie werden vorwiegend Naturheilweisen angewendet. Vornehmlich behandelte Leiden: Stoffwechsel, Herz-Kreislauf, Bewegungsapparat sowie Anschlußheilverfahren nach operativ versorgten Gelenken. Die biologischen Therapien: Physikalische Therapie, alle Kneipp-Anwendungen, alle Massageformen, Elektrotherapie sowie hydro-elektrische Bäder, Inhalationen, Lymphdrainage, Krankengymnastik. Kostformen/Ernährung: Spezialdiäten (Reduktionskost, Diabeteskost, alle gängigen Diätformen) und konventionelle Kost.

Kurhotel Junkersmühle

56288 Michelbach, Telefon 06761/2068, Fax 13193. Spezial-Seniorenprogramme.

Kurhotel Wildpark

Familie J. Passe, Am Wildpark, 56470 Bad Marienberg, Telefon 02661/622-0, Fax 622404. »Erstes anerkanntes Trennkost-Hotel in Deutschland«. Molke-Trinkkur nach Dr. med. H. Anemueller.

Hotel Kristall

Goethestr. 21, 56470 Bad Marienberg, Telefon 02661/95760, Fax 957650. Molke-Trinkkur nach Dr.med. H. Anemueller.

Naturhaus Alisia

Renate Britz, Andreestr. 23, 56579 Rengsdorf, Telefon 02634/8674. Fasten mit naturheilkundlicher Begleitung (Buchinger-Fasten mit Gesundheits- und Ernährungsberatung, Wanderungen, Entspannungsübungen, Fußreflexzonentherapie, Bach-Blüten-Therapie). Kleine Gruppen von 2 bis 4 Personen.

Reform-Gästehaus Borsch

56826 Lutzerath/Vulkaneifel, Telefon 02677/238, Fax 540. Heil- und Fastendiät. Vollwertkost. Kur-Urlaub bei Gewichtsproblemen, Stoffwechselerkrankungen.

Sponheimer Hof

Familie Heinz Schütz, Sponheimer Str. 19, 56850 Enkirch, Telefon 06541/6628, Fax 1043. Hildegard-Hotel (Hildegard von Bingen) mit Naturkostladen, hauseigener Heilpraktiker-Praxis (Aderlaß, Schröpfen, Heilfasten). Vorträge, Seminare.

Dinkelküche. St. Hildegard-Heilfasten (mit Morgengymnastik, Wandern, Malen) und Aufbaukuren.

Kurklinik Am Römerkessel

Am Römerkessel 1, 56864 Bad Bertrich, Telefon 02674/935-0, Fax 935-699. Fachklinik für Innere Medizin, Rehabilitation und Diagnostik mit 100 Betten. Anschlußheilbehandlungen. Bäderheilkunde, Ernährungsweisen, Homöopathie.

Elfenmaar-Klinik

Auf der Sees, 56864 Bad Bertrich, Telefon 02674/1810, Fax 181-909. Rehabilitationszentrum für Orthopädie und Naturheilverfahren mit 200 Betten. Vollwertkost. Bäderheilkunde, Ernährungsweisen, Naturheilverfahren. Beihilfefähig.

Meduna-Klinik

Clara-Viebig-Str. 4, 56864 Bad Bertrich, Telefon 02674/1820, Fax 182-182. Reha-Klinik für Rheumatologie, Orthopädie und Innere Medizin mit 135 Betten. Rheumazentrum. Neurodermitis (Juckflechte), Asthma bronchiale. Vollwertkost und vegetarische Ernährung. Beihilfefähig. Bäderheilkunde, Ernährungsweisen, Kneippmedizin, Elektrotherapie.

Rheinland-Klinik

Kurfürstenstr. 11, 56864 Bad Bertrich, Telefon 02674/186420, Fax 186423. Fachklinik für Orthopädie und Innere Medizin mit 100 Betten. Bäderheilkunde, Diätküche.

Kurhotel Fürstenhof

Familie W. Häcker, Kurfürstenstr. 36, 56864 Bad Bertrich, Telefon 02674/934-0, Fax 394-737. Naturheilverfahren. Sauerstoffkur. Homöopathie. Naturheilweisen.

Am Kurfürstlichen Schlößchen

Kurfürstenstr. 34, 56864 Bad Bertrich, Telefon 02674/834, Fax 837. Kurhotel. Vollwertkost und vegetarische Ernährung. Heilfasten. Gewichtsreduktion.

Sonnenberg-Klinik

Fachklinik für Allergie- und Umwelterkrankungen, Sonnenstr. 6 A, 56864 Bad Bertrich, Telefon 02674/9310 (= Allergie- und Umwelttelefon), Fax 931211. Fachklinik für Allergie- und Umweltkrankheiten. Indikationen: Neurodermitis, Asthma bronchiale. Migräne. Magen-Darm-Erkrankungen. Umwelteinflüsse. Nahrungsmittelallergien als Auslöser der aufgeführten Krankheitsbilder. Ganzheitliches Behandlungskonzept und ursächliche Behandlung ohne Cortisonsalbe. Miteinbeziehung von Bezugspersonen bzw. Mitaufnahme eines Elternteils (durch Kasse genehmigt). Eigenes Konzept zur Nachsorge.

Landhaus Bad Bertrich

Hauptstr. 42, 56864 Bad Bertrich-Kennfus, Telefon 02674/546. Trennkost in Kombination mit natürlichen Heilmitteln. Trinkkur mit Glaubersalz.

Kurhotel Quellenhof

Kurfürstenstr. 25, 56864 Bad Bertrich, Telefon 02674/9368-0, Fax 9368-68.

Naturheilkundliche Arztpraxis im Haus: Ozon-, Sauerstoff- und Thymustherapie. Akupunktur, Laser-Akupunktur. Raucherentwöhnung. Bachblüten. Aslankur. Neuraltherapie. Wiedemannkur. Anti-Streß-Programm.

Odeborn-Klinik

Am Schloßpark 11, 57319 Bad Berleburg, Telefon 02751/820, Fax 82-4909. Kneippmedizin.

Baumrain-Klinik

Lerchenweg 8, 57319 Bad Berleburg, Telefon 02751/870, Fax 457. Naturheilverfahren.

Lahn-Klinik

Sebastian-Kneipp-Str. 10, 57334 Bad Laasphe, Telefon 02752/1070, Fax 107200. Kneippmedizin.

Emmaburg-Klinik

Lahnstr. 28, 57334 Bad Laasphe-Wittgenstein, Telefon 02752/1020, Fax 102229. Bäderheilkunde, Immuntherapie, Kneippmedizin, Naturheilverfahren, Phytotherapie, Sauerstoff-Therapien, Ozon-Therapie. Die folgenden Angaben stammen aus zurückliegenden Befragungen, die wir von etwa 1992 bis 1997 beim betreffenden Haus durchgeführt haben: Fach- und Kurklinik mit 260 Betten. Es werden sowohl stationäre Behandlungen als auch Sanatoriumskuren und offene Badekuren durchgeführt. Darüber hinaus handelt es sich um eine Reha-Klinik zur Nachbehandlung nach Hüft- und Kniegelenk-Operationen und Unfallfolgen. Die Behandlung kann nach den §§ 111 und 40,2 SGB 5 erfolgen. Die Kurklinik ist beihilfefähig und Vertragshaus der BfA. Es werden vorwiegend Naturheilweisen angewendet. Vornehmlich behandelte Leiden: Bewegungsapparat, Wirbelsäule, Gelenke, rheumatischer Formenkreis sowie Nachbehandlung nach Operationen, Herz-Kreislauf-Erkrankungen, Gewichtsreduktion, Alterskrankheiten, Migräne. Die biologischen Therapien: Gesamte Physikalische Therapie, Kuren nach Kneipp, manuelle Schmerztherapie, Krankengymnastik, Kaltwind-Therapie sowie Gesundheitsbildung, psychologische Betreuung, Sauerstoff-Mehrschritt-Therapie nach Prof. von Ardenne, Thymus-Injektionen, Immunmodulation, Phytotherapie, Moorpackungen usw., Beschäftigungstherapie (Freizeitprogramm), Diät-Lehrküche. Kostformen/Ernährung: Vollwertkost, teilweise aus biologischem Anbau, vegetarische Kost, tiereiweiß-freie Kost, Spezialdiäten (Diabetes, Leber-Galle usw.) und konventionelle Kost.

Schloßberg-Klinik Wittgenstein

Schloßstr. 40, 57334 Bad Laasphe, Telefon 02752/1010, Fax 101349. Neurologische Fachklinik mit Spezialabteilung für MS- und Parkinson-Kranke. Ernährungsweisen, Naturheilverfahren.

Allgemeines Krankenhauses für die Stadt Hagen

Hautklinik, Berchumer Str. 3-5, 58093 Hagen, Telefon 02331/201-2207, Fax 201-3119. Allgemeine Kassenzulassung. Vollwertkost. Indikationen: Alle dermatologisch-allergologischen Erkrankungen. Schwerpunkte: Neurodermitis, Psoriasis, Autoimmunkrankheiten (progressive Sklerodermie).

Gemeinnütziges Gemeinschaftskrankenhaus

Witten/Herdecke, Beckweg 4, 58313 Herdecke, Telefon 02330/623890, Fax 623995. Homöopathie, Mistel-Therapie, Phytotherapie, Anthroposophische Medizin, Heileurythmie, Kunsttherapie. Die folgenden Angaben stammen aus zurückliegenden Befragungen, die wir von etwa 1992 bis 1997 beim betreffenden Haus durchgeführt haben: Privat und alle Krankenkassen, Allgemeinkrankenhaus. Natur- und Schulmedizin, 486 Betten in 13 Fachabteilungen. Heilanzeigen: Schwerpunktmäßig Colitis, Morbus Crohn, Asthma und Tumorleiden. Biologische Therapien: Homöopathische und anthroposophische Therapie, künstlerische Therapieformen (Malen, Plastizieren, Musik- und Heil-Eurythmie). Angebotene Kostformen: Vegetarische Ernährung, Vollwertkost, Spezialdiäten und konventionelle Kost.

Klinik am Park

Berliner Str. 9, 59505 Bad Sassendorf, Telefon 02921/5030, Fax 503760. Bäderheilkunde, Ernährungsweisen.

Kurklinik Wiesengrund

Berlinerstr. 100, 59505 Bad Sassendorf, Telefon 02921/5020, Fax 502200. Bäderheilkunde.

Klinik am Hellweg

Friedrichstr. 6, 59505 Bad Sassendorf, Telefon 02921/50102, Fax 5014141. Orthopädisch-Rheumatologische Rehabilitationsklinik. Klinik für Anschlußheilbehandlungen. Unter anderem Chirotherapie, Akupunktur. Neuraltherapie. Ernährungsberatung, Einzel-, Gruppengespräche. Medizinische Vorträge.

Klinik am Malerwinkel

Wasserstr. 3, 59505 Bad Sassendorf, Telefon 02921/5090, Fax 509123. Bäderheilkunde.

Kurklinik Mühlenweg

Mühlenweg 9, 59597 Erwitte/Bad Westernkotten, Telefon 02943/8990, Fax 898144. Klinik mit 160 Betten (Behandlung nach § 30 GWO). Im Haus werden stationäre Behandlungen, Sanatoriumskuren und ambulante Kuren durchgeführt. Es bestehen Versorgungsverträge nach § 111, 5. Buch SGB (BfA). Das Haus ist beihilfefähig. Bei der Therapie kommen unter anderem Naturheilweisen zur Anwendung. Vornehmlich behandelte Leiden (Indikationen): Orthopädie. Onkologie. Innere Medizin. Psychosomatische Erkrankungen. Biologische Therapien: Hydrotherapie. Bewegungstherapie. Kneipp-Therapie. Trainingstherapie. Ordnungstherapie. Peloide (Naturmoor). Massagen. Extensionen. Lymphdrainagen, Entstauungstherapie nach Földi. Sole-UV-Therapie (Hauterkrankungen). Phytotherapie. Muskeltherapie. Adjuvante Tumortherapie (Selen, Vitamine, Mistel u.a.). Akupunktur. Neuraltherapie. Elektrotherapie. Ernährungstherapie (intensive Schulung, Einzelberatung, Diäten). Ausleitende Verfahren (externe Aschner-Therapie, Schröpfen, Aderlaß u.a.). Autogenes Training. Progressive Muskelentspannung nach Jacobson. Streßbewältigung. Raucherentwöhnung. Onkologische Gesprächskreise. Psychologische Einzelinterventionen (Gesprächstherapie, Verhaltenstherapie). Kostformen/Ernährung: Vollwertkost, teilweise aus kontrolliert-biologischem Anbau. Vegetarische Kost. Tier-eiweißfreie Kost. Rohkost. Trennkost. Spezialdiäten. Glutenfreie Kost. Allergenarme Kost, Rotationsdiät u.ä. Konventionelle Kost.

Klinik Dr. Evers

Lindenstr. 22, 59846 Sundern-Langenscheid, Telefon 02935/8070, Fax 807200. Fachkrankenhaus (nach § 108 SGB V) für Multiple Sklerose und andere Nerven- und Stoffwechselleiden mit 54 Betten (Behandlung nach § 30 GWO). Im Haus werden stationäre Behandlungen durchgeführt. Bei der Therapie kommen unter anderem Naturheilweisen zur Anwendung. Vornehmlich behandelte Leiden (Indikationen): Multiple Sklerose. Parkinson-Syndrom. Bandscheibenvorfälle (konservative Therapie). Andere Nerven- und Stoffwechselleiden. Biologische Therapien: Ernährungstherapie (Evers-Diät). Krankengymnastik auf neurophysiologischer Grundlage (Bobath, Vojta, PNF). Lymphdrainagebehandlung. Akupressur. Hippotherapie. Reflexzonenbehandlung. Wasseranwendungen (Bewegungstherapie, Kneipp, Eispackungen). Atemtherapie. Autogenes Training. Heilfasten. Kostformen/Ernährung: Vollwertkost aus kontrolliert-biologischem Anbau (90%). Vegetarische Kost. Tier-eiweißfreie Kost. Rohkost. Evers-Diät.

Veramed-Klinik Tannenberg GmbH

59872 Meschede-Beringhausen, Telefon 0291/2090, Fax 209-502. Biologische Krebstherapie. Enzyme, Immuntherapie, Phytotherapie, Thymustherapie, Fiebertherapie, Sauerstoff-Ozon-Behandlung, Galvanotherapie, Chelattherapie, Colon-Hydro-Therapie, Lymphdrainage, Akupunktur, Mikrobiologische Therapie, Molekulartherapie, Neuraltherapie. Die folgenden Angaben stammen aus zurückliegenden Befragungen, die wir von etwa 1992 bis 1997 beim betreffenden Haus durchgeführt haben: Es handelt sich um eine Fachklinik mit 118 Betten. Im Haus werden stationäre Heilbehandlungen durchgeführt (§§ 109 und 111 SGB 5, beihilfefähig). Es werden unter anderem Naturheilweisen angewendet. Vornehmlich behandelte Leiden: Maligne Geschwulsterkrankungen. Die biologischen Therapien: Hyperthermie (Überwärmung), immunologische Therapie, Phytotherapie, Bewegungstherapie sowie Ernährungstherapie, Darmtherapie, Orthomolekulare Medizin, Psychotherapie, Lebens- und Gesundheitsberatung. Kostformen/Ernährung: Vollwertkost.

Rehabilitationsklinik Langenberg

Niethaken 1, 59939 Olsberg, Telefon 02962/8980, Fax 898210. Fachklinik für präventive Altersmedizin. Bäderheilkunde, Kneippmedizin.

Kurpark Villa Egert

Mühlenufer 4 A, 59939 Olsberg, Telefon 02962/9797-0. Original-Aslan-Regenerationstherapie im angeschlossenen Aslan-Institut.

Land-Kur-Hotel Rossel

Neuastenberger Str. 21, 59955 Winterberg-Neuastenberg, Telefon 02981/9202-0, Fax 920222. Dr. F. X. Mayr-Kuren. Die folgenden Angaben stammen aus zurückliegenden Befragungen, die wir von etwa 1992 bis 1997 beim betreffenden

Haus durchgeführt haben: Hotel mit 18 Betten. Im Haus werden Regenerationskuren nach F.X. Mayr durchgeführt, und zwar bei Erkrankungen des Verdauungstraktes und Adipositas (Übergewicht). Außerdem: Fußreflexzonenmassage, Entgiftungsmassage, Wasserheilkunde, Homöopathie, Sauerstoff-Mehrschritt-Therapie (geplant). Mayr-Kur. Entschlackung, Entgiftung, Gewichtsreduktion.

Therapieeinrichtung für F.X. Mayr-Kuren

Merklinghauser Str. 45, 59969 Hallenberg, Telefon 02984/1618, Fax 2400. Pension mit 12 Betten. Im Haus werden stationäre Behandlungen und ambulante Kuren durchgeführt. Das Haus ist beihilfefähig. Bei der Therapie kommen weitestgehend Naturheilweisen zur Anwendung. Vornehmlich behandelte Leiden (Indikationen): Erkrankungen der Verdauungsorgane (u.a. Darmträgheit). Stoffwechselstörungen mit erhöhten Harnsäure- und Cholesterin-Werten. Herz-Kreislauferkrankungen (u.a. hoher Blutdruck9. Rheumatische Erkrankungen (Arthrose, Gicht). Gewichtsreduktion. Biologische Therapien: Regenerationskur nach Dr. F. X. Mayr. Sauerstoff-Mehrschritt-Therapie. Homöopathie. Akupunktur. Heilfasten. Kostformen/Ernährung: Spezialdiät nach Dr. F. X. Mayr. Trennkost.

Wicker Klinik Bad Nauheim

61231 Bad Nauheim, Klinik für Ganzheitsmedizin. Eröffnung Anfang Februar 1998. Die Adresse erfragen Sie bitte bei der Kurverwaltung: Hessisches Staatsbad, Ludwigstr. 20-22, 61231 Bad Nauheim, Telefon 06032/344297. Biologische Krebstherapie: Enzyme, Fiebertherapie, Mistel, Organpräparate, Orthomolekulare Medizin, Sauerstoff-Ozon-Therapien, Thymus-Therapie, Zytokine, Homöopathie, Ganzkörperhyperthermie, Lymphdrainage, Akupunktur, Bach-Blüten-Therapie, Magnetfelder, Mikrobiologische Therapie, Neuraltherapie, Ayurveda-Behandlung, Vollwertkost und vegetarische Ernährung, Ayurvedische Ernährung. Psychotherapie. Ambulante Behandlung möglich.

Parkklinik Hahn

Am Kaiserberg 2-4, 61231 Bad Nauheim, Telefon 06032/9410, Fax 941100. Bäderheilkunde, Naturheilverfahren.

Kaiserberg-Klinik

Am Kaiserberg 8-10, 61231 Bad Nauheim, Telefon 06032/7030, Fax 703775. Bäderheilkunde.

Kurpark-Klinik

Kurstr. 39, 61231 Bad Nauheim, Telefon 06032/9440, Fax 944666.

Klinik für Rheumatologie

und Balneologie der Universität, Ludwigstr. 37-39, 61231 Bad Nauheim, Telefon 06032/8080, Fax 06032/808180. Bäderheilkunde.

Klinik am Südpark

Zanderstr. 26, 61231 Bad Nauheim, Telefon 06032/7040, Fax 704708. Bäderheilkunde.

Wicker-Klinik

Kaiser-Friedr-Promenade 47, 61348 Bad Homburg, Telefon 06172/1030, Fax 103112.

Migräne-Klinik Königstein

Ölmühlenweg 31, 61462 Königstein, Telefon 06174/29040, Fax 290411. »Deutschlands erste Migräneklinik«. Akupunktur, Homöopathie, Mayr-Kur, Bioresonanztherapie. Die folgenden Angaben stammen aus zurückliegenden Befragungen, die wir von etwa 1992 bis 1997 beim betreffenden Haus durchgeführt haben: In der Klinik Dr. Brand werden vorwiegend Naturheilmittel (Homöopathie) angewendet sowie Neuraltherapie, Akupunktur-Injektionen. Daneben Entgiftungs- und Reinigungsbehandlung nach F. X. Mayr sowie Sauerstofftherapien, Kneippanwendungen, Spezialmassagen.

Asklepios-Klinik

Parkstr. 27, 61476 Kronberg im Taunus, Telefon 06173/640027, Fax 68696. Akupunktur, Immuntherapie, Phytotherapie, Sauerstoff-Therapien, Ozon-Therapie, Orthomolekulare Medizin.

Akupunkturzentrum

der Kurverwaltung Bad Orb, 63619 Bad Orb Telefon 06052/83-0, Fax 4780.

Reha-Kliniken Küppelsmühle

Am Orbtal 1, 63619 Bad Orb, Telefon 06052/82-800.

Hotel Salinenblick

Leopold-Koch-Str. 21, 63619 Bad Orb, Telefon 06052/929-0. Die folgenden Angaben stammen aus zurückliegenden Befragungen, die wir von etwa 1992 bis 1997 beim betreffenden Haus durchgeführt haben: Hotel mit 38 Betten. Im Haus werden ambulante Kuren durchgeführt. Bei der Therapie kommen unter anderem Naturheilweisen zur Anwendung. Vornehmlich behandelte Leiden (Indikationen): Durchblutungsstörungen. Herz-Kreislauf-Erkrankungen. Chronische Infekte, Infektanfälligkeit. Biologische Therapien: Sauerstoff-Mehrschritt-Therapie. Ozon-Therapie. Wiedemann-Kuren. Aslan-Kuren. Akupunktur. Thymus-Kur (THX).

Hotel Marina

Lindenallee 21, 63619 Bad Orb, Telefon 06052/2533.

Hotel Bellevue

Sälzerstr. 19, 63619 Bad Orb, Telefon 06052/9132-0, Fax 913232. Hotel mit 27 Betten. Im Haus werden ambulante Kuren durchgeführt. Biologische Therapien: Schrothkur. Fastenwochen (Gruppenfasten mit psychologischer Begleitung). Kostformen/Ernährung: Vegetarische Kost. Rohkost. Spezialdiäten: Schrothdiät, Fastendiät. Konventionelle Kost.

Hotel-Pension Fernblick

Sälzerstr. 51, 63619 Bad Orb, Telefon 06052/1081, Fax 4437. Hotel mit 35 Betten. Im Haus werden ambulante Kuren durchgeführt. Bei der Therapie kommen unter anderem Naturheilweisen zur Anwendung. Biologische Therapien:

Fastenprogramm mit Entspannungsübungen und Colon-Hydro-Therapie. Schrothkuren. Fasten nach F.X. Mayr. Kostformen/Ernährung: Vegetarische Kost. Spezialdiäten (Schroth, F.X. Mayr).

Der Quellenhof

Salinenstr. 6-12, 63619 Bad Orb, Telefon 06052/8090.

Sanatorium Regena

Sauerbornstr. 16, 63619 Bad Orb, Telefon 06052/3041, Fax 6134. Bäderheilkunde, Homöopathie, Kneippmedizin. Die folgenden Angaben stammen aus zurückliegenden Befragungen, die wir von etwa 1992 bis 1997 beim betreffenden Haus durchgeführt haben: Sanatorium mit 80 Betten (anerkannte private Krankenanstalt, § 30 GWO). Im Haus werden stationäre Behandlungen, Sanatoriumskuren und ambulante Kuren durchgeführt. Es bestehen Versorgungsverträge nach § 111, 5. Buch SGB (alle gesetzlichen Krankenkassen). Das Haus ist beihilfefähig. Indikationen: Herz-Kreislauf. Orthopädische Krankheiten. Atemwegserkrankungen. Stoffwechselerkrankungen. Geriatrische Leiden. Dermatologische Erkrankungen. Venenentzündungen/Thrombosen. Biologische Therapien: Natürliche Solebäder. Galvanische Bäder. Naturmoor. Homöopathie. Kneippsche Anwendungen. Inhalationen. Massagen. Lymphdrainage. Gymnastik. Kostformen/Ernährung: Vollwertkost, teilweise aus biologischem Anbau. Vegetarische Ernährung. Tier-eiweißfreie Kost. Trennkost. Konventionelle Kost.

Spessart-Klinik Bad Orb

Würzburger Str. 7-11, 63619 Bad Orb, Telefon 06052/870, Fax 87200. Bäderheilkunde.

Rehabilitationsklinik Bellevue

Brüder-Grimm-Str. 20, 63628 Bad Soden-Salmünster, Telefon 06056/720, Fax 72274. Klinik für Innere Medizin, Orthopädie und Onkologie. Bäderheilkunde, Ernährungsseminare.

Fachklinik St. Georg

Frowin-von-Hutten-Str. 18, 63628 Bad Soden-Salmünster, Telefon 06056/7320, Fax 732732. Fachklinik für Innere Medizin, Orthopädie, onkologische Nachsorge sowie Naturheilverfahren. Umfassende fachärztliche Betreuung, ergänzt durch ganzheitliche Naturheilkunde sowie die traditionelle Chinesische Medizin (TCM), insbesondere Akupunktur. Versorgungsverträge mit allen Kassen. Vegetarische Kost. Ernährungsberatung. Homöopathie, Immuntherapie, Mistel-Therapie, Phytotherapie, Sauerstoff-Therapien, Ozon- und Eigenblut-Therapie.

Klinik Bergwinkel

Frowin-von-Hutten-Straße, 63628 Bad Soden-Salmünster, Telefon 06056/736-0, Fax 736630. Klinik für Innere Medizin, Rheumatologie und Osteologie. Kuren für ganzheitliche, aktive Regeneration. Sauerstoff-Mehrschritt-Therapie nach Prof. von Ardenne. Neuraltherapie nach Huneke. Akupunktur. Diätkost. Vorträge zur Gesundheitsbildung.

Salztal-Klinik

Parkstr. 18, 63628 Bad Soden-Salmünster, Telefon 06056/7450, Fax 745446. Fachklinik und Kurklinik mit 129 Betten (Behandlung nach § 30 GWO). Im Haus werden stationäre Behandlungen, Sanatoriumskuren, Pauschalkuren und ambulante Kuren durchgeführt (u.a. auch Anschlußheilbehandlungen nach Operationen). Es bestehen Versorgungsverträge nach § 111, 5. Buch SGB. Das Haus ist beihilfefähig. Bei der Therapie kommen unter anderem Naturheilweisen zur Anwendung. Vornehmlich behandelte Leiden (Indikationen): Degenerative und entzündliche Gelenkerkrankungen sowie entsprechende Wirbelsäulenerkrankungen. Anschlußheilbehandlungen (Gelenke, Wirbelsäule). Zustand nach Amputationen. Tinnitus. Migräne. Sportverletzungen, Sportschäden. Biologische Therapien: VitOrgan-Therapie. Progressive Muskelrelaxation und Autogenes Training. Bewegungstherapie. Neuraltherapie. Thymustherapie. Akupunktur. Kneipp-Therapie. Phytotherapie. Heilfasten (in Vorbereitung). Kostformen/Ernährung: Vegetarische Kost. Tier-eiweißfreie Kost. Rohkost. Trennkost. Glutenfreie Kost. Spezialdiäten. Allergenarme Kost. Rotationsdiät. Konventionelle Kost.

Kurklinik Raphael

Parkstr. 2 A, 63628 Bad Soden-Salmünster, Telefon 06056/7460, Fax 746299. Rehabilitationsklinik und Sanatorium. Akupunktur. Colortherapie. Autogenes Training. Bäderheilkunde.

Vital-Klinik

Streuweg 100, 63755 Alzenau, Telefon 06023/5059-0, Fax 5059310. Krankenhaus/Fachklinik mit 42 Betten (Behandlung nach § 108 SGB V; alle Krankenkassen). Im Haus werden stationäre Behandlungen durchgeführt und nachstationäre Langzeittherapien angeboten. Das Haus ist beihilfefähig. Bei der Therapie kommen unter anderem Naturheilweisen zur Anwendung. Vornehmlich behandelte Leiden (Indikationen): Neurodermitis. Psoriasis. Chronische Ekzeme. Dermatomykosen. Superinfizierte Dermatosen. Biologische Therapien: Einzelpsychotherapie. Verhaltenstraining (Gruppe). Elternschulung. Progressive Muskelentspannung nach Jacobson. Ernährungstherapie. Systematische Darmsanierung. Kostformen/Ernährung: Allergenarme Kost, Rotationsdiät, Suchdiät. Reizarme konventionelle Kost.

Haus Paracelsus

Lindenallee 45, 63869 Heigenbrücken, Telefon 06020/979-0, Fax 979-290. Klinik mit 60 Betten (Behandlung nach § 30 GWO). Im Haus werden Mutter-Kind-Kuren, Sanatoriumskuren und ambulante Kuren durchgeführt (Behandlungen nach § 24,41 SGB V). Das Haus ist beihilfefähig. Bei der Therapie kommen weitestgehend Naturheilweisen zur Anwendung. Vornehmlich behandelte Leiden (Indikationen): Atemwegserkrankungen. Stoffwechselstörungen. Erkrankungen des Verdauungstrakts. Psychosomatische und psychovegetative Störungen. Herz-, Kreislauf- und Gefäßerkrankungen. Degenerativ-rheumatische Erkrankungen. Biologische Therapien: Wassertherapie. Bewegungstherapie. Sauerstoff-Mehrschritt-Therapie. HOT. Neuraltherapie. Thymus. Phytotherapie. Homöopathie. Darmsanierung bzw. Colon-Hydro-Therapie. Traditionelle Chinesische Medizin

(TCM). Akupunktur. Ernährungstherapie. Misteltherapie. Kuren nach Kneipp, Mayr, Aslan u.ä. Heilfasten. Kostformen/Ernährung: Vollwertkost aus kontrolliert-biologischem Anbau. Vegetarische Kost. Tier-eiweißfreie Kost. Rohkost. Glutenfreie Kost. Spezialdiäten. Trennkost. Allergenarme Kost, Rotationsdiät u.ä. Konventionelle Kost.

Heliopark

Pfalzstr. 49, 64385 Reichelsheim-Beerfurth, Telefon 06164/93150. Kurhotel. Haus der Naturheilverfahren. Angeboten wird ein breites Spektrum an Diagnostik und Naturheilverfahren.

Rehaklinik Göttmann

Am Gänsberg 4, 64385, Reichelsheim, Telefon 06164/509-0, Fax 509-299.

AOK-Kurklinik Hirschpark

Lindenstr. 12, 64665 Alsbach-Hähnlein, Telefon 06257/5010, Fax 501203. Naturheilverfahren, Ganzheitsmedizin.

Kurklinik Tannenhöh

Herner Allee 9, 64689 Grasellenbach 1, Telefon 06253/5229 + 4818. Die folgenden Angaben stammen aus zurückliegenden Befragungen, die wir von etwa 1992 bis 1997 beim betreffenden Haus durchgeführt haben: Klinik mit 30 Betten in der vorwiegend/unter anderem Naturheilweisen zur Anwendung kommen. Es werden stationäre Behandlungen und Sanatoriumskuren durchgeführt (sog. »gemischte Anstalt«); das Haus ist beihilfefähig. Vornehmlich behandelte Leiden: Regeneration, Durchblutung, Krebs-Vor- und Nachsorge sowie Stoffwechsel, Rheuma, Wirbelsäule, Allergien, Hautleiden. Kostformen/Ernährung: Vegetarische Kost und konventionelle Kost.

Landhaus Sonnenberg

Ortsstr. 26, 64711 Erbach-Erbuch, Telefon 06062/2062.

Asklepios Schloßberg-Klinik

Frankfurter Str. 33, 64732 Bad König, Telefon 06063/5010, Fax 06063/5393. Ernährungsweisen, Naturheilverfahren.

Odenwald-Klinik

Waldstr. 7, 64732 Bad König, Telefon 06063/ 5050, Fax 505925.

Therapiezentrum für Biologische Medizin

Bahnhofstr. 39, 65185 Wiesbaden, Telefon 0611/301215, Fax 304542. Tagesklinik mit umfangreichem naturheilkundlichen Angebot. Bei der Behandlung kommen vorwiegend Naturheilweisen zur Anwendung. Vornehmlich behandelte Leiden (Indikationen): Onkologie. Revitalisierung. Hyperthermie (Regional und Ganzkörper). Umweltmedizin. Biologische Therapien: Sauerstoff-Mehrschritt-Therapie. HOT. Neuraltherapie. Thymus. Hyperthermie. Kochsalz-Schmerzfreitherapie nach Dr. Mastall. Nadel- und Laser-Akupunktur. Biologische Krebstherapie: Immuntherapie, Mistel-Therapie, Orthomolekulare Medizin.

Tagesklinik

Kirchstr. 9, 65627 Elbtal-Dorchheim, Telefon 06436/3875, Fax 8214. Tagesklinik für biologische Medizin und Krebsnachbehandlung.

Rheingau-Taunus-Klinik

Genthstr. 7-9, 65307 Bad Schwalbach, Telefon 06124/5090, Fax 509791. Bäderheilkunde, Naturheilverfahren.

Montanus-Klinik

Merianstr. 10, 65307 Bad Schwalbach, Telefon 06124/580, Fax 58601. Bäderheilkunde, Ernährungsweisen.

Rehabilitationsklinik Paracelsus

Merianstr. 9-11, 65307 Bad Schwalbach, Telefon 06124/5080, Fax 508111. Bäderheilkunde, Naturheilverfahren.

Kneipp-Sanatorium Goldener Grund

Maria-Schlenz-Str. 4, 65520 Bad Camberg, Telefon 06434/8966. Heilfasten nach Dr. Buchinger. Heilfasten nach Dr. F. X. Mayr. Schrothkur. Molkekur. Sechskorn-Frischkost-Diät. Ozontherapie, Sauerstoff-Mehrschritt-Therapie nach Prof. Ardenne, HOT, Oxyvenierung. Regenerationskuren (Tymus, Wiedemann, Procain). Homöopathie. Phytotherapie. Naturheilkundliche Schmerztherapie (Akupunktur, Neuraltherapie, Chirotherapie, Elektrotherapie). Entspannungsverfahren (Autogenes Training, Atemtherapie, respiratorisches Biofeedback). Herzsportgruppe. Die folgenden Angaben stammen aus zurückliegenden Befragungen, die wir von etwa 1992 bis 1997 beim betreffenden Haus durchgeführt haben: Kurklinik und Sanatorium (beihilfefähig, § 30 GWO). Im Haus werden Sanatoriumskuren und offene Badekuren durchgeführt, wobei Naturheilweisen unter anderem zur Anwendung kommen. Vornehmlich behandelte Leiden: Herz- und Kreislaufstörungen, Atemwegserkrankungen, Erkrankungen der Verdauungsorgane sowie Nieren- und Blasenerkrankungen, Frauenkrankheiten, allgemeine Erschöpfungszustände, vegetative Dystonie, Alterserkrankungen, Stoffwechselstörungen, rheumatische Erkrankungen, Wirbelsäulenerkrankungen. Biologische Therapien: Kuren nach Kneipp, Prießnitz, Schlenz- und Überwärmungsbäder, Lehmtherapie sowie Massage und Bindegewebsmassage. Kostformen/Ernährung: Vollwertkost, teilweise aus biologischem Anbau, vegetarische Kost, tiereiweiß-freie Kost.

Haus Hildegard

Prießnitzstr. 11, 65520 Bad Camberg, Telefon 06434/205-0, Fax 205-50. Kneippkur. Heilfasten nach Dr. F. X. Mayr (Milch-Semmeldiät) und Dr. Buchinger (Saftfasten) zur Entschlackung und Entgiftung über den Darmtrakt sowie Schroth-Kur. Naturgemäße Heilverfahren nach Kneipp, Prießnitz, Maria Schlenz, Lehmanwendungen (Bad Camberger Lehm), Massagen, Bindegewebsmassagen, Lymphdrainagen, Blutegelbehandlungen, individuelle Regenerationsbehandlung. Die folgenden Angaben stammen aus zurückliegenden Befragungen, die wir von etwa 1992 bis 1997 beim betreffenden Haus durchgeführt haben: Kurheim mit 23 Betten. Im Haus werden offene Badekuren und private Kuren durchgeführt, wobei ausschließlich Naturheilweisen zur Anwendung kommen. Vornehmlich behandelte Leiden: Herz- und Kreislauferkrankungen, Erkrankungen der Verdauungsorgane, Nieren- und Blasenerkrankungen sowie Frauenkrankheiten, Erschöpfungszustände, vegetative Störungen, Alterserkrankungen, Stoffwechselstörungen, rheumatische Erkrankungen, allgemeine Zivilisationsleiden. Kostformen/Ernährung: Vollwertkost aus biologischem Anbau, vegetarische Kost, Rohkost und konventionelle Kost.

Kneipp-Kurheim Brigitta

Prießnitzstr. 14, 65520 Bad Camberg, Telefon 06434/9158-0, Fax 9158-34. Akupunktur, Chirotherapie, Ernährungsweisen, Heilfasten, Homöopathie, Kneippmedizin, Phytotherapie, Sauerstoff-Therapien, Ozon-Therapie. Die folgenden Angaben stammen aus zurückliegenden Befragungen, die wir von etwa 1992 bis 1997 beim betreffenden Haus durchgeführt haben: Kneippkurheim und Pension (beihilfefähig, § 30 GWO) mit 20 Betten. Im Haus werden Sanatoriumskuren und offene Badekuren durchgeführt, wobei Naturheilweisen unter anderem zur Anwendung kommen. Vornehmlich behandelte Leiden: Herz- und Kreislauferkrankungen, degenerative Erkrankungen des rheumatischen Formenkreises, Stoffwechselstörungen sowie psychische Erschöpfungszustände. Biologische Therapien: Heilfastenkuren, alle Formen der Sauerstofftherapien, Kuren nach Kneipp, Schroth, Mayr, Thymus, Wiedemann-Kur, Procain sowie Homöopathie und Pflanzenheilkunde, naturheilkundliche Schmerztherapie (Akupunktur, Neuraltherapie, Chirotherapie), Bewegungstherapie, Lymphdrainage. Kostformen/Ernährung: Vollwertkost, teilweise aus biologischem Anbau, vegetarische Kost, tiereiweißfreie Kost.

Hohenfeld-Kliniken

Hohenfeldstr. 12-14, 65520 Bad Camberg, Telefon 06434/29-0, Fax 29-894. Klinik für Orthopädie, Innere Medizin und Psychosomatische Medizin. Gruppentherapie auf verhaltenstherapeutischer Basis. Vollwertkost. Chirotherapie.

Klinik Weißes Haus

Parkstr. 3, 65812 Bad Soden am Taunus, Telefon 06196/2030, Fax 26060. Bäderheilkunde.

Saarbrücker Winterberg Kliniken

Medizinische Klinik II, Theodor-Heuss-Straße, 66119 Saarbrücken, Telefon 0681/9630, Fax 9632600.

Kurhaus Elim

Mühlenweg 14, 66620 Nonnweiler, Telefon 06873/666-0, Fax 666-66. Natürliche Regeneration des Verdauungsapparates nach Dr. F. X. Mayr. Diät. Heilfasten. Nichtraucher. Alkoholfrei. Vegetarische Vollwertkost. Christlich geführtes Haus. Die folgenden Angaben stammen aus zurückliegenden Befragungen, die wir von etwa 1992 bis 1997 beim betreffenden Haus durchgeführt haben: Kurklinik mit 42 Betten. Im Haus werden stationäre Behandlungen und Sanatoriumskuren durchgeführt. Das Haus ist beihilfefähig. Bei der Therapie kommen unter anderem Naturheilweisen zur Anwendung. Vornehmlich behandelte Leiden (Indikationen): Erkrankungen der Verdauungsorgane. Biologische Therapien: Mayr-Kur. Sauerstoff-Mehrschritt-Therapie. HOT. Bewegungstherapie. Schiele-Kreislauftrainingsbäder. Manuelle Lymphdrainage. Kostformen/Ernährung: Vegetarische Ernährung.

Hochwald-Kliniken Klinik Bärenfels

Am Kurzentrum, 66709 Weiskirchen, Telefon 06876/170, Fax 172285. Fachklinik für Innere Medizin mit 180 Betten. Im Haus werden stationäre Behandlungen, Sanatoriumskuren und ambulante Kuren durchgeführt. Es bestehen Versorgungsverträge nach § 111, 5. Buch SGB (Vertragshäuser der Krankenkassen, BFA, LVA Saarland. Das Haus ist beihilfefähig. Bei der Therapie kommen unter anderem Naturheilweisen zur Anwendung. Vornehmlich behandelte Leiden (Indikationen): Diabetes mellitus. Krebsnachsorge. Gastroenterologische Erkrankungen und Zustände nach Operationen. Erschöpfungszustände. Kopfschmerzen. Streßfolgen. Übergewicht. Allgemeine Zivilisationsleiden. Biologische Therapien: Bewegungstherapie. Wassertherapie. Ernährungstherapie. Entspannungstraining. Psychotherapie. Kostformen/Ernährung: Vollwertkost. Vegetarische Kost. Glutenfreie Kost. Spezialdiäten. Konventionelle Kost.

Vita Natura

Altschloßstr. 1, 66957 Eppenbrunn, Telefon 06335/921100, Fax 921150. Fachklinik mit 25 Betten (Behandlung nach § 30 GWO). Im Haus werden stationäre Behandlungen, Sanatoriumskuren und ambulante Kuren durchgeführt. Es bestehen Versorgungsverträge nach § 111, 5. Buch SGB. Das Haus ist beihilfefähig. Bei der Therapie kommen vorwiegend Naturheilweisen zur Anwendung. Vornehmlich behandelte Leiden (Indikationen): Onkologie (Carcinome, Lymphome, Sarkome). Dermatologie (Neurodermitis, Psoriasis). Schmerz. Degenerative Wirbelsäulen-Leiden. Morbus Bechterew. Gastroenterologie (Colitis, Morbus Crohn). Biologische Therapien: Psychotherapie. Neuraltherapie. Thymus. Homöopathie. Darmsanierung. Colon-Hydro-Therapie. Akupunktur. Ernährungstherapie. Misteltherapie. Mayr. Rhythmische Lichtstimulation. Cranio-Sacral-Therapie. Psychokinesiologie. Ozon-Therapie. Orthomolekulare Therapie. Mikrobiologische Therapie. Isopathische Therapie. Molekular-Therapie nach Dr. Koch. Heilfasten. Kostformen/Ernährung: Vollwertkost, teilweise aus kontrolliert-biologischem Anbau. Vegetarische Kost. Tier-eiweißfreie Kost. Rohkost. Trennkost. Glutenfreie Kost.

Privatklinik Vitalis

Bereich Urologie, Bismarckstr. 54, 67059 Ludwigshafen, Telefon 0130/861818. Prostata Behandlung bei Vergrößerung oder Entzündung der Vorsteherdruse. Therapie mit Prostatron (Wärmetherapie bis 80° C) oder mit Laser.

Privatklinik Villa Medica

Klosterstr. 179, 67480 Edenkoben, Telefon 06323/8020, Fax 7943. Ernährungsweisen, Heilfasten, Homöopathie, Immuntherapie, Kneippmedizin, Phytotherapie, Sauerstoff-Therapien, Colon-Hydro-Therapie, Zelltherapie. Die folgenden Angaben stammen aus zurückliegenden Befragungen, die wir von etwa 1992 bis 1997 beim betreffenden Haus durchgeführt haben: Klinik mit 62 Betten, in der stationäre Behandlungen (Behandlung nach § 30 GWO) und ambulante Badekuren durchgeführt werden. Es kommen weitestgehend Naturheilweisen zur Anwendung. Vornehmlich behandelte Leiden (Indikationen): Arthrosen, geriatrische Erkrankungen (Altersleiden), Krebs, Diabetes mellitus, Morbus Parkinson,

Multiple Sklerose, Adipositas (Übergewicht). Biologische Therapien: Klassische und neuere Naturheilverfahren, z.B. Wasserheilkunde, Bewegungstherapie, HOT, Neuraltherapie, THX Thymus-Extrakt-Therapie, Phytotherapie, Homöopathie, Frischzellen, Knorpelextraktbehandlung bei Arthrosen, Colon-Hydro-Therapie, Hyperthermie bei Krebsleiden, Thermotherapie der Prostata bei Adenom. Kuren nach Kneipp, Schroth, Mayr, Aslan. Heilfasten. Kostformen/Ernährung: Vollwertkost aus biologischem Anbau, vegetarische Kost, tier-eiweißfrei, Trennkost, Spezialdiäten (Schroth, Mayr) sowie konventionelle Kost.

Natura-Med

O 7,10, 68161 Mannheim 1, Telefon 0621/105101.

Holiday Inn

Mannheim City Center, Kurfürsten-Arkade, N6, 68161 Mannheim, Telefon 0621/10710, Fax 1071167. 212 Betten. Vollwertkost und vegetarische Ernährung. Senioren- und behindertengerecht. Familienfreundlich. Besonderheit: Es werden chinesische Heilmedizin-Kuren mit Akupunktur angeboten.

Universitätsklinikum Heidelberg

Ambulanz für Naturheilkunde, Voßstr. 9, 69115 Heidelberg, Telefon 06221/567856 u. 567857. Die Ambulanz genießt einen fast schon legendären Ruf bei Frauen/Paaren mit (bislang unerfülltem) Kinderwunsch. Es handelt sich um eine höchst ungewöhnliche und in ihrer Art einzigartige universitäre Einrichtung, die ganz auf Homöopathie, Pflanzenheilkunde, Mineralstoffe u.ä. setzt.

Tagesklinik

Brückenkopfstr. 1/2, 69120 Heidelberg, Telefon 06221/409022, Fax 409033. Tagesklinik für Prostata-Therapie. Ambulante Behandlung ohne Operation. Fokusierter Ultraschall, Mikrowelle und Laser.

Praxis für Tumorbiologie

Kurpfalz-Centrum 10, 69181 Leimen, Telefon 06224/950061, Fax 950062. Ambulante biologische Krebsbehandlung.

Deutsches Akupunktur-Zentrum

Bahnhofstr. 27, 69412 Eberbach, Telefon 06271/6180 + 2174. AKUNA-Gesellschaft für klassische Chinesische Medizin.

Pension Haus Sonneneck

Katzenbuckelstr. 26, 69429 Waldbrunn-Waldkatzenbach, Telefon 06274/92020, Fax 920234. Pension mit 8 Betten (Behandlung nach § 30 GWO). Im Haus werden private Kuren durchgeführt. Vornehmlich behandelte Leiden (Indikationen): Übergewicht. Biologische Therapien: Heilfastenkuren (nach Dr. Buchinger). Entschlackung und Entgiftung. Yoga. Meditatives Atmen. Massagen. Zilgrei. Stutenmilch-Kur. Kostformen/Ernährung: Vollwertkost aus kontrolliert-biologischem Anbau. Vegetarische Kost. Glutenfreie Kost. Kalorienreduzierte Vollwertkost.

Akuna

Deutsches Akupunktur-Zentrum im Sockenbacher Hof, Zu den Kuranlagen 1-4, 69429 Waldbrunn 1, Telefon 06274/6831-36. Hotel mit 45 Betten. Privatärztliche Behandlung. Im Haus werden stationäre Behandlungen durchgeführt. Das Haus ist beihilfefähig (Einzelfallentscheidung; Kostenübernahme auf Antrag; Bezuschussung bis zu 70%, je nach Voraussetzungen). Bei der Therapie kommen weitestgehend Naturheilweisen zur Anwendung. Vornehmlich behandelte Leiden (Indikationen): Migräne. Schmerztherapie (Skelett). Allergien. Atemwegserkrankungen. Tinnitus. Herz-Kreislauf-Erkrankungen. Streßerkrankungen. Hauterkrankungen. Magen-Darm-Erkrankungen. Biologische Therapien: Ganzkörperakupunktur. Moxibustion. Chinesische Arzneimitteltherapie. Traditionelle Chinesische Medizin. Heilfasten. Kostformen/Ernährung: Vegetarische Kost, teilweise aus kontrolliert-biologischem Anbau. Tier-eiweißfreie Kost. Rohkost. Spezialdiäten nach ärztlicher Vorgabe. Allergenarme Kost.

Filder-Klinik

Gemeinnütziges Gemeinschaftskrankenhaus, Haberschleiheide, 70794 Filderstadt-Bonlanden, Telefon 0711/7703-0. Krankenhaus mit 219 Betten. Im Haus werden stationäre Behandlungen durchgeführt. Das Haus ist beihilfefähig. Bei der Therapie kommen unter anderem Naturheilweisen zur Anwendung. Vornehmlich behandelte Leiden (Indikationen): Akut-Krankenhaus. Chirurgie. Unfallchirurgie. Frauenheilkunde, Geburtshilfe. Innere Medizin. Intensivpflege. Kinderheilkunde. Neonatologie. Psychosomatik. Biologische Therapien: Durch Anthroposophie erweiterte naturwissenschaftliche Medizin (Homöopathie, Misteltherapie, Kunsttherapie u.ä.). Kostformen/Ernährung: Vollwertkost aus kontrolliert-biologischem Anbau. Vegetarische Kost. Rohkost. Konventionelle Kost.

Fachklinik Leonardis

Albstr. 9, 70806 Kornwestheim, Telefon 07154/8120, Fax 812290. Fachklinik für internistische Onkologie, Immunologie, Umweltmedizin. Biologische Krebstherapie: Enzyme, Fiebertherapie, Mistel, Organpräparate, Orthomolekulare Therapie, Sauerstoff-Ozon-Therapie, Thymus-Therapie, Zytokine, Galvanotherapie, Regionale Hyperthermie, Hyperthermie der Prostata, Lymphdrainage, Akupunktur, Chelattherapie, Mikrobiologische Therapie, Molekulartherapie, Neuraltherapie. Vollwertkost und vegetarische Ernährung. Psychotherapie. Ambulante Behandlung möglich.

Atem und Naturheil-Sanatorium Graether

Schönblickstr. 22, 72175 Dornhan-Fürnsal, Telefon 07455/1021 + 22, Fax 8010. Klinik/Sanatorium mit 44 Betten (Behandlung nach § 30 GWO). Im Haus werden stationäre Behandlungen, Sanatoriumskuren durchgeführt. Es bestehen Versorgungsverträge nach § 111, 5. Buch SGB. Das Haus ist beihilfefähig. Bei der Therapie kommen weitestgehend Naturheilweisen zur Anwendung. Vornehmlich behandelte Leiden (Indikationen): Stoffwechselerkrankungen. Rheumatischer Formenkreis. Allergien. Erkrankungen der Atemwege. Manager Burn Out Syndrom. Mykosen (Mund-Magen-Darm). Tinnitus. Darm-Sanierung. Biologische Therapien: Biologische Ganzkörperbehandlung. Atemheilkunde. Qigong. Shiatsu. Lymphdrainage. Fußreflexzonenmassage. Progressive Muskelrelaxation nach Jacobson. Dauerbrause. Ernährungstherapie. Wiedemann-Therapie. Mistel-Thymus-Therapie. Revitorgan-Therapie. Aslan-Kur. Darmsanierung. Sauerstoff-Mehrschritt-Therapie. Säure-Basen-Gleichgewicht. Heilfasten. Kostformen/Ernährung: Vollwertkost aus kontrolliert-biologischem Anbau. Vegetarische Kost. Spezialdiäten. Glutenfreie Kost. Allergenarme Kost, Rotationsdiät u.ä.

Landpension am Schellenberg

72178 Waldachtal 1, Telefon 07443/7663, Fax 4942.

Pfeiffers Kurklinik

Willi-König-Str. 25, 72178 Waldachtal, Telefon 07443/2480, Fax 248499. Ernährungsweisen, Homöopathie, Immuntherapie, Zelltherapie.

Kurhotel Lauterbad

Amselweg 5, 72250 Freudenstadt, Telefon 07441/81006, Fax 82688. Fastenwochen nach Dr. Buchinger/Dr. Lützner. Spezialdiäten. Vollwertkost und Trennkost.

Sanatorium Hohenfreudenstadt

Tripsenweg 17, 72250 Freudenstadt, Telefon 07441/5340, Fax 82776. Bäderheilkunde, Chirotherapie, Heilfasten, Kneippmedizin, Phytotherapie. Die folgenden Angaben stammen aus zurückliegenden Befragungen, die wir von etwa 1992 bis 1997 beim betreffenden Haus durchgeführt haben: Beihilfefähige Kurklinik/Sanatorium mit ca. 104 Betten. Im Haus werden stationäre Behandlungen und Sanatoriumskuren durchgeführt, wobei Naturheilweisen unter anderem zur Anwendung kommen. Es besteht ein Versorgungsvertrag gemäß § 111 SGB 5. Vornehmlich behandelte Leiden: Behandlung nach chirurgischen, orthopädischen oder gynäkologischen Operationen, Herz-Kreislauf-Gefäßerkrankungen, degenerative Erkrankungen des Bewegungsapparates (Wirbelsäule, Gelenke, Bandscheiben), Störungen des vegetativen Nervensystems (Erschöpfungszustände, Streßfolgen), Erkrankungen der Atemwege, Stoffwechselstörungen. Biologische Therapien: Heilfasten nach Buchinger, Kneipp, Phytotherapie. Kostformen/ Ernährung: Vollwertkost, teilweise aus biologischem Anbau, vegetarische Kost, tiereiweiß-freie Kost, Spezialdiäten und konventionelle Kost.

Holzschuh's Schwarzwaldhotel

72270 Baiersbronn-Schönmünzach, Telefon 07447/9463-0, Fax 9463-49. Hotel mit 60 Betten. Im Haus werden ambulante Kuren durchgeführt. Das Haus ist beihilfefähig. Bei der Therapie kommen weitestgehend Naturheilweisen zur Anwendung. Vornehmlich behandelte Leiden (Indikationen): Bewegungsapparat. Herz und Gefäße. Psychosomatische Störungen. Biologische Therapien: Massage. Lymphdrainage. Kneipp-Therapie. Balneologie. Gymnastik. Wassergymnastik. Rückenschule. Inhalationen.

Kurheim Tannenburg

Zentrum Für Naturheilkunde, Ellbachstr. 15, 72270 Baiersbronn-Mitteltal, Telefon 07442/2083. Altersleiden. Erschöpfung, Durchblutung. Rheuma. Übergewicht. Biologische Heilweisen: Akupunktur, Bäderheilkunde, Chirotherapie, Ernährungsweisen, Homöopathie, Sauerstoff-Therapien, Ozon-Therapie, Neuraltherapie. Heilfasten. Die folgenden Angaben stammen aus zurückliegenden Befragungen, die wir von etwa 1992 bis 1997 beim betreffenden Haus durchgeführt haben: Hotel-Pension mit ca. 20 Betten, in der stationäre Behandlungen, Sanatoriumskuren und offene Badekuren nach Gebührenordnung des Hauses durchgeführt werden. Zur Anwendung kommen ausschließlich Naturheilweisen. Das Vornehmlich behandelte Leiden: Herz-Kreislauferkrankungen, rheumatischer Formenkreis, Altersleiden sowie Atemwegserkrankungen, Übergewicht, degenerative Gelenk- und Wirbelsäulenleiden, Infektanfälligkeit. Biologische Therapien: Ozon-, Hämatogene Oxidationstherapie, Sauerstoff-Mehrschritt-Therapie, Saft-Mayrfasten, diverse regenerative Aufbaukuren sowie medizinische Bäder, Massagen, Lymphdrainage, Homöopathie, Ausleitungsverfahren, Eichotherm-Bestrahlungen, Akupunktur, Neuraltherapie, Chiropraktik. Kostformen/Ernährung: Vollwertkost, teilweise aus biologischem Anbau, tiereiweiß-freie Kost, auf Wunsch alle Diäten.

Schwarzwald-Sanatorium Obertal

Rechtmurgstr. 27, 72270 Baiersbronn-Obertal, Telefon 07449/840, Fax 84531. Heilfasten, Immuntherapie, Phytotherapie, Sauerstoff-Therapien, Ozon-Therapie, Atemtherapie, Neuraltherapie, Zelltherapie. Die folgenden Angaben stammen aus zurückliegenden Befragungen, die wir von etwa 1992 bis 1997 beim betreffenden Haus durchgeführt haben: Es handelt sich um eine beihilfefähige Privatklinik für Innere Medizin und Naturheilverfahren mit 200 Betten, in der vorwiegend Naturheilweisen zur Anwendung kommen. Das Haus ist zugelassen als Vorsorge- und Rehabilitationseinrichtung nach § 111 SGB 5. Vornehmlich behandelte Leiden: Rheuma, Allergien, Migräne sowie Infektanfälligkeit, Abwehrschwäche, Leistungsabfall, Arteriosklerose, Funktionsstörungen des Herz-Kreislauf-Systems, Kopf- und Rückenschmerzen. Biologische Therapien: Serumtherapie, Thymustherapie, Ozontherapie, Neuraltherapie sowie Enzymtherapie, Phytotherapie, Procaintherapie, Heilfasten, Autogenes Training, Physio- und Hydrotherapie, Bewegungstherapie. Kostformen/Ernährung: Vollwertkost, vegetarische Ernährung, Spezialdiäten (Diabeteskost, Reduktionskost, Normalkost, leichte Vollkost).

Klinik Reinerzau

Alte Reinzauer Str. 16, 72275 Alpirsbach, Telefon 07444/6150, Fax 615109. Ernährungsweisen, Naturheilverfahren.

Kur- und Gesundheitszentrum Krähenbad

Krähenbadberg 5, 72275 Alpirsbach, Telefon 07444/95020, Fax 950210. Hotel/Pension. Im Haus werden stationäre Behandlungen und ambulante Kuren durchgeführt. Das Haus ist beihilfefähig. Bei der Therapie kommen weitestgehend Naturheilweisen zur Anwendung. Vornehmlich behandelte Leiden (Indikationen): Darmerkrankungen, Verdauungsstörungen. Rheumatische Erkrankungen. Migräne. Zivilisationsleiden. Biologische Therapien: Mayr-Therapie. Neuraltherapie. Ozon-Therapie. Thymus. Phytotherapie. Akupunktur. Homöopathie. Entpannungstherapien. Heilfasten. Kostformen/Ernährung: Vollwertkost, teilweise aus kontrolliert-biologischem Anbau. Vegetarische Kost. Rohkost. Glutenfreie Kost. Allergenarme Kost, Rotationsdiät u.ä. Konventionelle Kost.

Kurklinik Burghalde

Sonnenweg 11, 72275 Alpirsbach, Telefon 07444/3016, Fax 4059. Bäderheilkunde, Ernährungsvorträge, Heilfasten, Mayr-Kur, Reflexzonen-Behandlung, Sauerstoff-Therapien, Neuraltherapie. Die folgenden Angaben stammen aus zurückliegenden Befragungen, die wir von etwa 1992 bis 1997 beim betreffenden Haus durchgeführt haben: Kurklinik, Sanatorium mit 22 Betten (Behandlung nach § 30 GWO). Im Haus werden stationäre Behandlungen, Sanatoriumskuren und ambulante Kuren durchgeführt. Es bestehen Versorgungsverträge nach § 111, 5. Buch SGB. Das Haus ist beihilfefähig. Bei der Therapie kommen weitestgehend Naturheilweisen zur Anwendung. Vornehmlich behandelte Leiden (Indikationen): Erkrankungen der Verdauungsorgane (Magen, Darm, Leber, Galle, Bauchspeicheldrüse). Herz und Kreislauf. Nierenerkrankungen. Stoffwechselstörungen. Atemwege. Störungen des vegetativen Nervensystems. Migräne. Adipositas. Rheuma und Bewegungsapparat. Hautleiden (Allergien und Ekzeme).

Biologische Therapien: Bewegungstherapie. Neuraltherapie. Mayr-Kur. Akupunktmassage nach Penzel. Fußreflexzonentherapie. Manuelle Lymphdrainage. Ionisierende Sauerstofftherapie. HOT. Magnetfeld-Therapie. Kostformen/Ernährung: Hierüber liegen uns keine Auskünfte vor.

Sanatorium Stahl-Bad Imnau

Badstr. 64, 72401 Haigerloch, Telefon 07474/6990, Fax 699999. Homöopathische Kurklinik/Sanatorium mit 70 Betten. Im Haus werden Sanatoriumskuren und ambulante Kuren durchgeführt. Es bestehen Versorgungsverträge nach § 111, 5. Buch SGB. Das Haus ist beihilfefähig. Bei der Therapie kommen vorwiegend Naturheilweisen zur Anwendung. Vornehmlich behandelte Leiden (Indikationen): Herz-Kreislauf. Stoffwechselerkrankungen. Onkologische Nachsorge. Allgemeine Zivilisationsleiden. Biologische Therapien: Homöopathie. HOT. Kostformen/ Ernährung: Vollwertkost. Vegetarische Kost. Tier-eiweißfreie Kost. Rohkost. Spezialdiäten nach Erfordernis. Glutenfreie Kost.

Thermal-Kurhotel Schwäbische Alb

Bei den Thermen 12, 72574 Bad Urach, Telefon 07125/157-0, Fax 157-197. 122 Betten. Vegetarische Kost und Vollwertkost. Nichtraucher. Senioren- und behindertengerecht. Kuren der Deutschen Angestellten-Krankenkasse.

Fachkliniken Hohenurach

Imanuel-Kant-Str. 31, 72574 Bad Urach, Telefon 07125/1510, Fax 151106. Bäderheilkunde.

Sanatorium Sonnenhalde

Kur- und Gesundheitszentrum, Kornbergweg 1, 73087 Boll-Bad Boll, Telefon 07164/94030, Fax 940399. Vollwertkost, Heilfasten, Akupunktur (Ohr-, Körperakupunktur), Bäderheilkunde, Homöopathie, Kneippmedizin, Mayr-Kur, Phytotherapie, Reflexzonen-Behandlung, Ozon-Therapie, Neuraltherapie. Bioenergetische Funktionsdiagnostik. Akupunktmassage. HOT (Blutwäsche). Energetische Wirbelsäulen- und Gelenkbehandlung. Lymphdrainage. Kneipp-Kur. Die folgenden Angaben stammen aus zurückliegenden Befragungen, die wir von etwa 1992 bis 1997 beim betreffenden Haus durchgeführt haben: Sanatorium mit 30 Betten (anerkannte private Krankenanstalt, § 30 GWO). Im Haus werden stationäre Behandlungen, Sanatoriumskuren und ambulante Behandlungen und Kuren durchgeführt. Das Haus ist beihilfefähig. Bei der Therapie kommen vorwiegend Naturheilweisen zur Anwendung. Vornehmlich behandelte Leiden (Indikationen): Erkrankungen des Bewegungsapparates. Stoffwechselerkrankungen. Erkrankungen der Verdauungsorgane. Allgemeine Immun- und Regenerationsschwäche. Neuro-vegetative Störungen. Cerebrale und periphere Durchblutungsstörungen. Herz-Kreislauferkrankungen (Hypertonie). Kopfschmerzen, Migräne. Biologische Therapien: Wasserheilkunde. Bewegungstherapie. Sauerstoff-Mehrschritt-Therapie. HOT. Neuraltherapie. Homöopathie, Phytotherapie. Kuren nach Mayr, Wiedemann. Akupunktur, Akupunktmassagen nach Penzel. Reflexzonentherapie am Fuß. Manuelle Lymphdrainage. Chirogymnastik. Schlingentischtherapie. Öldispersionsbäder. Fango- und Moorpackungen. Herd- und Störfeld-Therapie. Kostformen/Ernährung: Vollwertkost, teilweise aus biologischem Anbau. Vegetarische Ernährung. Milde Ableitungsdiät nach Dr. F.X. Mayr.

Alb-Klinik

Notzinger Str. 90, 73230 Kirchheim Telefon 07021/6496.

Kurhotel Sanct Bernhard

73342 Bad Ditzenbach, Telefon 07334/96410. Arthrose-Kur mit Knorpelaufbau-Präparaten. Regenerationsbad. Wärmetherapie. Gesundheitswoche mit Dauerbrause.

Kurklinik der barmherzigen Schwestern

Kurhausstr. 88, 73342 Bad Ditzenbach, Telefon 07334/760, Fax 76111. Bäderheilkunde.

Kurklinik Bad Boll

73987 Bad Boll, Telefon 07164/810, Fax 81400. Bäderheilkunde, Naturheilverfahren.

Kurheim Strahnenberg

Finkenstr. 10, 74259 Widdern/Jagst, Telefon 06298/5007 + 5007 + 5008. Ernährungsweisen, Heilfasten, Sauerstoff-Therapien, Dauerbrause.

Kur-Landhaus Neue Mühle

Neumühle 1, 74638 Waldenburg, Telefon 07942/4509, Fax 4501. Naturheilverfahren. Sauerstoff-Therapie. Entgiften. Heilfasten. Colon-Hydro-Sauerstoff-Therapie. Natürliche Regeneration. Psychotherapeutische Betreuung. Eigen-Urin-Therapie. Chiropraktik.

Schloß-Sanatorium

Schloßstr. 14, 74740 Adelsheim-Sennfeld, Telefon 06291/62100. Sanatorium für Naturheilverfahren und Kneipp-Badetherapie. Beihilfefähig. Ärztliche Leitung. Indikationen: Erkrankungen des Stoffwechsels, der Wirbelsäule und Gelenke, chronische Leiden. Immunstärkung, Allergien. Spezialisiert auf Darmsanierung, Immunstärkung.Vollwertkost und Diäten. Zu allen Kassen zugelassen. Dauerbrause.

Naturheilsanatorium Dr. Dorschner

Obere Augartenstr. 36, 74834 Elztal-Dallau, Telefon 06261/8000, Fax 5040. Klinik mit 50 Betten (Behandlung nach § 30 GWO). Im Haus werden stationäre Behandlungen durchgeführt. Das Haus ist beihilfefähig. Bei der Therapie kommen weitestgehend Naturheilweisen zur Anwendung. Vornehmlich behandelte Leiden (Indikationen): Rheuma in allen Formen. Herz-Kreislauferkrankungen, Durchblutungsstörungen. Allergien. Hautkrankheiten. Nebenhöhlenerkrankungen. Allgemeine Zivilisationsleiden. Biologische Therapien: Vegetarische, tiereiweißfreie Vollwertkost aus eigenem biologischen Anbau. Dauerbrause. Sauna. Hatha-Yoga mit Atem- und Entspannungsübungen. Neuraltherapie. Akupunktur. Ohrakupunktur. Phytotherapie. Homöopathie. Chiropraktik. Praktische Lebensberatung. Kostformen/Ernährung: Vollwertkost aus kontrolliert-biologischem Anbau. Vegetarische Kost. Tier-eiweißfreie Kost.

Kraichgau-Klinik

Fritz-Hagner-Promenade 15, 74906 Bad Rappenau, Telefon 07264/8020, Fax 802111. Bäderheilkunde.

Rheumaklinik Bad Rappenau

Salinenstr. 12, 74906 Bad Rappenau, Telefon 07264/966000, Fax 966736. Bäderheilkunde.

Kurklinik Bad Rappenau

Salinenstr. 20, 74906 Bad Rappenau, Telefon 07264/830, Fax 83110. Bäderheilkunde, Ernährungsweisen, Hautleiden.

Institut für Naturheilverfahren

und Sauerstofftherapie, Salinenstr. 31, 74906 Bad Rappenau, Telefon 07264/5830. Immuntherapie, Sauerstoff-Therapien, Aslan-Therapie (ambulant).

Vulpius-Klinik

Vulpiusstr. 29, 74906 Bad Rappenau, Telefon 07264/600, Fax 60167. Bäderheilkunde, Elektrotherapie.

Klinik Öschelbronn

Am Eichhof, 75223 Niefern-Öschelbronn 2, Telefon 07233/680, Fax 68110. Klinik für innere Krankheiten. Behandlung allgemeiner Krebserkrankungen nach anthroposophisch erweiterter Medizin, die sich an der Ganzheit des Menschen als leiblich-seelisch-geistigem Wesen orientiert. Die folgenden Angaben stammen aus zurückliegenden Befragungen, die wir von etwa 1992 bis 1997 beim betreffenden Haus durchgeführt haben: Bei der Behandlung werden Natursubstanzen in arzneilicher Aufbereitung bevorzugt, sowie Physiotherapie (Bäder, Massagen), künstlerische Therapie (Heileurythmie, Musik, Malen, Plastizieren) und besondere Ernährungsweisen (u.a. vegetarische Kost, Nahrungsmittel überwiegend aus biologisch-dynamischem Anbau).

z f s

Neues Eberhardsbad, Kernerstr. 9-11, 75323 Bad Wildbad, Telefon 07081/2000, Fax 2004. Sauerstoff-Mehrschritt-Anwendungen mit ionisiertem Sauerstoff. Zur Erhöhung der körperlichen und geistigen Leistungsfähigkeit, besonders bei Personen mit Dauerstreß und höherem Lebensalter. Verzögerung vorzeitiger Alterserscheinungen.

Sanatorium Refugium

Alte Steige 50, 75323 Bad Wildbad, Telefon 07081/2091, Fax 2093. Ozontherapie. Eletroakupunktur. Magnetfeldtherapie. Immuntherapie, Zelltherapie. Thermographie. Vollwertkost. Die folgenden Angaben stammen aus zurückliegenden Befragungen, die wir von etwa 1992 bis 1997 beim betreffenden Haus durchgeführt haben: Sanatorium mit 20 Betten (Behandlung nach § 30 GWO). Im Haus werden stationäre Behandlungen und Sanatoriumskuren durchgeführt. Es bestehen Versorgungsverträge mit allen gesetzlichen Krankenkassen nach § 111, 5. Buch SGB. Das Haus ist beihilfefähig. Bei der Therapie kommen weitestgehend Naturheilweisen zur Anwendung. Vornehmlich behandelte Leiden

(Indikationen): Gelenkerkrankungen. Durchblutungsstörungen. Herz und Kreislauf. Krebsnachbehandlung. Bandscheiben. Rheuma. Bronchitis. Übergewicht. Biologische Therapien: Klassische und neuere Naturheilverfahren. Wasserheilkunde. Bewegungstherapie. Neuraltherapie. Homöopathie. Kuren nach Kneipp. Wiedemann-Kur. Ozon-Sauerstoff-Behandlung. Magnetfeld-Therapie. Eichothermbestrahlung. Immunmodulation. Kostformen/Ernährung: Vollwertkost. Vegetarische Ernährung. Tier-eiweißfreie Kost. Alle Diäten.

Paracelsus-Krankenhaus Unterlengenhardt

Burghaldenweg 60, 75378 Bad Liebenzell, Telefon 07052/925-0. Anthroposophisch erweiterte Heilkunde.

Villa Rosengarten

Bernsteinweg 9, 76332 Bad Herrenalb, Telefon 07083/7942. Revitalisierung. Fasten. Hotel mit 12 Betten. Im Haus werden Fasten- und Vitalkuren durchgeführt. Besonderheit: Vitalwochen mit Massagen, Ganzkörperkosmetik, Ernährungsfachvorträgen u.ä. Fastenkuren nach Buchinger mit vegetarischer Aufbaukost und Lymphdrainagen, Bädern. Kostformen/Ernährung: Vollwertkost. Vegetarische Kost. Spezialdiäten.

Hotel Gaistal

Gaistalstr. 85, 76332 Bad Herrenalb, Telefon 07083/9245-0, Fax 924599

Hotel mit 51 Betten. Heilfastenkuren. Fasten für Gesunde. Sonnenkur-Wochen mit Sonnenkost. Reduktion auf Vollwertbasis nach der »Gießener Formel«. Kostformen/Ernährung: Vollwertkost, teilweise aus kontrolliert-biologischem Anbau. Tier-eiweißfreie Kost. Rohkost. Sonnenkost. Trennkost. Konventionelle Kost.

Mayenberg-Sanatorium

Mayenbergweg 17, 76332 Bad Herrenalb, Telefon 07083/7480, Fax 748444. Immuntherapie, Zelltherapie.

Staatliches Rheumakrankenhaus

Klinik für Innere und Physikalische Medizin, Rotenbachtalstr. 5, 76530 Baden-Baden, Telefon 07221/3520, Fax 352661.

Privathotel Quisisana

Bismarckstr. 21, 76530 Baden-Baden, Telefon 07221/369-0, Fax 369-269. Beim Hotel arbeitet man mit einem eigenen Wellness-Konzept (G.E.T. = Ganzheitliche Energie-Therapie), bestehend aus den Komponenten Bewegung, Wasser und Wärme, Mineralien und Kräuter (Bäder mit Spezialkräutermischungen), Entspannungs-Therapien und sinnvoller Ernährung.

Am Vogelstock

Privatsanatorium für Naturheilverfahren, 76857 Vogelstockerhof-Eußerthal, Telefon 06345/95350, Fax 953560. Vegetarische Vollwerternährung. Schlenz- und Dauerbrausekuren. Chiropraktik. Akupunktur, Heilfasten, Homöopathie, Mistel-Therapie, Phytotherapie, Sauerstoff-Therapien, Ozontherapie. Ab- und Ausleitungsverfahren, Blutegel. Die folgenden Angaben stammen aus zurückliegenden

Befragungen, die wir von etwa 1992 bis 1997 beim betreffenden Haus durchgeführt haben: Sanatorium (§ 30 GWO) mit ca. 20 Betten. Im Haus werden Sanatoriumskuren durchgeführt, wobei ausschließlich Naturheilweisen zur Anwendung kommen. Vornehmlich behandelte Leiden: Allgemeine Zivilisationsleiden, innere und chronische Krankheiten, Störungen im Stoffwechselbereich, Krebs-Vor- und Nachbehandlung, Erschöpfungs- und Abnutzungserscheinungen, Regeneration. Biologische Therapien: Dauerbrausekuren, Schlenzkuren, Fastenkuren, Regenerationskuren, Fango, Solarium, Stangerbad, Akupunktur, Schröpfen, Baunscheidtieren, Ableitungsverfahren, Ausleitungsverfahren. Kostformen/ Ernährung: Vollwertkost aus biologischem Anbau, vegetarische Kost, tiereiweißfreie Kost.

Haus Weinberg

Richard-Wagner-Str. 2, 76887 Bad Bergzabern, Telefon 06343/1058, Fax 5986. Regenerationswochen. Gesundheitswochen. Natur-Reis-Kur.

Pfalzblick

Marina Theobald, Mozartstr. 17, 76887 Bad Bergzabern, Telefon 06343/2939,

Fax 6116. Entschlackungs- und Schlankheitszentrum. Kartoffel-Kur. Fasten. Naturreis-Kur. Shiatsu. Reiki.

Bio Med-Klinik

Tischberger Str. 8, 76887 Bad Bergzabern, Telefon 06343/7050, Fax 705118. Fachklinik mit 100 Betten. Im Haus werden stationäre Behandlungen. Behandlung nach § 108 SGB V. Vornehmlich behandelte Leiden (Indikationen): Krebserkrankungen aller Art. Zustände nach Chemo- oder Strahlentherapie. Zustände nach Tumor-Operationen. Biologische Therapien: Biologische Krebstherapie: Aktivierung der körpereigenen Abwehr (Impfung mit inaktiven körpereigenen Tumorzellen; Stimulation mit Thymushormonen und Mistelextrakten; Fiebertherapie). Behandlung von Stoffwechselstörungen (Ausgleich mangelnder Mineralstoffe, Spurenelemente und Vitamine). Spezielle Überwärmungstherapien (Hyperthermie) mit Kurzwellen, regionaler Überwärmung. Elektrotherapie. Lymphdrainage, Kneipp. Bewegungstherapie. Sauerstoff- und Ozontherapie. Autogenes Training. Visualisierung (bildhaftes Vorstellungstraining). Klang- und Maltherapie. Atemtherapie. Einzel- und Gruppengespräche. Informationsangebote zur Immunstärkung, Vollwerternährung, psychischen Fragen u.ä. Kostformen/ Ernährung: Vollwertkost. Vegetarische Kost. Tier-eiweißfreie Kost. Rohkost. Glutenfreie Kost. Trennkost. Spezialdiäten. Allergenarme Kost, Rotationsdiät u.ä.

Schlüsselbad-Klinik

Renchtalstr. 2, 77740 Bad Peterstal-Griesbach, Telefon 07806/860, Fax 391. Fachklinik mit 170 Betten (Behandlung nach § 30 GWO). Im Haus werden stationäre Behandlungen, Kompaktkuren und ambulante Kuren durchgeführt. Es bestehen Versorgungsverträge nach § 111, 5. Buch SGB (Vertragshaus der BfA). Das Haus ist beihilfefähig. Bei der Therapie kommen unter anderem Naturheilweisen zur Anwendung. Vornehmlich behandelte Leiden (Indikationen): Arthrosen (insbesondere nach Knie- und Hüft-Operationen). Rücken (insbesondere nach Operationen). Übergewicht (insbesondere bei Diabetes mellitus). Psychosomatische Störungen. Schlafstörungen. Biologische Therapien: Kneipp und andere Hydrotherapien. Bewegungstherapie. Chirotherapie. Akupunktur. Schlaftherapie. Ernährungstherapie. Neurotherapie. Psychotherapie (Verhaltenstherapie). Physikalische Therapie. Heilfasten. Kostformen/Ernährung: Vegetarische Kost. Tiereiweißfreie Kost. Trennkost. Glutenfreie Kost. Allergenarme Kost, Rotationsdiät u.ä. Konventionelle Kost.

Fachkrankenhaus für Innere Medizin

und Physikalische Therapie, Schwarzwaldstr. 40, 77740 Bad Peterstal-Griesbach, Telefon 07806/9860, Fax 986107. Bäderheilkunde, Elektrotherapie.

Klinik Bad Rippoldsau

Fürstenbergstr. 38, 77776 Bad Rippoldsau-Schapbach, Telefon 07440/800, Fax 80862. Bäderheilkunde, Ernährungsweisen. Die folgenden Angaben stammen aus zurückliegenden Befragungen, die wir von etwa 1992 bis 1997 beim betreffenden Haus durchgeführt haben: Kurklinik und Sanatorium, beihilfefähig, mit 300 Betten. Durchgeführt werden stationäre Behandlungen, Sanatoriumskuren und offene Badekuren. Es besteht ein Versorgungsvertrag gemäß § 111 SGB 5.

Vornehmlich behandelte Leiden: Degenerative Wirbelsäulen- und Gelenkerkrankungen, Herz-Kreislauf, Stoffwechselstörungen sowie Niereninsuffizienz, Atemwegserkrankungen. Biologische Therapien: Physikalische Therapie, Bewegungstherapie, Ernährungstherapie. Kostformen/Ernährung: Vegetarische Kost, Spezialdiäten (eiweißarme Kartoffel-Ei-Diät) und konventionelle Kost.

Rehabilitationsklinik Klausenbach

Hauptstr. 317, 77787 Nordrach, Telefon 07838/820. Sauerstoff-Therapien, Ozon-Therapie.

Reha-Klinik Nordrach

Onkologische Nachsorge, Im Dorf 5-9, 77787 Nordrach, Telefon 07838/810, Fax 81744. Allgemeine Kassenzulassung. Vollwertkost. Indikationen: Anschluß- und klinische Nachbehandlung für alle Krebskrankheiten mit Fortsetzung der Hämatoonkologie, Behandlung der Krankheits- und Therapiefolgezustände. Mitbehandlung von Nebenerkrankungen vorwiegend internistischer und gynäkologischer Art.

Sanatorium Friedrichshöhe

Zur Friedrichshöhe 40, 77855 Achern-Oberachern, Telefon 07841/6050. Heilfasten.

Klinik am Germanswald

für Naturheilverfahren, Oberförster-Ganter-Str. 24, 78048 Villingen-Schwenningen, Telefon 07721/8790, Fax 59059. Arthrose. Durchblutungsstörungen (Gehirn und Gliedmaßen), Herz-Kreislauf. Diabetes. Prostata (Erwärmungstherapie). Akupunktur, Homöopathie, Immuntherapie, Kneippmedizin, Phytotherapie, Sauerstoff-Therapien, Neuraltherapie. Die folgenden Angaben stammen aus zurückliegenden Befragungen, die wir von etwa 1992 bis 1997 beim betreffenden Haus durchgeführt haben: Kurklinik, Sanatorium mit 124 Betten (anerkannte private Krankenanstalt, § 30 GWO). Im Haus werden stationäre Behandlungen, Sanatoriumskuren und ambulante Kuren durchgeführt (gemischte Anstalt). Es bestehen Versorgungsverträge nach § 111, 5. Buch SGB. Das Haus ist beihilfefähig. Bei der Therapie kommen vorwiegend Naturheilweisen zur Anwendung. Vornehmlich behandelte Leiden (Indikationen): Arthrose. Herz-Kreislauf-Erkrankungen. Durchblutungsstörungen. Diabetes. Erkrankungen der Atmungsorgane. Stoffwechselerkrankungen. Neurovegetative Störungen. Krebs. Biologische Therapien: Homöopathie. Kuren nach Kneipp. Sauerstoff-Mehrschritt-Therapie. Thymusbehandlung. Wasserheilkunde. Bewegungstherapie. Neuraltherapie. Phytotherapie. Akupunktur. Revisantherapie. Lymphdrainage. Biologische Krebsbehandlung. Kostformen/Ernährung: Vollwertkost, teilweise aus biologischem Anbau. Vegetarische Ernährung. Spezialdiäten und konventionelle Kost.

Park-Klinik Brenner

Gartenstr. 13, 78073 Bad Dürrheim, Telefon 07726/65900, Fax 65111. Bäderheilkunde, Ernährungsweisen. Die folgenden Angaben stammen aus zurückliegenden Befragungen, die wir von etwa 1992 bis 1997 beim betreffenden

Haus durchgeführt haben: Klinik mit ca. 80 Betten (anerkannte private Krankenanstalt, § 30 GWO). Im Haus werden stationäre Behandlungen und ambulante Kuren durchgeführt. Es bestehen Versorgungsverträge nach § 111, 5. Buch SGB. Das Haus ist beihilfefähig. Bei der Therapie kommen unter anderem Naturheilweisen zur Anwendung. Vornehmlich behandelte Leiden (Indikationen): Atemwegserkrankungen. Rheumatologische und rehabilitative Orthopädie. Erkrankungen des Haltungs- und Bewegungsapparates. Kostformen/Ernährung: Vollwertkost. Vegetarische Ernährung. Spezialdiäten (Diabetes, purinarm) und konventionelle Kost.

Tannenhof-Klinik

Gartenstr. 15, 78073 Bad Dürrheim, Telefon 07726/9300, Fax 930299. Bäderheilkunde. Klinik für Ganzheitliche Prävention und Rehabilitation.

Kurklinik Limberger

Hammerbühlstr. 5, 78073 Bad Dürrheim, Telefon 07726/6640, Fax 664114. Fachklinik mit 130 Betten (Behandlung nach § 30 GWO). Im Haus werden stationäre Behandlungen und Sanatoriumskuren durchgeführt. Es bestehen Versorgungsverträge nach § 111, 5. Buch SGB. Das Haus ist beihilfefähig. Bei der Therapie kommen unter anderem Naturheilweisen zur Anwendung. Vornehmlich behandelte Leiden (Indikationen): Erkrankungen der Atemwege und Lungen. Anschlußheilbehandlung vorwiegend nach Operationen. Zustand nach Unfall und Verletzungen. Schwächezustände und verzögerte Rekonvaleszenz. Biologische Therapien: Wasserheilkunde. Kuren nach Kneipp. Bewegungstherapie. Kostformen/Ernährung: Vollwertkost. Vegetarische Kost. Tier-eiweißfreie Kost. Rohkost. Glutenfreie Kost. Allergenarme Kost, Rotationsdiät u.ä.

Karolushaus Bad Dürrheim

Luisenstr. 14, 78073 Bad Dürrheim, Telefon 07726/66030, Fax 6603119. Bäderheilkunde, Ernährungsweisen.

Reha-Klinik Irma

Luisenstr. 2, 78073 Bad Dürrheim, Telefon 07726/936-0 Fax 936-444. Klinik mit 135 Betten (Behandlung nach § 30 GWO). Im Haus werden ambulante Kuren durchgeführt. Es bestehen Versorgungsverträge nach § 111, 5. Buch SGB (Vertragshaus der LVA Baden). Das Haus ist beihilfefähig. Bei der Therapie kommen unter anderem Naturheilweisen zur Anwendung. Vornehmlich behandelte Leiden (Indikationen): Atemwegs- und Lungenerkrankungen. Allergien. Herz-Kreislauferkrankungen. Stoffwechsel (Diabetes mellitus, Fettstoffwechsel, Gicht, Übergewicht). Nachsorge von bösartigen Tumorerkrankungen. Bewegungsapparat. Osteoporose. Psychische Störungen. Biologische Therapien: Progressive Muskelentspannung nach Jacobson. Autogenes Training. Psychotherapie. Akupressur. Atemtherapie einzeln und in Gruppen. Reflexzonenmassage. Lymphdrainage. Gehirnjogging. Raucherentwöhnungsseminare. Diätberatung, einzeln und in Gruppen sowie praktische Umsetzung in der Lehrküche. Kostformen/Ernährung: Vollwertkost, teilweise aus kontrolliert-biologischem Anbau. Vegetarische Kost. Tier-eiweißfreie Kost. Rohkost. Glutenfreie Kost. Spezialdiäten. Allergenarme Kost, Rotationsdiät u.ä. Konventionelle Kost.

Luisen-Klinik

Luisenstr. 56, 78073 Bad Dürrheim, Telefon 07726/6684, Fax 668010. Bäderheilkunde, Ernährungsweisen, Tanztherapie, Musiktherapie.

Waldeck Klinik

Waldstr. 18, 78073 Bad Dürrheim, Telefon 07726/663119, Fax 8001. Klinik mit 204 Betten (Behandlung nach § 30 GWO). Im Haus werden Sanatoriumskuren und ambulante Kuren durchgeführt. Es bestehen Versorgungsverträge nach § 111, 5. Buch SGB. Das Haus ist beihilfefähig. Vornehmlich behandelte Leiden (Indikationen): Erkrankungen der Atmungsorgane und Atemwege. Herz-, Kreislauf- und Stoffwechselerkrankungen. Rheumatisch Erkrankungen. Erkrankungen des Stütz- und Bewegungsapparates. Erschöpfungszustände und vegetative Disregulation. Dermatologische Erkrankungen (Neurodermitis und Psoriasis). Biologische Therapien: Reflexzonenmassage. Lymphdrainage. Kneipp. Klangtherapie. Ganzkörperkältekammer. Hochprozentige Solewannenbäder bei Neurodermitis und Psoriasis. Ernährungstherapie. Misteltherapie. Kneipp-Therapie. Thymus (auf Wunsch). Akupunktur. Entspannungs- und Bewegungstherapie. Yoga. Autogenes Training Tai Chi Chuan. Traditionelle Chinesische Medizin. Qigong. Partnerseminare. Psychotherapie. Meditative Leibarbeit. Selbstbehandlung mit Akupressur. Einübung: Meditation, kreatives Malen. Heilfasten (in Vorbereitung; zu zwei Terminen pro Jahr bereits auf Anfrage angeboten). Kostformen/ Ernährung: Vollwertkost, teilweise aus kontrolliert-biologischem Anbau. Vegetarische Kost. Tier-eiweißfreie Kost. Rohkost. Trennkost. Glutenfreie Kost. Allergenarme Kost, Rotationsdiät u.ä. Spezialdiäten.

Biologisches Kurheim Haus Hubertus

Hubertusweg 1, 78098 Triberg, Telefon 07722/5089. Waerlandkost. Heilfasten. Mayr-Kur. Schroth. Homöopathie. Akupunktur. Naturheilverfahren. Bioresonanztherapie. Colon-Hydro-Therapie. Dauerbrause.

Pension Tannenstüble

Mozartweg 6, 78126 Königsfeld, Telefon 07725/7967.

Hotel-Pension Schönwald

78141 Schönwald, Telefon 07722/4729, Fax 1495.

Samariter-Werk

78269 Volkertshausen, Telefon 07774/7304, Fax 6738. Beim Samariter-Werk handelt es sich um ein Haus, in dem ausschließlich Heilfastenkuren durchgeführt werden, und zwar nach Buchinger oder der Samariter-Methode, entwickelt vom Gründe des Samariter-Werkes, Pfarrer Otto Kaiser (1885-1971). 2-wöchige Fasten-Kurse werden während des ganzen Jahres angeboten. Hinzu kommen beispielsweise Yoga und Autogenes Training. Vornehmlich behandelte Leiden (Indikationen): Übergewicht. Rheuma. Herz- und Kreislaufleiden. Nieren, Verdauungsorgane. Hautkrankheiten. Atemwegserkrankungen. Allergien. Alle ernährungsabhängigen Krankheiten. Stoffwechselkrankheiten.

Gemeinschaft St. Katharina

Wehrlstr. 24, 78269 Volkartshausen, Telefon 07774/1387. Pension mit 25 Betten. Christliches Haus mit Möglichkeiten zum gemeischaftlichen Gebet und zur Stille.

Vornehmlich behandelte Leiden (Indikationen): Allgemeine Zivilisationsleiden. Biologische Therapien: Fastentherapie zur allgemeinen Entschlackung und Entgiftung des Körpers sowie zur Linderung und Heilung von vielen zeit- und ernährungsbedingten Krankheiten (u.a. Rheuma, Arthritis, Arteriosklerose, Darmbeschwerden). Kostformen/Ernährung: Vollwertkost, teilweise aus kontrolliertbiologischem Anbau. Vegetarische Kost. Rohkost. Glutenfreie Kost. Allergenarme Kost, Rotationsdiät u.ä. Konventionelle Kost.

Kurhaus Hildegard

Strandweg 1, 78476 Allensbach, Telefon 07533/7433, Fax 7479. Kurmöglichkeiten mit Ernährungstherapie und den Rezepten aus der Hildegard-Küche: »Erstes Kurhaus in Deutschland mit Anwendungen der Naturheilweisen nach Hildegard von Bingen«. Gesundheitswochen für Herz-Kreislauf, Magen und Darm, bei Krebs oder Rheuma. Fasten- und Aufbaukurse. Koch- und Backkurse. Frauenleiden. Hautleiden.

Klinik für Tumorbiologie

Breisacher Str. 117, 79106 Freiburg, Telefon 0761/206-01, Fax 206-1199. Erforschung unkonventioneller Formen der Tumorbehandlung.

Sanatorium Fritz Kölbl

Herbert-Hellmann-Allee 29, 79189 Bad Krozingen, Telefon 07633/40010, Fax 3122. Klinik für medizinische Rehabilitation und Anschlußheilbehandlung (AHB). Bäderheilkunde. Vollwertkost.

Theresien-Klinik

Herbert-Hellmann-Allee 11, 79189 Bad Krozingen, Telefon 07633/4040, Fax 404255. Bäderheilkunde, Naturheilverfahren. Ambulanz für Manuelle Medizin. Gesundheitsbildung, Seminare.

Sanatorium Dr. Heilig

Herbert-Hellmann-Allee 25, 79189 Bad Krozingen, Telefon 07633/91000, Fax 910010. Kneipp-Therapie, Naturheilverfahren.

Rehabilitationsklinik Lazariterhof

Herbert-Hellmann-Allee 30, 79189 Bad Krozingen, Telefon 07633/9353, Fax 937960. Klinik für Anschlußheilbehandlungen (AHB) bei Herzerkrankungen. Gesundheitstraining, Eutonie, Diätberatung, Lymphdrainage.

Klinik Baden

Herbert-Hellmann-Allee 44, 79189 Bad Krozingen, Telefon 07633/9352, Fax 936960. Klinik für Anschlußheilbehandlungen der BfA für Herzerkrankungen. Bäderheilkunde. Diätberatung. Gesundheitstraining. Eutonie. Lymphdrainage.

Rehabilitationsklinik Sinnighofen

Im Sinnighofen 4, 79189 Bad Krozingen, Telefon 07633/9351, Fax 936960.

Klinik für Anschlußheilbehandlungen der BfA für Herzerkrankungen. Bäderheilkunde. Lymphdrainage. Eutonie. Diätberatung. Gesundheitstraining.

Rheintal-Klinik

mit Astoria-Privatklinik, Thürachstr. 10, 79189 Bad Krozingen, Telefon 07633/ 408-300, Fax 408-233. Bäderheilkunde, Chirotherapie, Heilfasten, Naturheilverfahren, Aurikulomedizin,Neuraltherapie Elektrotherapie, Manuelle Medizin. Die folgenden Angaben stammen aus zurückliegenden Befragungen, die wir von etwa 1992 bis 1997 beim betreffenden Haus durchgeführt haben: Beihilfefähige Fachklinik mit ca. 260 Betten, in der Naturheilweisen unter anderem zur Anwendung kommen. Es besteht ein Versorgungsvertrag gemäß § 111 SGB 5. Die Klinik ist Vertragshaus der LVA Baden und Württemberg. Vornehmlich behandelte Leiden: Rheumatische Erkrankungen aller Art, Herz-Kreislauf-Erkrankungen, Erkrankungen der Wirbelsäule, Arthrosen, Bandscheiben sowie Unfallfolgen, orthopädische Nachbehandlung, Anschlußheilbehandlungen insbesondere nach Bandscheiben- und Gelenkersatzoperationen (z.B. Kniegelenk, Hüftgelenk). Biologische Therapien: Chirotherapie, Physikalische-Balneologische Therapie, manuelle Wirbelsäulen- und Gelenktherapie, Neuraltherapie, Ohrakupunktur, Autogenes Training. Kostformen/Ernährung: Sämtliche Diätkostformen inklusive laktovegetabiler Vollwertkost.

Schwarzwaldklinik Neurologie

Sinnighofen 1, 79189 Bad Krozingen, Telefon 07633/9301, Fax 93-1940. Anschlußheilbehandlungen (AHB) und Rehabilitationen bei neurologischen Erkrankungen. Atemtherapie. Thermotherapien. Akupunktur.

Neurologische Klinik Elzach

Am Tannwald, 79215 Elzach, Telefon 07682/8010, Fax 801855. Ernährungsweisen. Die folgenden Angaben stammen aus zurückliegenden Befragungen, die wir von etwa 1992 bis 1997 beim betreffenden Haus durchgeführt haben: Krankenhaus (im Früh-Reha-Bereich), Fachklinik/Sanatorium (beihilfefähig) des Bundes Deutscher Hirnbeschädigter e.V./Bonn mit 160 Betten. Im Haus werden Krankenhausbehandlungen, stationäre Behandlungen, Sanatoriumskuren und Anschlußheilbehandlungen (BfA Berlin) durchgeführt. Es bestehen Versorgungsverträge gemäß § 111 SGB 5, und Naturheilweisen kommen unter anderem zur Anwendung. Die Klinik ist Vertragshaus der BfA. Vornehmlich behandelte Leiden (Indikationen): Alle neurologischen Krankheitsbilder. Biologische Therapien: Diäten. Physikalisch Therapie. Physiotherapie. Kostformen/ Ernährung: Vegetarische Ernährung. Tier-eiweißfreie Kost. Spezialdiäten und konventionelle Kost.

Friedrich Husemann-Klinik

79256 Buchenbach bei Freiburg, Telefon 07661/3920. Fachklinik für Psychiatrie und Neurologie; Behandlungen auf der Grundlage der anthroposophischen Medizin.

Kursanatorium Markgräflerland

Am Rappen 17, 79379 Müllheim-Vögisheim, Telefon 07631/36900, Fax 15891.

Klinik/Sanatorium mit 18 Betten (Behandlung nach § 30 GWO). Im Haus werden Sanatoriumskuren. Es bestehen Versorgungsverträge nach § 111, 5. Buch SGB. Das Haus ist beihilfefähig. Bei der Therapie kommen weitestgehend Naturheilweisen zur Anwendung. Vornehmlich behandelte Leiden (Indikationen): Degenerative Erkrankungen der Wirbelsäule und Gelenke. Magen-Darm-Lebererkrankungen. Chronische Gastro-Enteritis. Belastung mit toxischen Schwermetallen. Schmerz-Therapie. Allergien. Biologische Therapien: Mayr. Akupunktur. Neuraltherapie. Bewegungstherapie. Aslan. Aroma-Therapie. Manuelle Therapie. Kälte-Therapie. Ultraschall. Musik-Therapie. Homöopathie. Cosmotherapie nach Dr. Gümbel. Kostformen/Ernährung: Glutenfreie Kost. Spezialdiäten: Milde Ableitungs-Diät, Anti-Pilz-Diät. Allergenarme Kost, Rotationsdiät u.ä.

Kurparkhotel Roseneck

Bismarckstr. 1, 79405 Badenweiler, Telefon 07632/5005, Fax 75699. Privat-Sanatorium und Gästehaus. Klassische naturheilkundliche Therapieverfahren. Kneipp-Anwendungen. Regeneration. Aufbauende Gesundheitskonzepte nach Dr. med. Klaus Mohr. Vollwertkost.

Klinik Zimmermann

Badstr. 46, 79410 Badenweiler, Telefon 07632/7540, Fax 754109. Fachklinik/Sanatorium mit 45 Betten (Behandlung nach § 30 GWO). Im Haus werden stationäre Behandlungen und Sanatoriumskuren durchgeführt. Das Haus ist beihilfefähig. Bei der Therapie kommen weitestgehend Naturheilweisen zur Anwendung. Vornehmlich behandelte Leiden (Indikationen): Chronische und therapieresistente Erkrankungen. Darmleiden (Verstopfung, Colitis ulcerosa u.a.). Rheumatische Leiden. Migräne. Allergien. Hauterkrankungen. Herz- und Kreislaufleiden. Biologische Therapien: Therapie nach Dr. F. X. Mayr. Sauerstoff-Mehrschritt-Therapie. Ozon-Therapie. Colon-Hydro-Therapie. Heilfasten. Kostformen/Ernährung: Vegetarische Kost, teilweise aus kontrolliert-biologischem Anbau. F.X. Mayr-Diät.

Kursanatorium Quellenhof

Bismarckstr. 2, 79410 Badenweiler, Telefon 07632/7980, Fax 798100. Chirotherapie, Ernährungsweisen, Immuntherapie, Ozon-Therapie, Neuraltherapie. Die folgenden Angaben stammen aus zurückliegenden Befragungen, die wir von etwa 1992 bis 1997 beim betreffenden Haus durchgeführt haben: Sanatorium mit 55 Betten (anerkannte private Krankenanstalt, § 30 GWO). Im Haus werden stationäre Behandlungen (gemischte Anstalt). Es bestehen Versorgungsverträge nach § 111, 5. Buch SGB. Das Haus ist beihilfefähig. Bei der Therapie kommen vorwiegend Naturheilweisen zur Anwendung. Vornehmlich behandelte Leiden (Indikationen): Chronische Polyarthritis. Morbus Bechterew. Arthrose. Bandscheibenleiden. Haltungsschäden. Herz- und Kreislauf. Stoffwechsel. (Zervikal-) Migräne. Nachsorge bei Geschwulsterkrankungen. Biologische Therapien: Thymustherapie. Neuraltherapie. Japanische Kältetherapie. Chirotherapie. Bewegungstherapie. Fasten und Entschlackung. Ernährungsmedizin. Oxyvenierung. Autogenes Training. Kostformen/Ernährung: Vegetarische Kost, teilweise aus biologischem Anbau. Konventionelle Kost.

Meridian Privatklinik

Blauenstr. 15, 79410 Badenweiler, Telefon 07632/7530, Fax 753444. Fachklinik mit 95 Betten (Behandlung nach § 30 GWO). Im Haus werden stationäre Behandlungen. Bei der Therapie kommen weitestgehend Naturheilweisen zur Anwendung. Vornehmlich behandelte Leiden (Indikationen): Chronische Erkrankungen und Schmerzzustände. Bewegungsapparat. Atemwege. Verdauungsorgane. Migräne. Allergien. Infektanfälligkeit. Erschöpfungszustände. Streßfolgen. Prophylaxe bei noch nicht eingetretenen Erkrankungen. Biologische Therapien: 1. Behandlungsschwerpunkt Traditionelle Chinesische Medizin (TCM) mit Zen Shiu (Akupunktur und Moxa), Tuina, Chinesische Phytotherapie nach Rezeptur. Qigong, Tai Chi Chuan. 2. Ayurveda-Massagen und Yoga. Gruppentherapie. Klassische Krankengymnastik. Moderne Trainingsverfahren. Isokinetik. Balneophysikalische Therapie einschließlich Wassertherapie. Elektrotherapie. Laserbehandlung. Heilfasten. Kostformen/Ernährung: Umfangreiches Angebot einer gehobenen Restaurantküche mit vegetarischem Menü, chinesischer Küche (spezielle chinesische Diätküche mit Ernährungsplan nach den fünf Elementen) und den zusätzlichen Möglichkeiten, spezielle Verordnungen zu berücksichtigen (glutenfrei u.a.).

Hotel-Pension Sophia

Glasbachweg 15, 79410 Badenweiler, Telefon 07632/1517, Fax 6325.

Reha-Klinik Hausbaden

Hausbadener Str. 1, 79410 Badenweiler, Telefon 07632/759-150, Fax 759-140. Reha-Klinik mit 221 Betten. Vollwertige, vegetarische Kost. Heilfasten. Entspannungstherapie. Akupunktur, Ernährungsweisen, Manuelle Medizin, Neuraltherapie.

Privatsanatorium Kellner

Hochwaldstr. 7, 79410 Badenweiler, Telefon 07632/7510, Fax 75179. Naturheilverfahren: Thymus, Heilfasten, Kneippmedizin, Aslan-Therapie, Sauerstoffbehandlung. Voll beihilfefähig.

Sanatorium Sonneneck

Kanderner Str. 18, 79410 Badenweiler, Telefon 07632/7520, Fax 752177.

Kursanatorium Rheingold

Markgrafenstr. 3, 79410 Badenweiler, Telefon 07632/8340, Fax 834199. Sanatorium mit 53 Betten (Behandlung nach § 30 GWO). Im Haus werden stationäre Behandlungen, Sanatoriumskuren und ambulante Kuren durchgeführt. Es bestehen Versorgungsverträge nach § 111, 5. Buch SGB. Das Haus ist beihilfefähig. Bei der Therapie kommen vorwiegend Naturheilweisen zur Anwendung. Vornehmlich behandelte Leiden (Indikationen): Alle internistische Erkrankungen, insbesondere Herz-Kreislauf- und Atemwegserkrankungen. Stoffwechselstörungen, Diabetes, Übergewicht. Wirbelsäulen- und Gelenkerkrankungen. Osteoporose. Erschöpfungszustände. Rekonvaleszenz nach Operationen und Allgemeinerkrankungen. Vorsorgekuren. Rehabilitation nach Unfällen und Restparesen nach apoplektischem Insult. Krebsnachsorgekuren. Biologische

Therapien: Ernährungstherapie. Bewegungstherapie. Entspannungsverfahren. Misteltherapie. Antioxidantientherapie. Enzymtherapie. Thymustherapie (in Ausnahmefällen). Verhaltenstherapie. Lymphdrainage. Heublumenpackungen. Reflexzonenmassage. Bindegewebsmassage. Atemgymnastik. Tai Chi Chuan. Rückenschule. Gezielte biologische Krebsabwehr durch Unterstützung und Stärkung des Immunsystems und der körpereigenen Regulationssysteme zur Krebsbeseitigung. Heilfasten. Kostformen/Ernährung: Vollwertkost, teilweise aus kontrolliert-biologischem Anbau. Vegetarische Kost. Rohkost. Glutenfreie Kost. Spezialdiäten (Diabetes, Galle, Reduktion). Konventionelle Kost.

Rehabilitationsklinik Park-Therme

Ernst-Eisenlohr-Str. 6, 79410 Badenweiler, Telefon 07632/710, Fax 71313. Bäderheilkunde, Ernährungsweisen.

Sanatorium Saller

Oberer Kirchweg 3, 79410 Badenweiler, Telefon 07632/7570, Fax 75781. Ernährungsweisen, Kneippmedizin.

Haus am Stalten

79585 Steinen-Endenburg, Telefon 07629/9109-0. Sanatorium für Allgemeinmedizin. U.a. biologische Krebstherapie. Die folgenden Angaben stammen aus zurückliegenden Befragungen, die wir von etwa 1992 bis 1997 beim betreffenden Haus durchgeführt haben: Anthroposophische Medizin. Homöopathie. Mistel. Phytotherapie. Vegetarische Vollwertkost. Anerkannte private Krankenanstalt (beihilfefähige Klinik, § 30 GWO) mit ca. 30 Betten, in der Sanatoriumskuren durchgeführt werden. Es besteht ein Versorgungsvertrag gemäß § 111 SGB 5, und es kommen ausschließlich Naturheilweisen zur Anwendung. Vornehmlich behandelte Leiden: Allgemeinmedizin, allgemeine Zivilisationsleiden (keine bettlägerigen Patienten, keine Pflegefälle, keine psychiatrischen Fälle). Biologische Therapien: Homöopathie, Anthroposophische Medizin, Kneipptherapie, Mistel, Phytotherapie sowie künstlerische Übungen (Malen, Musik etc.). Kostformen/Ernährung: Ausschließlich wertvolle Kost aus biologischem Anbau, vegetarische Kost (fleischlose Kost; teilweise, auf Wunsch, Fisch).

Fachklinik Schweizerblick

Schneckenhalde 9-13, 79713 Bad Säckingen, Telefon 07761/56000, Fax 560749. Bäderheilkunde.

Park-Klinik

Weihermatten 1, 79713 Bad Säckingen, Telefon 07761/554880, Fax 554855. Bäderheilkunde, Chirotherapie, Ernährungsweisen.

Klinik Haus Friedborn

Lehnhof 4, 79736 Rickenbach, Telefon 07765/9205-0 + 240, Fax 8330. Klinik mit 45 Betten (Behandlung nach § 30 GWO). Im Haus werden Sanatoriumskuren und ambulante Kuren durchgeführt. Es bestehen Versorgungsverträge nach § 111, 5. Buch SGB. Das Haus ist beihilfefähig. Bei der Therapie kommen weitestgehend Naturheilweisen zur Anwendung. Vornehmlich behandelte Leiden (Indikationen): Stoffwechselerkrankungen. Tumornachsorge. Adipositas. Neurodermitis. Rheumatischer Formenkreis. Allgemeine Zivilisationskrankheiten. Biologische Therapien: Klassische und neuere Naturheilverfahren. Wasserheilkunde. Sauna. Bewegungstherapie. SMT. HOT. Neuraltherapie. Thymus. Phytotherapie. Homöopathie. Darmsanierung. Colon-Hydro-Therapie. Traditionelle Chinesische Medizin (TCM). Akupunktur. Qigong. Ernährungstherapie. Misteltherapie. Kneipp-Therapie. Yoga. Entspannung nach Jacobson. Öldispersionsbäder. Dauerbrause. Dynamische Integration. Gesprächstherapien. Märchen- und Tanztherapie. Krankengymnastik. Heilfastenkuren. Kostformen/Ernährung: Waerlandkost. Vollwertkost aus kontrolliert-biologischem Anbau. Vegetarische Kost. Tier-eiweißfreie Kost. Rohkost. Trennkost. Glutenfreie Kost. Allergenarme Kost, Rotationsdiät u.ä.

Kurhotel Brugger am See

Strandbadstr. 14, 79822 Titisee-Neustadt, Telefon 07651/801-0, Fax 8238. 120 Betten. Vollwertkost. Senioren- und behindertengerecht. Anschlußheilbehandlungen und ambulante Kuren.

Schwarzwald-Klinik Menzenschwand

Im Kromen 1, 79837 St. Blasien, Telefon 07672/1670, Fax 1302. Bäderheilkunde.

Feldberg-Klinik Dr. Asdonk

Todtmooser Str. 48, 79837 St-Blasien, Telefon 07672/4840, Fax 484555. Die folgenden Angaben stammen aus zurückliegenden Befragungen, die wir von etwa 1992 bis 1997 beim betreffenden Haus durchgeführt haben: Fachklinik (beihilfefähig) mit ca. 115 Betten. Im Haus werden stationäre Behandlungen durchgeführt, wobei Naturheilweisen unter anderem zur Anwendung kommen. Es besteht ein Versorgungsvertrag gemäß § 111 SGB 5. Die Feldbergklinik ist Vertragspartner aller Krankenkassen. Vornehmlich behandelte Leiden: Primäre Lymphödeme, sekundäre Lymphödeme, Phlebödeme sowie Inaktivitätsödeme, traumatische Ödeme, Morbus Sudeck, rheumatische Ödeme, Lipödeme, idiopathische Ödeme, orthostatische Ödeme. Biologische Therapien: Lymphdrainage, physikalische Ödemtherapie, Krankengymnastik. Kostformen/Ernährung: Vollwertkost, teilweise aus biologischem Anbau, Spezialdiäten und konventionelle Kost.

Sanatorium und Klinik Dr. Wangemann

Erlenbrucker Str. 14, 79856 Hinterzarten, Telefon 07652/12090, Fax 120977. Bäderheilkunde, Homöopathie, Ganzheitsmedizinische Konstitutionstherapie. Die folgenden Angaben stammen aus zurückliegenden Befragungen, die wir von etwa 1992 bis 1997 beim betreffenden Haus durchgeführt haben: Privat und Krankenkassen (Zuschüsse). Natur- und Schulmedizin, 31 Betten. Herz-, Kreislauf- und Stoffwechselkrankheiten, Bronchialerkrankungen, Abnutzungserscheinungen, psychosomatische Erkrankungen, vegetative Störungen. Biologische Therapien: Homöopathie, ganzheitsmedizinische Konstitutionstherapie, Bäderabteilung, Massagen, psychosomatische Therapie. Angebotene Kostformen: Krankheitsbezogene Diäten sowie konventionelle Kost.

Naturion

Sonnenbühlweg 6, 79856 Hinterzarten, Telefon 07652/5282 + 1620, Fax 5850.

Haus der Naturheilverfahren und Naturkostpension. Vegetarische Vollwertkost.

Porten's-Therapien Kurhaus

79862 Höchenschwand, Telefon 07672/4110, Fax 411240. Kurhaus, in dem vorwiegend Naturheilverfahren zur Anwendung kommen. Weiteres siehe unter den folgenden St. Georg Privatkliniken.

Fachklinik Silvasana

Dr.-Bettinger-Weg 5, 79862 Höchenschwand, Telefon 07672/4810, Fax 481251. Bäderheilkunde, Ernährungsweisen.

St. Georg Kliniken

Kurhausplatz 1, 79862 Höchenschwand, Telefon 07672/4110, Fax 411240. Vorsorge- und Rehabilitationskliniken. U.a. biologische Krebstherapie. Akupunktur, Chirotherapie, Heilfasten, Homöopathie, Kneippmedizin, Mistel-Therapie, Sauerstoff-Therapien, Ozon-Therapie, Eigenbluttherapie. Die folgenden Angaben stammen aus zurückliegenden Befragungen, die wir von etwa 1992 bis 1997 beim betreffenden Haus durchgeführt haben: Anerkannte private Kurklinik/Sanatorium (§ 30 GWO, beihilfefähig) mit ca. 100 Betten. Es werden stationäre Behandlungen, Sanatoriumskuren und offene Badekuren durchgeführt und dabei vorwiegend Naturheilweisen angewendet. Es besteht ein Versorgungsvertrag gemäß § 111 SGB 5. Die Klinik ist Vertragshaus der LVA Baden und Württemberg. Vornehmlich behandelte Leiden: Atemwegserkrankungen, Herz-Kreislauf, Orthopädie sowie psychisch-physisch Erschöpfungszustände, Adipositas, Stoffwechselerkrankungen, Frauenleiden, naturheilkundliche konservative Krebsnachbehandlung. Biologische Therapien: Klassische Akupunktur, Ohrakupunktur, Homöopathie, Mistel. Überwärmung. Sauerstoff-Mehrschritt-Therapie nach Ardenne, Ozon-Therapie, Eigenblutbehandlung sowie Thymuskuren, RevitOrgantherapie, Symbioselenkung, Chirotherapie, Autogenes Training, Molke- und Buchinger-Heilfasten, alle Kneippanwendungen und Physikalische Therapie, Elektrotherapie, Krankengymnastik. Kostformen/Ernährung: Vollwertkost, teilweise aus biologischem Anbau, vegetarische Kost, Spezialdiäten und konventionelle Kost.

Landhaus Hochwiesen

79875 Dachsberg, Telefon 07755/92090, Fax 920940. Sanfte Wirbelsäulentherapie nach Dorn und Breuß.

Kurklinik Studenhof

Außerurberg 7, 79875 Dachsberg, Telefon 07672/739. Die folgenden Angaben stammen aus zurückliegenden Befragungen, die wir von etwa 1992 bis 1997 beim betreffenden Haus durchgeführt haben: Sanatorium mit 30 Betten (anerkannte private Krankenanstalt, § 30 GWO). Im Haus werden stationäre Behandlungen und Sanatoriumskuren durchgeführt. Es bestehen Versorgungsverträge nach § 111, 5. Buch SGB. Das Haus ist beihilfefähig. Bei der Therapie kommen unter anderem Naturheilweisen zur Anwendung. Vornehmlich behandelte Leiden (Indikationen): Psychosomatische, psychovegetative Erkrankungen. Krankheiten des Herzens und des Kreislaufs. Bösartige Geschwulsterkrankungen und maligne Systemerkrankungen. Degenerative, rheumatische Erkrankungen. Gastroenterologische Erkrankungen. Biologische Therapien: Äußere Anwendungen (Bäder, Packungen, Wickel, Salbenlappen, Massagen nach Hauschka). Anthroposophisch-homöopathische-naturheilkundliche Medikamente. Heileurythmie und künstlerisch-therapeutische Übungen (Malen, Plastizieren, Singen, Musik). Kostformen/Ernährung: Vollwertkost aus biologischem Anbau. Vegetarische Ernährung. Tier-eiweißfreie Kost. Spezialdiäten.

Klinik Friedenweiler

Kurhausweg 2, 79877 Friedenweiler, Telefon 07651/2080, Fax 208116. Fachklinik mit 91 Betten (Behandlung nach § 30 GWO). Im Haus werden stationäre Behandlungen durchgeführt. Es bestehen Versorgungsverträge nach § 111, 5. Buch SGB. Das Haus ist beihilfefähig. Vornehmlich behandelte Leiden (Indikationen): Onkologie (Krebstherapie). Immuninsuffizienz (außer HIV - Aids). Biologische Therapien: Misteltherapie. Phytotherapie. Neuraltherapie. Thymus. Psychotherapie. Autogenes Training. Simonton-Therapie. Schmerzbewältigung nach Jacobson. Yoga. Qigong. Kunsttherapie (Malen, Töpfern), Meditativer Tanz. HOT. Homöopathie. Darmsanierung. Ernährungstherapie. Enzyme. Kostformen/ Ernährung: Vollwertkost, teilweise aus kontrolliert-biologischem Anbau. Vegetarische Kost. Tier-eiweißfreie Kost. Rohkost. Glutenfreie Kost. Spezialdiäten. Allergenarme Kost, Rotationsdiät u.ä. Konventionelle Kost.

Krankenhaus für Naturheilweisen

Sanatoriumsplatz 2, 81545 München-Harlaching, Telefon 089/625050, Fax 62505460. Ernährungsweisen, Fasten, Homöopathie, Immuntherapie, Neuraltherapie, Zelltherapie. Die folgenden Angaben stammen aus zurückliegenden Befragungen, die wir von etwa 1992 bis 1997 beim betreffenden Haus durchgeführt haben: Privat und Krankenkassen, allgemeines Krankenhaus. Natur- und Schulmedizin, ca. 120 Betten. Heilanzeigen: Chronische Krankheiten des Fachgebietes innere Medizin (keine Krebsbehandlung). Biologische Therapien: Diätetik, Hydrotherapie, Bewegungstherapie, Phytotherapie, Homöotherapie, Neuraltherapie, Heilfasten. Mistel. Thymusbehandlung. Immunmodulation. Lymphdrainage. Organpräparate. Angebotene Kostformen: Vollwertkost, vegetarische Ernährung, Spezialdiäten (Trennkost, Diabetes, allergenfrei) und konventionelle Kost.

Naturmedizin Ammersee

c/o Dr. Barbara Hendel, Bahnhofstr. 26, 82211 Herrsching, Telefon 08152/3015.

Gesundheitszentrum für Naturheilweise

Erlinger Höhe 20, 82346 Andechs, Telefon 08152/4197.

Lauterbacher Mühle

Am Ostersee, 82402 Seeshaupt, Telefon 08801/180, Fax 2428. Privatklinik für Herz- und Kreislauferkrankungen. Bäderheilkunde, Naturheilverfahren.

Heim Sonnfried

Rothenbergsüdstr. 22, 82431 Kochel am See, Telefon 08851/5760. Fastentherapie nach Waerland. Akupunktur, Chirotherapie, Homöopathie, Kneipp-Massage-Behandlung, Atem-, Entspannungs- und Bewegungstherapie, Neuraltherapie, Meditationsanleitung.

Sanatorium Der Schillinghof

Fallerstr. 11, 82433 Bad Kohlgrub, Telefon 08845/7010, Fax 8349. Heilfasten, Sauerstoff-Therapien,

Sanatorium Rochusbad

Kehrerstr. 23, 82433 Bad Kohlgrub, Telefon 08845/980, Fax 9879. Bäderheilkunde.

Kurhaus Dr. Lauter

Kurhausstr. 81, 82433 Bad Kohlgrub, Telefon 08845/97-0, Fax 97259. Klinik/Sanatorium mit 79 Betten (Behandlung nach § 30 GWO). Im Haus werden stationäre Behandlungen, Sanatoriumskuren und ambulante Kuren durchgeführt (Behandlung nach § 124 SGB, § 6 (2) a BVO Nr. 7 Abs. 4 BVO Art. 8 Nr. 1+2). Das Haus ist beihilfefähig. Bei der Therapie kommen weitestgehend Naturheilweisen zur Anwendung. Vornehmlich behandelte Leiden (Indikationen): Gelenk- und Muskelrheuma. Bandscheibendegeneration. Bechterew. Ischias. Arthrose. Spondylose. Osteochondrose. Osteoporose. Unfallfolgen (Knochenbrüche). Frauenleiden, Wechseljahrsleiden, Sterilität. Prostatitis. Chronische Bronchitis. Stoffwechselerkrankungen. Blutarmut. Rekonvaleszenz. Biologische Therapien: Moorschlammbäder. Bewegungsbäder. Stanger- und Elektrobäder. Medizinische Bäder. Krankengymnastik. Rückenschule. Alle Massageformen. Biofeedback. Muskelentspannung nach Jacobson. Aerol-Inhalation. Raucherentwöhnung. Kostformen/ Ernährung: Vegetarische Kost. Tier-eiweißfreie Kost. Rohkost. Glutenfreie Kost. Spezialdiäten (ärztlich verordnet). Allergenarme Kost, Rotationsdiät u.ä. Konventionelle Kost.

Sanatorium Johannesbad

Saulgruber Str. 6, 82433 Bad Kohlgrub, Telefon 08845/840, Fax 84187. Klinik/Sanatorium mit 73 Betten (Behandlung nach § 30 GWO). Im Haus werden stationäre Behandlungen, Sanatoriumskuren und ambulante Kuren durchgeführt. Es bestehen Versorgungsverträge nach § 111, 5. Buch SGB. Das Haus ist beihilfefähig. Bei der Therapie kommen weitestgehend Naturheilweisen zur Anwendung. Vornehmlich behandelte Leiden (Indikationen): Chronischer Gelenkrheumatismus. Degenerative Gelenkerkrankungen. Wirbelsäulenschäden. Frauenleiden. Biologische Therapien: Verabreichung von Bergkiefern-Hochmoor, Vollbädern und Packungen. Verabreichung von medizinischen Mineralbädern mit Extrakten. Klassische Krankengymnastik. Elektro-galvanische Bäder. Unterwasser- und alle übrigen Massageformen. Aqua-Training. Inhalationen. Streßabbau. Autogenes Training. Lymphdrainagen. Kostformen/Ernährung: Lebensmittel teilweise aus kontrolliert-biologischem Anbau. Rohkost. Spezialdiäten und Reduktionskost. Konventionelle Kost 4-Gang-Menü, mittags und abends auf »Gourmet«-Niveau.

Sporthotel Ramada

82467 Garmisch-Partenkirchen, Telefon 08821/7580, Fax 3811.

Kur- und Therapiezentrum Bichlerhof

Alleestr. 28, 82467 Garmisch Partenkirchen, Telefon 08821/53021, Fax 72003. Akupunktur, Chirotherapie, Heilfasten, Homöopathie, Immuntherapie, Sauerstoff-Therapien, Atemtherapie, Biochemie nach Schüssler, Colon-Hydro-Therapie.

Urologische Privatklinik Dr. Brenner

Marienplatz 13-15, 82467 Garmisch-Partenkirchen, Telefon 08821/51487, Fax 51400. Thermo-Therapie (Überwärmungsbehandlung) bei Erkrankungen der Prostata (Vorsteherdrüse).

Biologisches Sanatorium Röhling

Am Oberen Rain 3, 82481 Mittenwald, Telefon 08823/1078.

Sanatorium Dr. Trommsdorf

Hermann-Barth-Weg 6, 82481 Mittenwald/Karwendel, Telefon 08823/92120, Fax 921235. Allgemeine Kassenzulassung. Indikationen: Körperliche und seelische Erschöpfung, Übergewicht, Stoffwechselerkrankungen, Störungen des Immunsystems. Rehabilitation nach verschiedenen Erkrankungen und Operationen. Naturheilverfahren. Fasten und Fastenwandern. Darmsanierung. Vegetarische Vollwerternährung. Atemschulung. Bewegungs- und Entspannungstherapie.

Wiedemann Kurzentrum Privatklinik

Simetsbergweg 11, 82541 Ambach, Telefon 08177/820, Fax 82351. Private Klinik und Kurzentrum für Innere Medizin, Orthopädie und Naturheilverfahren. Bäderheilkunde, Ernährungsweisen, Homöopathie, Immuntherapie, Mayr-Kur, Sauerstoff-Therapien. Die folgenden Angaben stammen aus zurückliegenden Befragungen, die wir von etwa 1992 bis 1997 beim betreffenden Haus durchgeführt haben: Kurklinik/Sanatorium (§ 30 GWO, beihilfefähig) mit ca. 150 Betten. Im Haus werden stationäre Behandlungen und Sanatoriumskuren durchgeführt, wobei vorwiegend Naturheilweisen zur Anwendung kommen. Herz- und Kreislauferkrankungen, Stoffwechselstörungen, rheumatische und degenerative Gelenkserkrankungen, Allergien, Krebsnachsorge. Biologische Therapien: Serumtherapie, Thymustherapie, Sauerstofftherapie, Physikalische Therapie, Bewegungstherapie, Ernährungstherapie. Kostformen/Ernährung: Vollwertkost, teilweise aus biologischem Anbau, vegetarische Kost, Spezialdiäten (kalorienreduzierte Kost).

Schmelmer Hof

Akupunktur-Zentrum, 83043 Bad Aibling. Info über AIB-Kur, Telefon 08061/ 90800, Fax 37156.

Krankenhaus u. Kurklinik Harthausen

Dr. Wilhelm-Knarr-Weg 1-3, 83043 Bad Aibling, Telefon 08061/90-0, Fax 901011. Bäderheilkunde, Ernährungsweisen.

Rehabilitationsklinik der LVA Unterfranken

Ghersburgstr. 20, 83043 Bad Aibling, Telefon 08061/4960, Fax 496699. Bäderheilkunde.

Ghersburg-Fachklinik

für Rheumatologie und Rehabilitation, Ghersburgstr. 9, 83043 Bad Aibling, Telefon 08061/494-0, Fax 494617. Bäderheilkunde.

Klinik St. Georg

für Innere Medizin und Rehabilitation, Rosenheimer Str. 6-8, 83043 Bad Aibling, Telefon 08061/398-0, Fax 398-354. Klinik für Innere Medizin. Zentrum für Tumor- und Krebserkrankungen, Immunologie und Umweltmedizin. Hyperthermiezentrum. Fachklinik für Urologie. Spezielle Immundiagnostik und -Therapie (ambulant und stationär). Gesundheits-Check-up. Naturheilkundliche Therapieverfahren. Umweltmedizin. Diagnostik und Therapie von Umwelterkrankungen. Ambulante und stationäre Behandlung aller Tumorformen und Schweregrade. Alle Formen der Überwärmungstherapie (Hyperthermie): Tiefenhyperthermie, Ganzkörper-Hyperthermie. Biologische Krebsnachsorge. Ambulante Prostata-Hyperthermie. Thermotherapien bei allen Prostata-Erkrankungen. Spezielle Therapie bei Blasentumoren. Ernährungsweisen, Homöopathie, Mistel-Therapie, Immuntherapie, Phytotherapie, Orthomolekulare Medizin. Colon-Hydro-Therapie. Vollwertkost und vegetarische Ernährung.

Kurklinik Alpenland

Rosenheimer Str. 61, 83043 Bad Aibling, Telefon 08061/6093, Fax 30841. Bäderheilkunde.

Kur- und Parksanatorium Ludwigsbad

Rosenheimerstr. 18-20, 83043 Bad Aibling, Telefon 08061/4990, Fax 499299. Bäderheilkunde.

Blumenhof-Klinik

Breitensteinstr. 10, 83075 Bad Feilnbach, Telefon 08066/890, Fax 89717. Bäderheilkunde.

Privatinstitut Dr. Knecht

für Naturheilverfahren, Fichtenweg 23, 83075 Bad Feilnbach, Telefon 08066/ 1392, Fax 1584. Privatinstitut für Naturheilkunde.

Kurklinik Diem

Kufsteiner Str. 44, 83075 Bad Feilnbach, Telefon 08066/8860, Fax 374. Bäderheilkunde.

Heilbad Tannenhof

Kufsteiner Str. 48-50, 83075 Bad Feilnbach, Telefon 08066/8021 + 8022, Fax 1021. Klinik/Sanatorium mit 90 Betten (Behandlung nach § 30 GWO). Im Haus werden stationäre Behandlungen, Sanatoriumskuren und ambulante Kuren durchgeführt. Es bestehen Versorgungsverträge nach § 111, 5. Buch SGB. Das Haus ist beihilfefähig. Bei der Therapie kommen weitestgehend Naturheilweisen zur Anwendung. Vornehmlich behandelte Leiden (Indikationen): Rheuma. Erkrankungen des Bewegungsapparates. Durchblutungsstörungen. Biologische Therapien: Entspannungstherapien. Bewegungstherapie. Psychotherapie. Akupunktur. Ernährungstherapie. Lymphdrainage nach Dr. Vodder. Schlingentisch. Autogenes Training. Kostformen/Ernährung: Vollwertkost. Vegetarische Kost. Rohkost. Trennkost. Konventionelle Kost.

Reithofpark-Klinik

Reithof 1, 83075 Bad Feilnbach, Telefon 08066/180, Fax 8107. Bäderheilkunde, Ernährungsweisen, Naturheilverfahren.

Eubios-Zentrum

Gut Spreng, 83083 Riedering-Spreng, Telefon 08036/3090. Immuntherapie, Kneippmedizin, Sauerstoff-Therapien, Neuraltherapie. Gegründet vom Ärztekritiker und Chirurgen Prof. Julius Hackethal, der im Oktober 1997 verstorben ist. Seine Klinik soll weitergeführt werden. Die folgenden Angaben stammen aus zurückliegenden Befragungen, die wir von etwa 1992 bis 1997 beim betreffenden Haus durchgeführt haben: Fachklinik mit 24 Betten. Im Haus werden stationäre Behandlungen durchgeführt, und es besteht die Möglichkeit zur Tagesklinikversorgung. Bei der Therapie kommen unter anderem Naturheilweisen zur Anwendung. Vornehmlich behandelte Leiden (Indikationen): Krebs. Ader-Enge. Osteoporose. Rheuma-Gicht-Syndrom. Prostata-Adenom. Abwehrschwäche. Biologische Therapien: Sauerstoff-Überflutungs-Therapie. Bewegungs-Therapie. Thymus-Frisch-Extrakt-Therapie. Kräuterdampf-Therapie. Neuraltherapie. Kneipp-Therapie. Kostformen/Ernährung: Vollwertkost, teilweise aus biologischem Anbau. Spezialdiäten.

Veramed-Klinik am Wendelstein

Mühlenstr. 60, 83098 Brannenburg, Telefon 08034/3020, Fax 7835. Krankenhaus und Fachklinik mit 135 Betten. Im Haus werden stationäre Behandlungen durchgeführt. Es bestehen Versorgungsverträge nach § 111, 5. Buch SGB. Bei der Therapie kommen begleitend Naturheilweisen zur Anwendung. Vornehmlich behandelte Leiden (Indikationen): Krebserkrankungen. Allgemeine Zivilisationsleiden. Biologische Therapien: Sauerstoff-Mehrschritt-Therapie. HOT. Neuraltherapie. Thymus-Therapie. Phytotherapie. Homöopathie. Darmsanierung. Colon-Hydro-Therapie. Traditionelle Chinesische Medizin (TCM). Akupunktur. Ernährungstherapie. Misteltherapie. Orthomolekulare Therapie. Psychoonkologie. Sporttherapie, Bewegungs- und Entspannungstherapien. Regionale Hyperthermie. Ganzkörperhyperthermie. Heilfasten. Kostformen/Ernährung: Vollwertkost.

Biologisches Privatsanatorium

c/o Dr. D. Siegel, Eichendorfstr. 10, 83115 Neubeuern-Altenbeuern, Telefon 08035/2442.

Kurklinik Kronprinz

Alte Rathausstr. 9, 83209 Prien, Telefon 08051/6080, Fax 63218. Ernährungsweisen, Kneippmedizin. Die folgenden Angaben stammen aus zurückliegenden Befragungen, die wir von etwa 1992 bis 1997 beim betreffenden

Haus durchgeführt haben: Beihilfefähige Kurklinik mit ca. 250 Betten. Im Haus werden stationäre Behandlungen und Sanatoriumskuren durchgeführt, wobei unter anderem Naturheilweisen zur Anwendung kommen. Es besteht ein Versorgungsvertrag gemäß § 111 SGB 5. Die Klinik ist Vertragshaus der BfA und LVA. Vornehmlich behandelte Leiden: Herz und Kreislauf, Stoffwechsel, Bewegungsapparat sowie psychosomatische Erkrankungen, Nachbehandlung nach Operationen. Biologische Therapien: Bewegungstherapie, Kneippanwendungen, Physikalische Therapie, Krankengymnastik sowie Diätetik, medikamentöse Langzeittherapiepläne, Autogenes Training u.Akupunktur. Kostformen/Ernährung: Vegetarische Kost, Spezialdiäten (Diabetes, Hochdruck, Niereninsuffizienz) und konventionelle Kost.

Medizinisch-Psychosomatisch Klinik Roseneck

Am Roseneck 6, 83209 Prien am Chiemsee, Telefon 08051/601-0, Fax 601-532. Medizinisch-Psychosomatische Klinik im Verbund mit der Medizinischen Fakultät der Ludwig-Maximilians-Universität München mit 150 Betten, aufgenommen in den Krankenhausplan des Landes Bayern, sowohl für den Akutbereich wie auch für Rehabilitationsbehandlungen. Hautärztliche Behandlung. Ganzheitlich dermatologisch-psychosomatisch Behandlung chronisch rezidivierender Hauterkrankungen (Neurodermitis, Psoriasis u.ä.). Entspannungstechniken. Physikalische Therapie. Sport- und Bewegungstherapie.

Yachthotel Chiemsee

Harrasserstr. 49, 83209 Prien, Telefon 08051/6960, Fax 5171.

Sporthotel Achental

Mietenkamer Str. 65, 83224 Grassau/Chiemsee, Telefon 08641/4010, Fax 1758.

Therapiezentrum Haus Margeritenhof

Eichenweg 1, 83226 Aschau, Telefon 08052/90470, Fax 1522. Therapiezentrum für Psychotherapie, Psychosomatische Medizin und moderne Naturheilverfahren mit 10 Betten. Im Haus werden stationäre Behandlungen durchgeführt. Bei der Therapie kommen weitestgehend Naturheilweisen zur Anwendung. Vornehmlich behandelte Leiden (Indikationen): Neurosen. Psychosen. Psychosomatische Erkrankungen. Biologische Therapien: Human-Biologische Ganzheits-Medizin (HB-GM). Tiefenpsychologische Basis-Therapie (TBT). Kognitiv-Energetische Diagnose und Therapie (KEG/KET). Zilgrei. Kostformen/Ernährung: Vollwertkost aus kontrolliert-biologischem Anbau. Vegetarische Kost. Spezialdiät für Diabetiker.

Buchtip zu den hier angesprochenen Themen und Therapien:

Wolfgang H. Hollweg: Von der Wahrheit, die frei macht. Erfahrungen mit der Tiefenpsychologischen Basis-Therapie. Mattes Verlag, Heidelberg. 415 Seiten. ISBN 3-930978-20-2.

Paracelsus Kurzentrum

Im Wendelfeld 12, 83246 Unterwössen, Telefon 08641/61366, Fax 61990. Ernährungsweisen, Homöopathie, Immuntherapie, Kneippmedizin, Mayr-Kur, Phytotherapie, Sauerstoff-Therapien, Ozon-Therapie, Zelltherapie, Aslan-Therapie.

Die folgenden Angaben stammen aus zurückliegenden Befragungen, die wir von etwa 1992 bis 1997 beim betreffenden Haus durchgeführt haben: Kurklinik mit 9 Betten (anerkannte private Krankenanstalt, § 30 GWO). Im Haus werden stationäre Behandlungen und ambulante Kuren durchgeführt. Es bestehen Versorgungsverträge nach § 111, 5. Buch SGB. Das Haus ist Vertragshaus der RVO + des VdaK und beihilfefähig. Bei der Therapie kommen weitestgehend Naturheilweisen zur Anwendung. Vornehmlich behandelte Leiden (Indikationen): Herz-Kreislauf. Gefäßerkrankungen, Durchblutungsstörungen. Degenerative Knochenerkrankungen, Rheuma, Stoffwechsel. Orthopädische Erkrankungen. Atemwege. Psychotherapie. Biologische Therapien: Klassische und neuer Naturheilverfahren. Wasserheilkunde. Bewegungstherapie. Sauerstofftherapien. HOT, Neuraltherapie. Thymusbehandlung, Phytotherapie. Homöopathie. Kuren nach Kneipp, Schroth, Mayr, Aslan. Zelltherapie. Kostformen/Ernährung: Vollwertkost, teilweise aus biologischem Anbau. Spezialdiät nach Dr. F.X. Mayr. Molketrinkkuren. Konventionelle Kost.

Kurhaus Seidl

Holzhausen 4, 83317 Teisendorf, Telefon 08666/801-0, Fax 801-102. Kur- und Sporthotel, Sanatorium. Vollwertkost und vegetarische Ernährung. Familienfreundlich, senioren- und behindertengerecht. Nichtraucher. Anschlußheilbehandlungen und ambulante Kur. Indikationen: Verdauungsorgane, Stoffwechsel, Rheuma, Atemwege, Herz-Kreislauf.

Hotel Max Inzinger

Brandstätterstr. 48, 83324 Ruhpolding, Telefon 08663/1235.

Sanitas Alpenklinik Inzell GmbH

Schulstr. 4, 83334 Inzell, Telefon 08665/6780.

Klinik für Herz- und Kreislauferkrankungen

Römerstr. 17-25, 83358 Seebruck, Telefon 08667/8860, Fax 202. Bäderheilkunde, Naturheilverfahren.

Hotel Residenz Bavaria

Am Münster 3, 83435 Bad Reichenhall, Telefon 08651/7760, Fax 65786.

Alpen-Sanatorium Charlott

Maximilianstr. 9, 83435 Bad Reichenhall, Telefon 08651/70030, Fax 8015. Bäderheilkunde.

Schroth-Kuranstalt

Obb. Vogelthenn 9, 83435 Bad Reichenhall, Telefon 08651/3543.

Kur-Anstalt

Staufenstr. 30, 83435 Bad Reichenhall, Telefon 08651/8876, Fax 68666.

Kurklinik Prinzregent Luitpold

Traunfeldstr. 13, 83435 Bad Reichenhall, Telefon 08651/7740, Fax 774442. Bäderheilkunde.

Biologisches Kurhotel

Schulstr. 1, 83483 Bischofswiesen, Telefon 08652/980-0, Fax 980222. Vollwertkost. Yoga. Kochkurse. Geführte Wanderungen. Aroma-Massage.

Schroth-Kurhotel Alpenhof

Buchener Str. 14, 83646 Bad Tölz, Telefon 08041/4031, Fax 72383.

Rehaklinik Albrecht

Buchener Str. 21, 83646 Bad Tölz, Telefon 08041/80060, Fax 8006411. Zugelassen zu allen Kassen, beihilfefähig. Herz-Kreislauf. Stoffwechsel. Bewegungsapparat. Atmungsorgane. Psychophysische Erschöpfung. Kneipp-Therapie. Autogenes Training, Muskelrelaxation nach Jacobson, Chinesische Bewegungsmeditation. Qigong. Respiratorisches Biofeedback. Verhaltstherapeutische Gruppen. Akupunktur. Akupressur. Manualtherapie. Craniosakrale Therapie.

Sanatorium Sedlmayr

Buchenerstr. 12, 83646 Bad Tölz, Telefon 08041/7677-0, Fax 7677-299. Klinik/Sanatorium mit 35 Betten (Behandlung nach § 30 GWO). Im Haus werden stationäre Behandlungen, Sanatoriumskuren und ambulante Kuren durchgeführt sowie Seminare und Gesundheitswochen. Es bestehen Versorgungsverträge nach § 111, 5. Buch SGB. Das Haus ist beihilfefähig. Bei der Therapie kommen vorwiegend Naturheilweisen zur Anwendung. Vornehmlich behandelte Leiden (Indikationen): Herz-Kreislauferkrankungen. Erkrankungen des Bewegungsapparates. Übergewicht. Metabolisches Syndrom (Hypertonie, Hyperuricämie, Diabetes). Erkrankungen der Atemorgane. Biologische Therapien: Qigong. Muskelrelaxation nach Jacobson. Autogenes Training. Akupunktur. Phytotherapie. Homöopathie. Darmsanierung. Ernährungsberatung. Kneipptherapie. Wasserheilkunde. NLP. Bewegungsprogramme. Heilfasten. Kostformen/Ernährung: Vollwertkost aus kontrolliert-biologischem Anbau. Vegetarische Kost. Glutenfreie Kost. Spezialdiäten (Leber-Galle, Nieren etc.).

Oberland-Klinik

Herderstr. 1, 83646 Bad Tölz, Telefon 08041/5010, Fax 501567. Bäderheilkunde, Ernährungsweisen, Naturheilverfahren.

Kursanatorium Weber

Herderstr. 8, 83646 Bad Tölz, Telefon 08041/800-10, Fax 8001-50. Vorsorge und Rehamaßnahmen bei Herz-Kreislauferkrankungen, Bluthochdruck, Erkrankungen des Bewegungsapparates, Rheuma, Stoffwechsel (Diabetes mellitus). Vollwerternährung. Naturmoor. Rückenschule. Geführte Wanderungen. Gesundheitsberatung.

Kursanatorium Heßlinger

Ludwigstr. 20, 83646 Bad Tölz, Telefon 08041/6053. Bäderheilkunde.

Kursanatorium Florida

Ludwigstr. 34, 83646 Bad Tölz, Telefon 08041/76460, Fax 7646199. Bäderheilkunde.

Kurhotel Tannenberg

Tannenbergstr. 1, 83646 Bad Tölz, Telefon 08041/7665-0, Fax 7665-65. Hotel mit 28 Betten. Im Haus werden ambulante Kuren durchgeführt. Bei der Therapie kommen weitestgehend Naturheilweisen zur Anwendung. Vornehmlich behandelte Leiden (Indikationen): Vorbeugung gegen vorzeitiges Altern und gegen Arteriosklerose. Behandlung der Gefahren des Metabolischen Syndroms (Bluthochdruck, erhöhtes Cholesterin, Diabetes Typ II, Gicht, Übergewicht, Arteriosklerose-Durchblutungsstörungen) mit Entlastung und verhaltensänderndem Eß- und Kautraining. Darmträgheit, Durchfallneigung, Blähsucht, Pankreas-Leber-Magen-Darmleiden. Verschlackungszustände wie Rheuma, Arthrosen. Biologische Therapien: F. X. Mayr-Kur und Heilfasten nach Buchinger, jeweils unterstützt und ergänzt durch Homöopathie, Neuraltherapie u.a. Kneipptherapie. Bewegungstherapie. Psychosomatische Grundversorgung, Hypnose. Phytotherapie. Ernährungstherapie. Ernährungsberatung. Nasenreflexzonenbehandlung nach Dr. Roeder. Revitalisierung mit vitOrgan-Seren. Allergostop. Eigenblutbehandlungen im Rahmen der Allergietherapie und bei Autoimmunkrankheiten im Sinne der Gegensensibilisierung nach Theurer. Lüscher-Farbtest. Schmerztherapie. Nichtraucherhaus. Heilfasten. Kostformen/Ernährung: Vollwertkost, teilweise aus kontrolliert-biologischem Anbau. Diät nach Dr. F. X. Mayr.

Kursanatorium Wildstein

Wengleinstr. 15, 83646 Bad Tölz, Telefon 08041/7640, Fax 9433. Klinik mit 68 Betten. Im Haus werden stationäre Behandlungen, Sanatoriumskuren und ambulante Kuren durchgeführt. Es bestehen Versorgungsverträge nach § 111, 5. Buch SGB. Das Haus ist beihilfefähig. Bei der Therapie kommen vorwiegend Naturheilweisen zur Anwendung. Vornehmlich behandelte Leiden (Indikationen): Wirbelsäulen- und Gelenkerkrankungen. Herz-Kreislauferkrankungen. Atemwegserkrankungen. Stoffwechselleiden. Gefäßerkrankungen. Migräne. Biologische Therapien: Akupunktur. Ohrakupunktmassage. Akupunktmassage. Aurikulomedizin. Autogenes Training. Chirogymnastik. Darmsanierung - Symbioselenkung. Feldenkrais. Fußreflexzonenmassage. Homöopathie. Kneipptherapie. Lymphdrainage. Colonmassage. Moorpackungen. Neuraltherapie. Ozontherapie. Phytotherapie. Progressive Muskelentspannung. Sauerstoff-Therapie. Schröpfen. Bioresonanztherapie (in Vorbereitung). Kostformen/Ernährung: Vegetarische Kost. Rohkost. RAL-Diät. Konventionelle Kost.

Buchberg-Klinik

Wengleinstr. 20, 83646 Bad Tölz, Telefon 08041/8030, Fax 501567. Bäderheilkunde, Ernährungsweisen, Naturheilverfahren.

Rehaklinik Haus Otto

Wilhelmstr. 2-6, 83646 Bad Tölz, Telefon 08041/8040, Fax 804469. Für alle Kassen zugelassen, beihilfefähig. Indikationen: Bewegungsapparat. Atemwege. Funktionelle Kopf- und Gesichtsschmerzen, Neuralgien. Verdauungsapparat. Herz-Kreislauf. Harnwege. Hauterkrankungen. Streß. Traditionelle Chinesische Medizin. Akupunktur. Chinesische Arzneitherapie, manuelle Therapie (Shiatsu), meditative Atem- und Bewegungstherapie (Qigong). Bäderheilkunde. Heilfasten.

Kursanatorium Beer

Bruckfeldstr. 3, 83646 Bad Tölz, Telefon 08041/805-0, Fax 805-89. Ganzheitliche Therapie mit Beratungen über geeignete Methoden zur Regeneration der Vitalität. Klassische Homöopathie, Kinesiologie, Musik-Therapie, Autogenes Training u.ä. Vollwertkost. Vegetarische Kost. Gewichtsreduktion. Wellness. Bewegungstherapie.

Kurhaus St. Petrus und Roseneck

Seppstr. 5-7, 83646 Bad Tölz, Telefon 08041/8095-0, Fax 8095-95. Naturheilkunde. Heilfasten nach Dr. Buchinger. Chirotherapie, Rückenschule nach Dr. Brügger.

Sanatorium Block

Dr. Siegfried-Block-Str. 4, 83661 Lenggries, Telefon 08042/2011, Fax 4415. Deutsches Zentrum für Frischzellentherapie.

Rehabilitations-Klinik

Abt-Walter-Weg 14-16, 83670 Bad Heilbrunn, Telefon 08046/8990, Fax 89990. Bäderheilkunde, Ernährungsweisen, Naturheilverfahren.

Fachklinik Bad Heilbrunn

Wörnerweg 30, 83670 Bad Heilbrunn, Telefon 08046/180, Fax 181117. Ernährungsweisen. Die folgenden Angaben stammen aus zurückliegenden Befragungen, die wir von etwa 1992 bis 1997 beim betreffenden Haus durchgeführt haben: Fachklinik (anerkannte private Krankenanstalt, § 30 GWO, beihilfefähig) mit 300 Betten. Im Haus werden stationäre Behandlungen durchgeführt (sog. »gemischte Anstalt«), wobei unter anderem Naturheilverfahren zur Anwendung kommen. Es besteht ein Versorgungsvertrag gemäß § 111 SGB 5. Die Fachklinik ist Vertragshaus der LVA Oberbayern und der BfA. Vornehmlich behandelte Leiden: Orthopädie, Neurologie, Innere Medizin sowie Anschlußheilbehandlungen. Biologische Therapien: Physiotherapie, Logopädie, Ergotherapie, Neuropsychologie. Kostformen/Ernährung: Vollwertkost, teilweise aus biologischem Anbau, vegetarische Kost, Spezialdiäten und konventionelle Kost.

Sanatorium Die vier Jahreszeiten

Färberweg 3, 83700 Rottach-Egern, Telefon 08022/6415, Fax 6416. Ernährungsweisen, Sauerstoff-Therapien.

Privatklinik Im Alpenpark

Defreggerweg 2-10, 83707 Bad Wiessee, Telefon 08022/8460, Fax 846207. Bäderheilkunde, Naturheilverfahren.

Privatklinik und Sanatorium Dr. Dohrn

Driessenstr. 15, 83707 Bad Wiessee, Telefon 08022/8481233. Heilfasten.

Rehabilitationsklinik Wiessee

Fachklinik für Rehabilitation, Münchnerstr. 11, 83707 Bad Wiessee, Telefon 08022/8481233, Fax 8481404. Chirotherapie, Ernährungsweisen.

Klinik Dr. Schlemmer

Ringbergstr. 53, 83707 Bad Wiessee, Telefon 08022/8450, Fax 845180. Bäderheilkunde, Heilfasten.

Privatklinik im Sonnenfeld

Sonnenfeldweg 10, 83707 Bad Wiessee, Telefon 08022/84401, Fax 84411. 81 Betten. Bäderheilkunde, Homöopathie, Immuntherapie, Kneippmedizin, Phytotherapie, Sauerstoff-Therapien, Neuraltherapie.

Landhaus Sanatorium Im Sonnenfeld

Sonnenfeldweg 20, 83707 Bad Wiessee, Telefon 08022/84402, Fax 84411. Bäderheilkunde, Ernährungsweisen, Kneippmedizin. Die folgenden Angaben stammen aus zurückliegenden Befragungen, die wir von etwa 1992 bis 1997 beim betreffenden Haus durchgeführt haben: Kurklinik und Sanatorium mit insgesamt 80 Betten (anerkannte private Krankenanstalt, § 30 GWO). Im Haus werden stationäre Behandlungen und Sanatoriumskuren durchgeführt. Es bestehen Versorgungsverträge nach § 111, 5. Buch SGB. Das Haus ist beihilfefähig. Bei der Therapie kommen vorwiegend Naturheilweisen zur Anwendung. Vornehmlich behandelte Leiden (Indikationen): Degenerative Erkrankungen des Stütz- und Bewegungsapparates. Stoffwechselstörungen. Herz-Kreislauf-Erkrankungen. Migräne, Hörsturz. Krebsnachbehandlung. Psychophysische Erschöpfungszustände. Erhöhte Infektneigung. Erkrankungen der Verdauungsorgane. Biologische Therapien: Balneophysikalische Maßnahmen. Bewegungstherapie. Psychotherapie. HOT. Neuraltherapie. Thymus-Behandlung. Phytotherapie. Homöopathie. Kuren nach Kneipp. Kostformen/Ernährung: Vollwertkost, teilweise aus biologischem Anbau. Vegetarische Ernährung. Spezialdiäten und konventionelle Kost.

Klinik St. Hubertus

Fachklinik für Orthopädie und Innere Medizin, Sonnenfeldweg 29, 83707 Bad Wiessee, Telefon 08022/8430, Fax 83708. Bäderheilkunde, Naturheilverfahren.

Privatklinik und Sanatorium Winnerhof

Winner 1, 83707 Bad Wiessee, Telefon 08022/8690, Fax 86977. Heilfasten nach Ayurveda, einschließlich Akupunkt- und Reflexzonenmassage.

Nowo Balance Klinik Bruneck

Gräfin-Schlippenbach-Weg 16, 83708 Kreuth, Telefon 08029/8-0, Fax 8378. Klinik/Sanatorium mit 90 Betten. Im Haus werden stationäre Behandlungen, Sanatoriumskuren und ambulante Kuren durchgeführt (einschließlich Rehabilitation). Es bestehen Versorgungsverträge nach § 111, 5. Buch SGB (allgemeine und Ersatzkassen). Das Haus ist beihilfefähig. Bei der Therapie kommen weitestgehend Naturheilweisen zur Anwendung. Vornehmlich behandelte Leiden (Indikationen): Krankheiten des Bewegungsapparates. Operationsfolgen. Stoffwechselerkrankungen. Psycho-vegetative Syndrome. Biologische Therapien: Nowo Balance Bewegungstherapie und Wassertherapie. Tai Chi Chuan. Darmsanierung. F.X. Mayr. Pilzbehandlung. Säure-Basen-Gleichgewicht. Naturheilverfahren mit HOT, Neuraltherapie, Schröpfen, Baunscheidt, Rödern, SMT. Heilfastenkuren.

Kostformen/Ernährung: Vollwertkost und alternative Kostformen (F.X. Mayr, Fit for Life = Sonnenkost, Säure-Basen-Kost. Spezialdiäten (Anti-Pilz-Diät). Trennkost.

Privatklinik Tannerhof

Tannerhof 32, 83735 Bayrischzell, Telefon 08023/810, Fax 81125. Bäderheilkunde, Fasten. Die folgenden Angaben stammen aus zurückliegenden Befragungen, die wir von etwa 1992 bis 1997 beim betreffenden Haus durchgeführt haben: Sanatorium (beihilfefähig, § 30 GWO) mit ca. 85 Betten. Im Haus werden Sanatoriumskuren durchgeführt, wobei vorwiegend Naturheilweisen zur Anwendung kommen. Vornehmlich behandelte Leiden: Herz- und Kreislaufleiden, Stoffwechselerkrankungen (Übergewicht, Fettstoffwechselstörungen, Diabetes, Gicht), Erkrankungen des Bewegungsapparates (Rheuma, Wirbelsäule, Muskeln, Gelenke) sowie vegetative Dystonie, Erkrankungen des Verdauungstraktes, Hauterkrankungen und allergische Erkrankungen, Krankheiten der Atemwege, Nieren und Blasenleiden. Biologische Therapien: Heilfasten, Bäder, Massagen, Lymphdrainage, Gymnastik, Atemgymnastik, Psychotherapie. Kostformen/ Ernährung: Vollwertkost, teilweise aus biologischem Anbau, vegetarische Kost, Spezialdiäten (bei Diabetes, Magen-Darm etc.), Fastendiät.

Kreiskrankenhaus für Ganzheitsmedizin Simbach

Plinganserstr. 10, 84359 Simbach am Inn, Telefon 08571/9800, Fax 980142. Indikationen: Primäre und sekundäre Lymphödeme. Akupunktur, Bäderheilkunde, Ernährungstherapie, Lymphdrainage, Heilfasten, Homöopathie, Immuntherapie, Phytotherapie, Atemtherapie, Neuraltherapie, Eigenbluttherapie, Manuelle Medizin, Traditionelle Chinesische Medizin. Kneipp-Anwendungen. Thermotherapie. Bewegungstherapie.

Kurhotel Quellenhof

Brunnaderstr. 11, 84364 Bad Birnbach, Telefon 8563/3070, Fax 307-200.

Pro Sanitate

Pfarrkirchener Str. 16, 84364 Bad Birnbach, Telefon 08563/1352, Fax 1392. Gesellschaft zur Förderung naturheilkundlicher Diagnose- und Therapieverfahren. Heilfasten, Homöopathie, Bioresonanztherapie, Colon-Hydro-Therapie, Elektro-Akupunktur.

Vitamed Gesundheitszentrum

Kirchenstr. 5, 85540 Haar, Telefon 089/46200790, Fax 46300791. Spezialist für Sauerstoff-Mehrschritt-Kuren nach Prof. von Ardenne und Magnet-Resonanz-Kuren. Energetische Untersuchungen und Diagnose.

Spezialklinik Höhenkirchen

Bahnhofstr. 16, 85635 Höhenkirchen, Telefon 08102/8930, Fax 89384. Akupunktur, Bäderheilkunde, Chirotherapie, Ernährungsweisen, Heilfasten, Homöopathie, Immuntherapie, Phytotherapie, Atemtherapie, Neuraltherapie, Eigenbluttherapie, Traditionelle Chinesische Medizin. Die folgenden Angaben stammen aus zurückliegenden Befragungen, die wir von etwa 1992 bis 1997 beim betreffenden Haus durchgeführt haben: Klinik für Ernährungsmedizin und allergische Erkrankungen. Fachklinik 75 Betten (anerkannte private Krankenanstalt, § 30 GWO). Im Haus werden stationäre Behandlungen durchgeführt (gemischte Anstalt). Es bestehen Versorgungsverträge nach § 111, 5. Buch SGB mit allen gesetzlichen Krankenkassen. Das Haus ist beihilfefähig. Bei der Therapie kommen ausschließlich Naturheilweisen zur Anwendung. Vornehmlich behandelte Leiden (Indikationen): Allergien. Infektanfälligkeit. Schmerzzustände. Krebs-Vor- und Nachsorge (vor oder nach Chemotherapie und Bestrahlung). Erkrankungen des Verdauungstraktes. Erkrankungen des Bewegungsapparates. Biologische Therapien: Bewegungstherapie. Neuraltherapie. Phytotherapie. Homöopathie. Fiebertherapie. Modifiziertes Heilfasten. Manuelle Therapie. Autogenes Training. Meditation. Yoga und Atemtherapie. Kostformen/Ernährung: Vollwertkost aus biologischem Anbau. Tier-eiweißfreie Kost. Spezialdiäten für Allergiker (Neurodermitis).

Waldhausklinik Deuringen

Sandbergstr. 47-49, 86391 Stadtbergen, Telefon 0821/431021, Fax 434244. Krankenhaus/Akut-Fachklinik mit 50 Betten. Im Haus werden stationäre Behandlungen durchgeführt. Das Haus ist beihilfefähig. Bei der Therapie kommen -wo immer es sich anbietet- Naturheilweisen zur Anwendung. Vornehmlich behandelte Leiden (Indikationen): Herz-Kreislauf-Erkrankungen. Atopische Erkrankungen (Neurodermitis, Allergien). Tumor-Erkrankungen. Stoffwechselleiden. Magen-Darm-Erkrankungen. Endokrine Erkrankungen. Psychovegetative Erschöpfungszustände. Kontraindikationen: Intensivpflichtige innere Erkrankungen; Depressionen mit Selbstmordgefährdung. Biologische Therapien: Es handelt sich um ein Krankenhaus mit Schwerpunkt Innere Medizin /auf dem Standard eines Hauses der Grundversorgung). Naturheilverfahren werden, wo immer möglich, mit den Behandlungen der Inneren Medizin kombiniert. Klassische Homöopathie kommt zur Anwendung, alleine oder verbunden mit Maßnahmen der Inneren Medizin u.a. Dazu Naturheilmethoden wie z.B. Entspannungs- und Bewegungstherapie. Psychotherapie. Sauerstoff-Mehrschritt-Therapie. HOT. Neuraltherapie. Thymus. Phytotherapie. Darmsanierung. Ernährungstherapie. Misteltherapie. Kneipptherapie. Schroth-Kur. Mayr. Akupressurmassage. Fußreflexzonenmassage. Immunmodulation mit Thymuspeptiden, A-1-Fetoprotein. Misteltherapie (ggf. kombiniert). Orthomolekulare Therapie. Regelmäßige Patientenvorträge. Heilfasten. Kostformen/Ernährung: Vollwertkost, teilweise aus kontrolliert-biologischem Anbau. Vegetarische Kost. Tier-eiweißfreie Kost. Rohkost. Glutenfreie Spezialdiäten: z.B. Anti-Pilz-Diät. Diät bei Nierenerkrankungen. Konventionelle Kost.

Kurhaus Stegmühle

Familie Linder, 86657 Bissingen, Telefon 09005/271, Fax 272.

Klinisches Sanatorium Am Eichwald

Hahnenfeldstr. 15, 86817 Bad Wörishofen, Telefon 08247/3020, Fax 302111. Die folgenden Angaben stammen aus zurückliegenden Befragungen, die wir von etwa 1992 bis 1997 beim betreffenden Haus durchgeführt haben: Sanatorium mit 80 Betten (anerkannte private Krankenanstalt, § 30 GWO). Im Haus werden

Sanatoriumskuren und ambulante Kuren durchgeführt. Es bestehen Versorgungsverträge nach § 111, 5. Buch SGB. Das Haus ist beihilfefähig. Bei der Therapie kommen unter anderem Naturheilweisen zur Anwendung. Vornehmlich behandelte Leiden (Indikationen): Hypertonie. Coronare Herzkrankheiten. Wirbelsäulenleiden. Arthrosen. Diabetes. Stoffwechselkrankheiten und andere internistische Krankheiten. Biologische Therapien: Wasserheilkunde. Bewegungstherapie. Neuraltherapie. Thymus-Behandlung. Phytotherapie. Kuren nach Wiedemann. Kostformen/Ernährung: Vegetarische Ernährung. Spezialdiäten und konventionelle Kost.

Kurhotel Marienbad

Eichwaldstr. 25 A, 86818 Bad Wörishofen, Telefon 08247/395-0, Fax 395-100. Die folgenden Angaben stammen aus zurückliegenden Befragungen, die wir von etwa 1992 bis 1997 beim betreffenden Haus durchgeführt haben: Kurhotel mit 58 Betten. Im Haus werden stationäre Behandlungen und ambulante Kuren (Privatkuren) durchgeführt. Es bestehen Versorgungsverträge nach § 111, 5. Buch SGB. Das Haus ist beihilfefähig. Bei der Therapie kommen vorwiegend Naturheilweisen zur Anwendung. Vornehmlich behandelte Leiden (Indikationen): Herz-Kreislauf- und Gefäßkrankheiten. Rheumatische Erkrankungen. Stoffwechselstörungen. Leiden der Verdauungsorgane. Hormonelle Störungen bei Mann und Frau. Biologische Therapien: Kuren nach Kneipp. Bewegungstherapie. Ernährungstherapie. Bio-Resonanztherapie. Entspannungstherapie (zu bestimmten Zeiten) und Kräutertherapie. Kostformen/Ernährung: Vollwertkost, teilweise aus biologischem Anbau. Vegetarische Ernährung. Tier-eiweißfreie Kost. Spezialdiäten und konventionelle Kost.

Kursanatorium Maximilian

Adolf-Scholz-Allee 11, 86825 Bad Wörishofen, Telefon 08247/3590, Fax 359206. Heilfasten.

Kurpark-Sanatorium

Alfred-Baumgarten-Str. 5, 86825 Bad Wörishofen, Telefon 08247/30560, Fax 305689. Gesundheitszentrum für Prävention und Rehabilitation, spezialisiert auf die Entwicklung ganzheitlicher Therapiekonzepte. Naturheilverfahren. Kneippmedizin, Aslan-Therapie. Unter anderem Tinnitus-Komplex-Behandlung (Ohrgeräusche und andere funktionelle Hörstörungen).

Kneippianum-Fachklinik

für Rehabilitation, Alfred-Baumgarten-Str. 6, 86825 Bad Wörishofen, Telefon 08247/3510, Fax 1005. Fachklinik für Rehabilitation und Gefäßkrankheiten, Naturheilverfahren. Stationäre und ambulante Vorsorge- und Rehabilitationsmaßnahmen nach § 111 SGB V. Kneippmedizin. Ein gesundheitspädagogisches Zentrum hilft dabei, das in der Klinik Erlernte auch zuhause umzusetzen.

Privatklinik Dr. Spiske

Bürgermeister-Ledermann-Str. 7, 86825 Bad Wörishofen, Telefon 08247/3980, Fax 398118. Fachklinik für Stoffwechselkrankheiten, Heilfasten nach Dr.

Buchinger, Naturheilverfahren. Anerkannte Heilfastenklinik seit mehreren Jahrzehnten. Homöopathie, Naturheilverfahren, Sauerstoff-Therapien, Ozon-Therapie. Die folgenden Angaben stammen aus zurückliegenden Befragungen, die wir von etwa 1992 bis 1997 beim betreffenden Haus durchgeführt haben: Spezialklinik für Stoffwechselerkrankungen und Heilfasten. Anerkannte private Krankenanstalt (Fachklinik/Kurklinik/Sanatorium, § 30 GWO, beihilfefähig). Es werden stationäre Behandlungen und Sanatoriumskuren (sog. »gemischte Anstalt«) durchgeführt, wobei vorwiegend Naturheilweisen zur Anwendung kommen. Es besteht ein Versorgungsvertrag gemäß § 111 SGB 5. Vornehmlich behandelte Leiden: Adipositas (Übergewicht), Hypertonie, Durchblutungsstörungen, venöser Symptomkomplex sowie Erschöpfungs- und Managersyndrom, funktionelle Magen-Darmerkrankungen, Arthrosen und Gelenkerkrankungen, leichter bis mittelschwerer Diabetes sowie allgemeine Zivilisationsleiden. Biologische Therapien: Heilfastenkuren nach Buchinger sen., Hydrotherapie nach Kneipp, Bewegungstherapie, Atemtherapie sowie Homöopathie, Autogenes Training und Entspannungsübungen, Psychotherapie. Kostformen/Ernährung: Vollwertkost, vegetarische Kost und Spezialdiäten.

Kneippsche Kinderheilstätte

Fidel-Kreuzer-Str. 12, 86825 Bad Wörishofen, Telefon 08247/30090, Fax 300978. Bäderheilkunde, Kneippmedizin.

Kneipp-Sanatorium Jakobshof

Gammenrieder Str. 2, 86825 Bad Wörishofen, Telefon 08247/3030, Fax 31653. Anerkannt als Vorsorge- und Rehaklinik nach §§ 107 und 111 SGB V. Naturheilverfahren. Akupunktur, Homöopathie, Phytotherapie, Sauerstoff-Therapien, Eigenbluttherapie, Thymuskuren, Neuraltherapie.

Allgäu-Klinik für Naturheilverfahren

Hahnenfeldstr. 24, 86825 Bad Wörishofen, Telefon 08247/393-0, Fax 393-199. Nichtraucherhaus. Alle Kassen. Klassische Naturheilverfahren. Darmreinigung und -Sanierung. Säure-Basen-Therapie. Ernährungstherapie. Arzt- und Ernährungsvorträge, Lehrküche. Streßbewältigung. Die folgenden Angaben stammen aus zurückliegenden Befragungen, die wir von etwa 1992 bis 1997 beim betreffenden Haus durchgeführt haben: Privat-Krankenhaus (Kurklinik, Sanatorium, § 30 GWO) mit ca. 60 Betten. Im Haus (beihilfefähig) werden stationäre Behandlungen, Sanatoriumskuren und offene Badekuren durchgeführt (sog. »gemischte Anstalt«), wobei vorwiegend Naturheilweisen zur Anwendung kommen. Es besteht ein Versorgungsvertrag gemäß § 111 SGB 5. Vornehmlich behandelte Leiden: Rheumaschmerzen, Migräne, Obstipation sowie Stoffwechselleiden, Nieren-Blasen-Prostata-Leiden, Mutter und Kind-Kuren. Biologische Therapien: Alle klassischen und neueren Naturheilverfahren, Kuren nach Kneipp und F. X. Mayr, Neuraltherapie, UVA-Lichttherapie, Phytotherapie, Ernährungstherapie. Kostformen/Ernährung: Vollwertkost, teilweise aus biologischem Anbau, vegetarische Kost, tiereiweiß-freie Kost, milde Ableitungsdiät, Reduktionsdiät, Diabetes-Diät und konventionelle Kost. Besonderheit: Mutter-Kind-Sonderprogramme.

Migräne-Klinik für Naturheilverfahren

Gärtnerweg 27, 86825 Bad Wörishofen, Telefon 08247/393136, Fax 393-199. Nichtraucherhaus. Indikationen: Migräne, Spannungskopfschmerz, Durchblutungsstörungen, Schwindel. Gefäßleiden (Venen und Lymphgefäße). Ohrgeräusche. Verspannungen. Nervenschmerzen. Chronische Müdigkeits-, Streß- und Erschöpfungszustände. Therapieformen: Klassische Naturheilverfahren. Akupunktur. Schmerztherapie (Neuraltherapie). Umweltmedizin. Entspannungsmethoden, Streßbewältigung (Autogenes Training u.a.). Ernährungstherapie, Entgiftung, Entschlackung. Pflanzenheilkunde. Kneipp-Therapie. Arztvorträge.

Landhaus Tanneck

Hartenthalerstr. 29, 86825 Bad Wörishofen, Telefon 08247/3070, Fax 307280.

Der Sonnenhof

Hermann-Aust-Str. 11, 86825 Bad Wörishofen, Telefon 08247/4021, Fax 8938. Fachklinik und Gesundheitszentrum. Versorgungsvertrag nach § 111 SGB V. 140 Betten. Kneipptherapie. Besonderheit: Milde Chirotherapie nach Dr. Weber zur Prophylaxe von Bandscheiben-Operationen. Naturheilverfahren. Chinesische Medizin.

Kurpension Bayernwinkel

Kellerweg 10, 86825 Bad Wörishofen, Telefon 08247/30570, Fax 305750. 36 Betten. Beihilfefähig. Vegetarische Vollwertkost, Rohkost. Rauchfreies Haus. Stationäre Kuren nach § 111 SGB V. Ambulante Kuren. Gesundheitswochen. Rückenschule, Atem- und Osteoporose-Gymnastik. Aufbau des Immunsystems. Saftfasten. Kneippkuren.

Sanatorium Dr. Fehrenbach

Kneippstr. 20 B, 86825 Bad Wörishofen, Telefon 08247/3940, Fax 2036. Stationäre Kuren nach § 111 SGB V. Gewichtsreduktion. Heilfasten, Immuntherapie, Sauerstoff-Therapien, Ozon-Therapie. Entspannungstherapien (Progressive Muskelrelaxation, Autogenes Training). Akupunktmassage.

Kneipp-Kurklinik Sebastianeum

Kneippstr. 8, 86825 Bad Wörishofen, Telefon 08247/3550, Fax 355-255. Klinik/Sanatorium mit 180 Betten (Behandlung nach § 30 GWO). Im Haus werden stationäre Behandlungen, Sanatoriumskuren und ambulante Kuren durchgeführt. Es bestehen Versorgungsverträge nach § 111, 5. Buch SGB. Alle Krankenkassen. Das Haus ist beihilfefähig (§7 Abs. 4 der Beihilfevorschriften; § 6 Beihilfeverordnung des öffentlichen Dienstes). Bei der Therapie kommen weitestgehend Naturheilweisen zur Anwendung. Vornehmlich behandelte Leiden (Indikationen): Wirbelsäulen- und Gelenkerkrankungen, einschließlich rheumatische Erkankungen. Osteoporose. Herz- und Kreislauferkrankungen, Bluthochdruck, Stoffwechselerkrankungen (Fettstoffwechselstörungen, Übergewicht, Diabetes, Galle- Leber- Nieren-Erkrankungen). Psychovegetative Störungen und Erschöpfungszustände. Schlafstörungen. Kopfschmerzen, Migräne. Tinnitus. Nachbehandlung nach Operationen und Unfällen mit Verletzungsfällen des Bewegungsapparates. Anschlußheilbehandlungen nach Herzinfarkt. Rekonvaleszenz, Regenerierung und allgemeine Wiederherstellung der Gesundheit. Biologische Therapien: Umfassende Kneipptherapie. Unterwassermassagen. Entspannungsverfahren und Psychotherapie. Chirotherapie. Fußreflexzonenmassage. Lymphdrainage. Akupunktmassage. Wirbelsäulengymnastik. Muskeltiefenentspannung nach Jacobson. Autogenes Training. Akupunktur. Neuraltherapie. Ozontherapie. Heilfasten (Buchinger, F.X. Mayr). Diabetikerschulung und -Einstellung unter häuslichen Bedingungen. Raucherentwöhnung mit Ohrakupunktur, Homöopathie und Gesprächstherapie. Migränebehandlung mit Ohrakupunktur, Neuraltherapie, Fastenkuren, Chirotherapie. Kostformen/Ernährung: Vegetarische Kost. Rohkost. Glutenfreie Kost. Spezialdiäten (Hollywood-Diät, Diabetes, Leber-Galle-Diät, Reduktionskost. Konventionelle Kost.

Kurpension Berghof

Schlingenerstr. 5, 86825 Bad Wörishofen, Telefon 08248/1426. Kneipp- und Schnitzer-Kurpension. Schnitzer- und Dr.-Bruker-Vollwertkost. Rohkost-Therapie. Tierisch-eiweißfreie Kost, glutenfrei. Heilfasten nach Buchinger. Fastenferien- und Fastenwanderwochen. Heilnahrung mit Wildkräutertherapie. Darmsanierung auf Kräuterbasis nach Gray. Center für Medline-Resonanz-System zur Vitalisierung, Harmonisierung und Regeneration des Körpers. Nikotinfreies Seminarhaus.

Kneipp-Kurpension Angelika

Nordendstr. 1, 86825 Bad Wörishofen, Telefon 08247/4064. Fax 4063. Besonderheit: Typengerechte vollwertige Ernährung. Trennkost. Bachblüten. Kinesiologie. Aromatherapie. Mentales Schlankheitstraining. Reiki. Qigong. Feldenkrais.

Kneipp- und Rheuma-Sanatorium Viktoria

Viktoriastr. 10, 86825 Bad Wörishofen, Telefon 08247/6036, Fax 32821. Kneippmedizin.

Marcushof

Kneippstr. 22 A, 86825 Bad Wörishofen, Telefon 08247/3940, Fax 2036. Kuren nach § 111 SGB V, Badekuren und Kurzkuren. Besonderheit: Ayurveda-Behandlungen nach Krankheitsbild und Konstitutionstyp unter ärztlicher Leitung. Akupunktur. Fußreflexzonenmassage. Entspannungstherapie. Kneipp. Vegetarische Vollwertkost. Ayurvedische Diät.

Kneipp-Kurhotel Eichwald

Eichwaldstr. 20, 86825 Bad Wörishofen, Telefon 08247/6094-95, Fax 6679. Heilfasten nach F.X. Mayr. Vegetarische Vollwertkost. Kneipp-Kur, Fußreflexzonen. Autogenes Training. Sauerstoffkur. Im Haus befindet sich eine privatärztliche Praxis für Allgemeinmedizin und Naturheilverfahren.

Justina - club vital

Hahnenfeldstr. 40, 86825 Bad Wörishofen, Telefon 08247/994-0, Fax 994-177. Hotelanlage für Naturheilverfahren. Kneipp- und medizinisches Therapiezentrum mit Arztpraxis, Gymnastikhalle und Seminarraum. Heilfasten. Rauchfreies Hotel.

Hotel »In der Sonne«

87459 Pfronten/Allgäu, Telefon 08363/9123-0, Fax 6839.

DAK-Kurzentrum Haus Allgäu

Peter-Heel-Str. 29, 87459 Pfronten, Telefon 08363/691-0, Fax 9363/691-409. Nur DAK-Klinik. Vollwertkost. Frühbehandlung und aktives Gesundheitstraining von Herz-Kreislauferkrankungen.

Kurhotel am Sonnenhang

87466 Oy-Mittelberg, Telefon 08366/9821-0.

Waerland Daheim

Enzianstr. 3, 87466 Oy-Mittelberg, Telefon 08366/691. Ernährungsbehandlung, Säure-Basen-Gleichgewicht, Kneippmedizin, Sauerstoff-Mehrschritt-Therapie. Heilfasten, Fastenwanderungen. Vegetarische Vollwertkost aus biologischem Anbau. Die folgenden Angaben stammen aus zurückliegenden Befragungen, die wir von etwa 1992 bis 1997 beim betreffenden Haus durchgeführt haben: Kurpension mit 9 Betten, in der ambulante Badekuren durchgeführt werden können. Es kommen vorwiegend Naturheilweisen zur Anwendung. Biologische Therapien: Kneippkuren, Waerland. Sauerstoff-Mehrschritt-Therapie. Kostformen/ Ernährung: Vollwertkost aus biologischem Anbau. Vegetarische Ernährung. Heilfasten.

Sanatorium Staufner Hof

Am Karpf, 87529 Oberstaufen, Telefon 08386/4970, Fax 49769. Die folgenden Angaben stammen aus zurückliegenden Befragungen, die wir von etwa 1992 bis 1997 beim betreffenden Haus durchgeführt haben: Sanatorium und Hotel mit 60 Betten (anerkannte private Krankenanstalt, § 30 GWO). Im Haus werden Sanatoriumskuren und ambulante Kuren durchgeführt (gemischte Anstalt). Es bestehen Versorgungsverträge nach § 111, 5. Buch SGB. Das Haus ist beihilfefähig. Bei der Therapie kommen weitestgehend Naturheilweisen zur Anwendung. Vornehmlich behandelte Leiden (Indikationen): Stoffwechsel. Hautleiden. Herz-Kreislauf. Allergische Erkrankungen. Magen-Darm. Psychosomatische Störungen. Abnutzungserscheinungen. Biologische Therapien: Schroth. Kneipp. Sauerstoff-Mehrschritt-Therapie. Ganzkörperkosmetik nach Maurice Mességué. Kostformen/Ernährung: Schroth-Diät. Tier-eiweißfreie Kost.

Kurhotel Staufenblick

87534 Oberstaufen, Telefon 08386/9305-0, Fax 930540. Schrothkur. Entschlackung. Reduktion.

Kurhotel Alphorn

Bürgermeister-Wucherer-Str. 16, 87534 Oberstaufen, Telefon 08386/9352-0, Fax 9352-33. Schrothkur.

Sanatorium Sonneck

Am Kühlen Grund 1, 87534 Oberstaufen, Telefon 08386/4900, Fax 490850. Bäderheilkunde, Kneippmedizin.

Sanatorium Staufener Hof

Am Kühlen Grund 3, 87534 Oberstaufen, Telefon 08386/4970, Fax 49769. Ernährungsweisen, Kneippmedizin, Sauerstoff-Therapien.

Kurpark-Sanatorium

Am Kurpark 6-8, 87534 Oberstaufen, Telefon 08386/4990, Fax 2002. Ernährungsweisen, Sauerstoff-Therapien.

Sanatorium Allgäu Sonne

Am Stießberg 1, 87534 Oberstaufen, Telefon 08386/7020, Fax 7826. Ernährungsweisen, Immuntherapie, Kneippmedizin. Die folgenden Angaben stammen aus zurückliegenden Befragungen, die wir von etwa 1992 bis 1997 beim betreffenden Haus durchgeführt haben: Hotel und Sanatorium (§ 30 GWO, beihilfefähig) mit 320 Betten. Im Haus werden Sanatoriumskuren und offene Badekuren durchgeführt, wobei Naturheilweisen unter anderem Anwendung finden. Vornehmlich behandelte Leiden: Übergewicht, Zivilisationskrankheiten, Arthrosen sowie Abwehrschwäche (erhöhte Infektanfälligkeit, Tumorleiden), Allergien. Biologische Therapien: Kuren nach Schroth, Kuren nach Kneipp sowie alle Methoden der physikalischen Therapie, THX-Therapie nach Sandberg (Thymus), Wiedemann-Therapie. Kostformen/Ernährung: Vollwertkost, teilweise aus biologischem Anbau, vegetarische Kost, tiereiweiß-freie Kost, Reduktionsdiät und konventionelle Kost.

Sanatorium Dr. Brosig

Am Stießberg 3, 87534 Oberstaufen, Telefon 08386/4920, Fax 49210. Bäderheilkunde, Kneippmedizin. Schrothkur.

Schrothkur-Hotel Olympia

Bürgermeister-Wucherer-Str. 15, 87534 Oberstaufen, Telefon 08386/2077 + 2078, Fax 4418.

Sanatorium Burtscher

Im Dorf 29, 87534 Oberstaufen-Steibis, Telefon 08386/8910, Fax 891317. Homöopathie, Immuntherapie, Phytotherapie, Sauerstoff-Therapien, Neuraltherapie. Die folgenden Angaben stammen aus zurückliegenden Befragungen, die wir von etwa 1992 bis 1997 beim betreffenden Haus durchgeführt haben: Sanatorium mit 22 Betten (anerkannte private Krankenanstalt, § 30 GWO). Im Haus werden Sanatoriumskuren und ambulante Kuren durchgeführt (gemischte Anstalt). Das Haus ist beihilfefähig. Bei der Therapie kommen weitestgehend Naturheilweisen zur Anwendung. Vornehmlich behandelte Leiden (Indikationen): Stoffwechselerkrankungen. Adipositas (Übergewicht). Wirbelsäule. Polyarthrosis. Rheumatische Erkrankungen. Allgemeine Erschöpfung. Arterieller Hypertonus. Biologische Therapien: Schrothkur. Homöopathie. Neuraltherapie. Sauerstoff-Mehrschritt-Therapie. Thymus-Behandlung. Autogenes Training. Physiotherapie. Yoga. Bewegungstherapie. Phytotherapie. Kostformen/Ernährung: Vollwertkost, teilweise aus biologischem Anbau. Vegetarische Ernährung. Spezialdiäten (Schrothkur, Reduktionskost).

Kurhotel Concordia

Im Pfalzen 8, 87534 Oberstaufen/Allgäu, Telefon 08386/484-0, Fax 2654. Thalasso-Kur. Schrothkur.

Sanatorium Alt-Weissacher Hof

Mühlenstr. 14, 87534 Oberstaufen, Telefon 08386/1001. Ernährungsweisen, Kneippmedizin, Sauerstoff-Therapien. Die folgenden Angaben stammen aus zurückliegenden Befragungen, die wir von etwa 1992 bis 1997 beim betreffenden Haus durchgeführt haben: Hotel und Sanatorium mit 59 Betten (anerkannte private Krankenanstalt, § 30 GWO). Im Haus werden stationäre Behandlungen, Sanatoriumskuren und ambulante Kuren durchgeführt. Es bestehen Versorgungsverträge nach § 111, 5. Buch SGB. Das Haus ist beihilfefähig. Bei der Therapie kommen weitestgehend Naturheilweisen zur Anwendung. Vornehmlich behandelte Leiden (Indikationen): Adipositas (Übergewicht). Stoffwechselleiden. Kreislaufstörungen. Streß. Allergie, Erschöpfungszustand, Störungen des Immunsystem. Biologische Therapien: Schroth-Kur. Kneipp. Sauerstoff-Mehrschritt-Therapie. Bewegungstherapie. Kostformen/Ernährung: Vegetarische Ernährung. Tier-eiweißfreie Kost. Schrothsches Heilverfahren. Konventionelle Kost.

Kurheim Schratt

Sägemühle 19, 87534 Oberstaufen-Steibis, Telefon 08386/98010, Fax 980149. Nikotinfreies Haus. Netzfreischalter. Ernährungsvorträge. Mitroy-Sauna. Die folgenden Angaben stammen aus zurückliegenden Befragungen, die wir von etwa 1992 bis 1997 beim betreffenden Haus durchgeführt haben: Hotel mit 30 Betten. Im Haus werden ambulante Kuren durchgeführt. Bei der Therapie kommen weitestgehend Naturheilweisen zur Anwendung. Vornehmlich behandelte Leiden (Indikationen): Allgemeine Zivilisationsleiden. Biologische Therapien: Bewegungstherapie. Wirbelsäulengymnastik. Kosmetik nach Maurice Mességué. Entschlackung. Kneipp- und Schroth-Kur. Kostformen/Ernährung: Vollwertkost aus biologischem Anbau. Vegetarische Ernährung. Original Schnitzer Intensiv- und Vollwertkost.

Schrothkurheim Langer

Schloßstr. 24, 87534 Oberstaufen, Telefon 08386/4749, Fax 4460.

Sanatorium Dr. Hesseln

für Biologische Heilweisen, Weißachstr. 10, 87534 Oberstaufen, Telefon 08386/7050, Fax 705150. Bäderheilkunde, Chirotherapie, Ernährungsweisen, Homöopathie, Kneippmedizin, Phytotherapie, Aslan-Therapie, Neuraltherapie. Die folgenden Angaben stammen aus zurückliegenden Befragungen, die wir von etwa 1992 bis 1997 beim betreffenden Haus durchgeführt haben: Sanatorium mit 56 Betten (anerkannte private Krankenanstalt, § 30 GWO). Im Haus werden Sanatoriumskuren durchgeführt. Es bestehen Versorgungsverträge nach § 111, 5. Buch SGB. Das Haus ist beihilfefähig. Bei der Therapie kommen weitestgehend Naturheilweisen zur Anwendung. Vornehmlich behandelte Leiden (Indikationen): Stoffwechselstörungen. Herz-Kreislauf-Erkrankungen. Hautleiden. Störungen des

Wasserhaushaltes. Drüsenfunktionsstörungen. Chronische Entzündungen. Chronische Vergiftungen. Biologische Therapien: Schrothkur. Kneippkur. Aslankur. Wasserheilkunde. Neuraltherapie nach Huneke. Phytotherapie. Homöopathie. Chirotherapie. Kostformen/Ernährung: Vollwertkost. Vegetarische Ernährung. Schroth-Diät. Konventionelle Kost.

Landhaus bei Pius

Weißachstr. 19, 87534 Oberstaufen, Telefon 08386/2195, Fax 1009. Makrobiotische Kost. Reiskur. Gewichtsreduktion. Seminare zu den Themen Edelsteine, Bach-Blüten-Therapie, Aromatherapie u.a. Meditationsraum.

Kneippsanatorium Am Birkenhang

Sägestr. 20, 87538 Fischen-Langenwang, Telefon 08326/9940, Fax 994180. Kneippmedizin.

Allgäu-Clinic für Naturheilverfahren

Gerberweg 6, 87541 Hindelang, Telefon 08324/898-0, Fax 898-199. Fachklinik mit 127 Betten (Behandlung nach § 30 GWO). Im Haus werden stationäre (auch chirurgische) Behandlungen, Sanatoriumskuren und ambulante Kuren durchgeführt. Es handelt sich darüber hinaus um eine allgemeine Rehabilitationseinrichtung. Eine geriatrische Reha-Abteilung ist angeschlossen. Außerdem ist Kurzzeit- und Urlaubspflege möglich. Behandlung erfolgen u.a. nach §§ 108, 109 SGB V. Es bestehen Versorgungsverträge nach § 111, 5. Buch SGB (Vertragshaus von: AOK, VdAK, BKK). Das Haus ist beihilfefähig. Bei der Therapie kommen vorwiegend Naturheilweisen zur Anwendung. Vornehmlich behandelte Leiden (Indikationen): Übergewicht. Allergie- und Atemwegserkrankungen. Darm- und Magenerkrankungen. Ernährungsabhängige Krankheiten. Leber-Galle-Leiden. Migräne, Kopfschmerz. Rheumaleiden. Rücken-, Wirbelsäulenleiden. Schlafstörungen. Schmerzen. Stoffwechselstörungen. Tinnitus. Herz-Kreislaufleiden. Venenerkrankungen. Schilddrüsenerkrankungen. Osteoporose. Psoriasis. Arthrose. Bronchitis. Ekzeme/Hautleiden. Diabetes, Typ II. Psychosomatische Erkrankungen. Geriatrische Leiden. Sprachschäden. Biologische Therapien: Klassische Naturheilverfahren (z.B. Kneipptherapie, Wasserheilkunde). Bewegungstherapie (z.B. Krankengymnastik). Ernährungstherapie. Physiotherapie. Neuraltherapie. Phytotherapie. Darmsanierung nach F.X. Mayr. Qigong. Muskelrelaxation nach Jacobson. Autogenes Training. Akupunktur. Heilfasten. Kostformen/Ernährung: Vollwertkost, teilweise aus kontrolliert-biologischem Anbau. Vegetarische Kost. Tier-eiweißfreie Kost. Lacto-vegetabile Kost. Rohkost. Glutenfreie Kost. Spezialdiäten z.B. bei Adipositas oder Nahrungsmittelallergien. Konventionelle Kost.

Bad-Hotel Sonne

Marktstr. 13, 87541 Hindelang, Telefon 08324/8970, Fax 897499.

Kur- und Sporthotel Hindelang

Zillenbachstraße 50, 87541 Hindelang/Oberallgäu, Telefon 08324/840 + 84728. Die folgenden Angaben stammen aus zurückliegenden Befragungen, die wir von etwa 1992 bis 1997 beim betreffenden Haus durchgeführt haben: Hotel (beihilfefähig) mit ca. 200 Betten. Es können offene Badekuren durchgeführt werden, wobei vorwiegend Naturheilweisen zur Anwendung kommen. Vornehmlich behandelte Leiden: Erkrankungen der Atemorgane, Erkrankungen des Bewegungsapparates, Herz- und Kreislauferkrankungen. Biologische Therapien: Kuren nach Kneipp. Kostformen/Ernährung: Vollwertkost, vegetarische Kost, tiereiweiß-freie Kost, Spezialdiäten und konventionelle Kost.

Alpenhof

87549 Kranzegg, Telefon 08327/9230. Mutter-Kind-Kurheim. Vollwertkost. Vegetarische Kost.

Stillachhaus

Privatklinik für Innere Krankheiten, Alte Walserstr. 15, 87561 Oberstdorf, Telefon 08322/6020, Fax 602280. Bäderheilkunde, Ernährungsweisen.

Adula Klinik

In der Leite 6, 87561 Oberstdorf, Telefon 08322/709-0, Fax 709-403. Fachklinik mit 120 Betten (Behandlung nach § 108/109 SGB V). Im Haus werden stationäre Behandlungen durchgeführt. Es bestehen Versorgungsverträge nach § 111, 5. Buch SGB. Das Haus ist beihilfefähig. Bei der Therapie kommen unter anderem Naturheilweisen zur Anwendung. Vornehmlich behandelte Leiden (Indikationen): An der staatlich anerkannten Fachklinik für Psychotherapie und Psychosomatik arbeitet man auf der Basis des Bad Herrenalber Modells, wie es von Dr. Walter H. Lechler und Mitarbeitern entwickelt wurde. Elemente: Therapeutische Gemeinschaft, Orientierung am 12-Schritte-Programm der Anonymen Selbsthilfegruppen (Emotion Anonymous u.ä.). Suchtkrankheiten. Alkohol-, Medikamentenabhängigkeit. Süchtiges Eßverhalten (Anorexie, Bulimie, Eßsucht). Depressionen. Persönlichkeitsstörungen. Psychosomatische Erkrankungen. Panikattacken und Angststörungen. Sinnkrisen. Trauer nach Verlust. Spezialgruppe für Frauen nach sexuellem Mißbrauch.Biologische Therapien: Körpertherapien. Terraintraining (Sporttherapie). Therapeutisches Klettern. Progressive Muskelrelaxation nach Jacobson. Autogenes Training. Qigong. Meditation. Kostformen/ Ernährung: Vegetarische Kost. Spezialdiäten.

Kneipp-Kurhaus Christliches Hospiz

Ludwigstr. 37-41a, 87561 Oberstdorf, Telefon 08322/7010, Fax 701516. Sanatorium (Behandlung nach § 30 GWO). Es bestehen Versorgungsverträge nach § 111, 5. Buch SGB. Das Haus ist beihilfefähig. Vornehmlich behandelte Leiden (Indikationen): Erkrankungen des Bewegungsapparates (degenerative Wirbelsäulen- und Gelenkerkrankungen). Herz-Kreislauferkrankungen. Risikofaktoren der Arteriosklerose: arterielle Hypertonie, Stoffwechselstörungen, Nikotinmißbrauch. Psychosomatische bzw. vegetative Erkrankungen (schweres Überlastungssyndrom, reaktive Depression, Rekonvaleszenz). Biologische Therapien: Kuren nach Kneipp. Phytotherapie. Homöopathie. Darmsanierung. Akupunktur (z.B. auch Nikotinentwöhnung). Neuraltherapie. HOT. Immunmodulation. Ernährungstherapie. Heilfasten. Kostformen/Ernährung: Vollwertkost. Vegetarische Kost. Glutenfreie Kost. Trennkost. Spezialdiäten.

Kurhotel Wiedemann

87629 Füssen-Bad Faulenbach, Telefon 08362/91300, Fax 913077. Vollwertkost und Kuranwendungen. Rückenschule. Massagen.

Kurhotel Berger

Alatseestr. 26, 87629 Füssen-Bad Faulenbach, Telefon 08362/3133-0, Fax 3133-99.

Kneipp-Sanatorium Hartung

Enzensberg 20, 87629 Füssen-Hopfen, Telefon 08362/50550, Fax 505560. Sanatorium mit 60 Betten (Behandlung nach § 30 GWO). Im Haus werden stationäre Behandlungen, Sanatoriumskuren und ambulante Kuren durchgeführt. Es bestehen Versorgungsverträge nach § 111, 5. Buch SGB. Das Haus ist beihilfefähig. Bei der Therapie kommen vorwiegend Naturheilweisen zur Anwendung. Vornehmlich behandelte Leiden (Indikationen): Stoffwechsel. Herz-Kreislauf. Atmungsorgane. Verdauungstrakt. Degenerative Erkrankungen des Bewegungs- und Haltungsapparates. Zustand nach Unfall- und Verletzungsfolgen. Biologische Therapien: Kneipp-Kuren. Mayr-Kuren. Homöopathie. Bewegungstherapie im Wasser. Bewegungslehre. Rückenschule. Krankengymnastik. Psychotherapie. Tiefenentspannung. Reiki. Gesundheits- und Lebensberatung. Heilfasten. Kostformen/Ernährung: Vollwertkost aus kontrolliert-biologischem Anbau. Vegetarische Kost. Tier-eiweißfreie Kost. Rohkost. Trennkost. Glutenfreie Kost. Allergenarme Kost, Rotationsdiät, Spezialdiäten.

Kurklinik Notburga

Kapellenberg 2, 87629 Füssen-Bad Faulenbach, Telefon 08362/410, Fax 41515. Klinik/Sanatorium mit 175 Betten (Behandlung nach § 30 GWO). Im Haus werden stationäre Behandlungen, Sanatoriumskuren und ambulante Kuren durchgeführt. Es bestehen Versorgungsverträge nach § 111, 5. Buch SGB (alle gesetzlichen Krankenkassen; Postbeamten-Krankenkassen). Das Haus ist beihilfefähig. Vornehmlich behandelte Leiden (Indikationen): Rheumatische Erkrankungen (Naturmooranwendungen). Prostataerkrankungen. Unfallchirurgische Nachbehandlung. Allgemeine körperliche und seelische Erschöpfung. Herz-Kreislauf-Erkrankungen. Stoffwechselerkrankungen (Übergewicht, Gicht, Fettstoffwechselstörungen, Diabetes mellitus). Frauenleiden (Zustand nach gynäkologischen Operationen, Wechseljahrsbeschwerden, chronische Unterbauchbeschwerden, Sterilität). Biologische Therapien: Moorschlammtherapie. Kneipp-Anwendungen. Massagen. Elektro- und Inhalationstherapie. Gymnastik und Bewegungstherapie (u.a. Osteoporosegymnastik, Aquajogging, Walking). Chirotherapie. Ernährungstherapie. Klima- und Terraintherapie. Entspannungstherapie einschließlich Raucherentwöhnung. Kostformen/Ernährung: Vollwertkost, teilweise aus kontrolliert-biologischem Anbau. Vegetarische Kost. Tier-eiweißfreie Kost. Rohkost. Glutenfreie Kost. Alle Diätkostformen. Allergenarme Kost, Rotationsdiät u.ä. Konventionelle Kost.

Kneipp-Kurheim Geier-Schweiger

Kemptener Str. 8, 87629 Füssen, Telefon 08362/7966. Kneippmedizin.

Kursanatorium Dr. Schweiger

Ländeweg 2, 87629 Füssen-Bad Faulenbach, Telefon 08362/9140-0. Kneippmedizin, Sauerstoff-Therapien.

Kurklinik Eggensberger

Ringweg 6, 87629 Füssen-Hopfen am See, Telefon 08362/91030, Fax 39582. Klinik/Sanatorium mit 60 Betten (Behandlung nach § 30 GWO). Im Haus werden Sanatoriumskuren und ambulante Kuren (ambulante Rehabilitation) durchgeführt. Es bestehen Versorgungsverträge nach § 111, 5. Buch SGB (alle Krankenkassen). Das Haus ist beihilfefähig. Vornehmlich behandelte Leiden (Indikationen): Orthopädische Erkrankungen. Behandlung der Wirbelsäule. Bandscheiben. Allgemeine Erschöpfungszustände. Nachbehandlung nach Operationen. Biologische Therapien: Entspannungs- und Bewegungstherapie. Klassische und neuere Naturheilverfahren. Wasserheilkunde. Kneipptherapie. Ernährungstherapie. Milch- und Fleischprodukte von Bioland-Hof. Entspannungstherapie nach Jacobson. Medizinische Trainingstherapie. Walking. Fußreflexzonenmassage. Heusäcke (mit Heu vom eigenen Biolandhof). Lymphdrainage. TENS. Kostformen/Ernährung: Tier-eiweißfreie Kost, Rohkost, teilweise aus kontrolliert-biologischem Anbau. Konventionelle Kost.

Kneipp-Sanatorium Möst

Uferstr. 1, 87629 Füssen-Hopfen am See, Telefon 08362/5040, Fax 504184. U.a. biologische Krebstherapie: Enzyme, Mistel, Organpräparate, Orthomolekulare Medizin, Sauerstoff-Ozon-Therapie, Thymus-Therapie, Lymphdrainage, Colon-Hydro-Therapie, Magnetfelder, Mikrobiologische Therapie, Molekulartherapie,, Wärmetherapien. Besonderheiten: Reflex-Ölmassage (Fuß-, Rücken-, Kopfmassage mit individuell ausgearbeiteten Ölzusätzen; 1,5 Stunden). Ärztliche Untersuchung mit Dunkelfeld-Mikroskopie nach Prof. Enderlein (Früherkennung von Herdgeschehen, Stoffwechselstörungen, Fließstörungen des Blutes, Krebsbelastung u.a.). Lymphdrainage. Kneipp. Kontakt-Regulationsthermographie nach Prof. Rost. Revitalisierung durch Revisan-Therapie. Bio-Resonanz-Therapie. Blut-Sauerstoff-Therapie. Colon-Hydro-Therapie. Die folgenden Angaben stammen aus zurückliegenden Befragungen, die wir von etwa 1992 bis 1997 beim betreffenden Haus durchgeführt haben: Privat und Krankenkassen (Zuschüsse). Natur- und Schulmedizin, ca. 120 Betten. Heilanzeigen: Stoffwechselerkrankungen, Gelenkleiden, rheumatische Erkrankungen, Erkrankungen der Atmungsorgane, Magen-, Darm-, Leberleiden, psychosomatische Erkrankungen. Biologische Therapien: Neuraltherapie, Akupunktur, klassische Homöopathie, Haematogene Oxydationstherapie (HOT), REVISAN-Kuren, Revitalisierungskuren, Kneippkuren. Angebotene Kostformen: Vollwertkost, vegetarische Ernährung, Spezialdiäten (Reduktionskost) und konventionelle Kost.

Ferien- und Kurhotel Seeg

Familie Ordner, 87637 Seeg im Allgäu, Telefon 08364/88-0, Fax 88-608. Vollwertkost. Meditation. Yoga. Umfangreiches Seminar- und Kursprogramm. Mayr-Kur.

Gesundheitszentrum König Ludwig

Kreuzweg 11, 87645 Schwangau bei Füssen, Telefon 08362/889-190, Fax 81082. Fachklinik mit 200 Betten (Behandlung nach § 30 GWO) mit angeschlossenem Hotel. Im Haus werden stationäre Behandlungen, Sanatoriumskuren, Anschlußheilbehandlungen (AHB) Orthopädie/Innere und ambulante Kuren durchgeführt nach § 40 Abs. 2 SGB V, § 23 Abs. 4 SGB V. Es bestehen Versorgungsverträge nach § 111, 5. Buch SGB. Das Haus ist beihilfefähig. Bei der Therapie kommen unter anderem Naturheilweisen zur Anwendung. Vornehmlich behandelte Leiden (Indikationen): Chronische Verstopfung. Allergien/ Neurodermitis. Durchblutungsstörungen. Erschöpfungszustände. Herz-Kreislauf-Erkrankungen (auch AHB). Chronische Rückenschmerzen. Orthopädische Erkrankungen aller Art (auch AHB). Stoffwechselstörungen. Übergewicht. Biologische Therapien: Sauerstoffinhaltations-Therapie. Ozontherapie. Colon-Hydro-Therapie. Bioresonanz-Therapie. Ohr-Akupunktur. Phytotherapie. Gesprächstherapie. Darmsanierung. Ernährungstherapie. Intensive Bewegungstherapie. Autogenes Training. Progressive Muskelrelaxation nach Jacobson. Feldenkrais. Kneipptherapie. Misteltherapie. Heilfasten. Kostformen/Ernährung: Vollwertkost. Vegetarische Kost. Rohkost. Spezialdiäten: cholesterinarm, purinarm, Diabetes-Diät, Reduktionskost.

Kurklinik Schwangau

Mitteldorf 5, 87645 Schwangau, Telefon 08362/98280, Fax 982828. Bewegungstherapie, Ganzheitsbehandlung.

Kneipp-Sanatorium St. Ulrich

Bannwaldallee 10, 87724 Ottobeuren, Telefon 08332/449, Fax 7413. Kneippmedizin.

Kurklinik am Bannwald

Bannwaldallee 11, 87724 Ottobeuren, Telefon 08332/7930, Fax 793120. Akupunktur, Bäderheilkunde, Kneippmedizin, Neuraltherapie. Die folgenden Angaben stammen aus zurückliegenden Befragungen, die wir von etwa 1992 bis 1997 beim betreffenden Haus durchgeführt haben: Kurklinik mit ca. 130 Betten (beihilfefähig, § 30 GWO). Im Haus werden Sanatoriumskuren durchgeführt, wobei vorwiegend Naturheilweisen zur Anwendung kommen. Es besteht ein Versorgungsvertrag gemäß § 111 SGB 5. Die Klinik ist Vertragshaus der Techniker-Krankenkasse. Vornehmlich behandelte Leiden: Herz-Kreislauferkrankungen, Stoffwechselstörungen, Übergewicht, vegetative Fehlfunktionen sowie Erschöpfungszustände, Erkrankungen des rheumatischen Formenkreises, Operationsnachbehandlung (Bandscheibe, Gelenke etc.), allgemeine Zivilisationsleiden. Biologische Therapien: Kneipptherapie, sämtliche medizinische Bäder, Massagen, Wandern (auch ärztlich geleitete Wanderungen im Hochgebirge), Radfahren, Neuraltherapie, Akupunktur sowie Autogenes Training, Ergometrie, Herz-Kreislauf-Training, Wasser- und Einzelgymnastik, Gruppengespräche mit dem Arzt. Kostformen/Ernährung: Vegetarische Kost, teilweise aus biologischem Anbau, Spezialdiäten (sämtliche gängigen Diäten, verschiedene Formen von Reduktionskost) und konventionelle Kost.

Kneipp-Sanatorium Dr. Krautheim

Am Schloßberg 6, 87730 Bad Grönenbach, Telefon 08334/6030, Fax 603218. Versorgungsverträge mit allen Krankenkassen nach § 111 SGB V. Kneippmedizin. Rückenschule. Vollwertkost. Ärztlich überwachtes Bewegungstraining. Jogging. Das »Gartenhaus« des Sanatoriums wurde 1991 nach biologischen Gesichtspunkten errichtet.

Kneipp-Sanatorium Bad Clevers

Clevers 1, 87730 Bad Grönenbach, Telefon 08334/6090, Fax 609107. Kneippmedizin. Heilfasten. Vollwertkost. Gesundheitswochen. Entspannung nach Jacobson. Rückenschule. Molke-Trinkkuren. Gewichtsreduktion. Neuraltherapie. Akupunktur. Lymphdrainage. Lauftraining. Körpertherapie.

Klinik am Stiftsberg

Sebastian-Kneipp-Allee 3 A, 87730 Bad Grönenbach, Telefon 08334/981-500, Fax 981-599. Im März 1997 eröffnetes Haus. Keine Naturheilklinik. Wir haben die Anschrift trotzdem aufgenommen, weil es sich um eine in Deutschland wohl einzigartige Einrichtung speziell für Hörgeschädigte handelt, denen eine »normale lautsprachliche Verständigung unmöglich ist«: Die Mitarbeiter sind in der Gebärdensprache geschult, und es steht ein Gebärdendolmetscher zur Verfügung.

Therapiehaus Wald-Eck

Fichtenweg 4, 88085 Langenargen, Telefon 07543/2021, Fax 49329. Pension mit 8 Betten und ambulante Behandlungen. Im Therapiehaus werden stationäre Behandlungen und Sanatoriumskuren durchgeführt. Das Haus ist beihilfefähig. Bei der Therapie kommen nur Naturheilweisen zur Anwendung. Vornehmlich behandelte Leiden (Indikationen): Rheuma, Arthritis, Arthrose. Mykosen, Candida. Immunsystem. Herz-Kreislauf. Biologische Orthopädie durch Beinlängenausgleich. Alle Arten von Körper-Bindegewebe-Übersäuerungen. Alle Arten psychischer Angst-Probleme bis auf echte Schizophrenie. Innere und äußere Allergien. Biologische Therapien: Klassische und neuere Naturheilverfahren. Heilfasten. Colon-Hydrotherapie. Bewegungstherapie. Sauerstoff-Mehrschritt-Therapie. HOT. Ernährungstherapie. Neuraltherapie. Thymus-Therapie. Phytotherapie. Homöopathie. Akupunktur. Misteltherapie. Mayr. Aslan. Neumann-Kuren. Reflexzonentherapie (Fuß und Nase). Entspannung. Bewegungsübungen (Sportraum). Schiele Voll- und Fußbäder. Komplette Darmsanierung einschließlich Darmsymbionten und Immunaufbau. Aderlässe. Schröpfungen. Baunscheidt. Canthariden-pflaster. Ohrkerzen. Infusionen. Kostformen/Ernährung: Vollwertkost, teilweise aus kontrolliert-biologischem Anbau. Vegetarische Kost. Tier-eiweißfreie Kost. Rohkost. Trennkost. Glutenfreie Kost.

Therapiezentrum für Naturheilverfahren

Cramergasse 14, 88131 Lindau am Bodensee, Telefon 08382/23743.

Landhaus König

88167 Grünenbach/Allgäu, Telefon 08383/92040. Kursanatorium. Alle Kassen. Dr. F. X. Mayr-Kur.

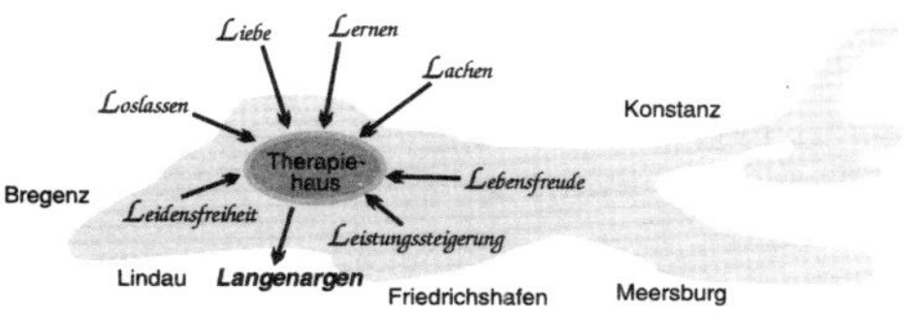

Therapiehaus Haberkorn

Die kleine Gesundheitsinsel am Bodensee

Heidi Haberkorn, Fichtenweg 4
88085 Langenargen/Bodensee,
Telefon 0 75 43-20 21, Fax 0 75 43-4 93 29

Dr. F. X. Mayr-, Colon-Hydro-, Darmsanierungs-Regenarations-Kuren, Stoffwechsel-Entgiftung, Entsäuerung, Immunaufbau, SMT, WS-Gelenktherapie

Naturheilkundliche Leitung:
HP Günter Haberkorn, Vortrags-Referent

TÜV für Ihr Auto müssen Sie machen!

Aber wann leisten Sie sich für Ihren kranken oder noch kerngesunden Körper eine naturheilkundliche Volluntersuchung?

Sind Sie schon einmal nach folgenden Kriterien ganzheitsuntersucht worden?

1. Antlitz- und Ganzkörperdiagnostik
2. Blutdruckmessung beidseitig mit Erläuterung der evtl. Differenz rechts und links
3. Zungendiagnostik nach HP D. Bach
4. Zahn-Kiefer-Beurteilung mit Kurztestung
5. Hand- und Fingernageldiagnostik nach Professor Issberner-Haldane
6. Ohr- und Auriculo-Diagnostik
7. Rückenzonen- oder Haed'sche Zonen-Untersuchung der Intestinalschmerzpunkte
8. Fußreflex-Diagnostik nach Marquardt
9. Bauch- und Thorax-Untersuchung nach Dr. F. X. Mayr
10. Iris- oder Augendiagnose
11. Rücken-Schulter-Hals-BWS-LWS-Untersuchung
12 Evtl. Beinlängendifferenz durch Beckenschiefstand
13. Große Urin-Stoffwechseluntersuchung aus dem ersten Morgenurin

Zusätzlich empfehlenswert:

14. Stuhluntersuchung auf biologischer Basis - Grundlage: Dr. Bach (Blütentherapie)
15. Blutkristalluntersuchung, evtl. einschließlich exaktem Psychogramm

Eine solch große Untersuchung benötigt viel Zeit, die hierzu erforderlich ist. Ohne Ihre Leidensvorgaben im voraus zu erfahren, ist exakt zu sagen, welche Grundprobleme Sie gesundheitlich haben. Wichtiger aber noch, wie Sie dort auch wieder herauskommen können.

Sie werden dabei vielleicht erstmals **naturheilkundliches Ganzheitsdenken** kennenlernen, um danach Ihr Leben erfolgreicher und gesünder einrichten zu können. Ängste um Gesundheit oder Minderwertigkeitsgefühl wollen wir Ihnen gerne nehmen.

Kursanatorium Tannenhof

Lindenbergerstr. 33-35, 88171 Weiler im Allgäu, Telefon 08387/1235. Sanatorium mit 90 Betten (Behandlung nach § 30 GWO). Im Haus werden stationäre Behandlungen, Sanatoriumskuren und ambulante Kuren durchgeführt. Es bestehen Versorgungsverträge nach § 111, 5. Buch SGB. Das Haus ist beihilfefähig. Bei der Therapie kommen weitestgehend Naturheilweisen zur Anwendung. Vornehmlich behandelte Leiden (Indikationen): Stoffwechselerkrankungen. Gastroenterologische Erkrankungen. Rheumatischer Formenkreis. Streß- und Umweltbelastungen. Wirbelsäulenerkrankungen. Geriatrischer Symptomkomplex. Biologische Therapien: Mayr-Kur. Schroth-Kur. Aslan. Wiedemann-Kur. Colon-Hydro-Therapie. Elektroakupunktur nach Voll. Misteltherapie. Ausleitungsverfahren (Schröpfen, Baunscheidtieren). Sauerstoff-Mehrschritt-Therapie. HOT und UVB. Neuraltherapie. Reiki.Ernährungsberatung. Heilfasten. Kostformen/Ernährung: Vollwertkost, teilweise aus kontrolliert-biologischem Anbau. Vegetarische Kost. Schroth-Kur. F.X. Mayr-Kur. Konventionelle Kost.

Panorama Fachklinik für Psychosomatik

Kurstr. 18-20, 88175 Scheidegg, Telefon 08381/8020, Fax 802484. Fachklinik für Psychosomatik, psychotherapeutische Medizin und Naturheilverfahren mit 70 Betten (Behandlung nach § 30 GWO). Im Haus werden stationäre Behandlungen durchgeführt. Es bestehen Versorgungsverträge nach § 111, 5. Buch SGB. Das Haus ist beihilfefähig. Bei der Therapie kommen weitestgehend Naturheilweisen zur Anwendung. Vornehmlich behandelte Leiden (Indikationen): Psychosomatische Krankheiten. Tinnitus. Eßstörungen. Chronische Schmerzsyndrome. Schlafstörungen. Depression. Biologische Therapien: Traditionelle Chinesische Medizin (TCM). Ausleitende Verfahren. Neuraltherapie. Manuelle Medizin. Homöopathie. Phytotherapie. Mikrobiologische Therapie. Kostformen/Ernährung:

Vollwertkost. Vegetarische Kost. Spezialdiäten.

Kur- und Landhaus Ihlingshof

88179 Oberreute/Allgäu, Telefon 08387/444, Fax 1375. Mayr-Kur. Allergien. Sauerstofftherapie. Bioresonanz-Therapie. Bach-Blüten-Therapie. Die folgenden Angaben stammen aus zurückliegenden Befragungen, die wir von etwa 1992 bis 1997 beim betreffenden Haus durchgeführt haben: Sanatorium mit 42 Betten (anerkannte private Krankenanstalt, § 30 GWO). Im Haus werden stationäre Behandlungen, Sanatoriumskuren und ambulante Kuren durchgeführt. Es bestehen Versorgungsverträge nach § 111, 5. Buch SGB. Das Haus ist beihilfefähig. Bei der Therapie kommen weitestgehend Naturheilweisen zur Anwendung. Vornehmlich behandelte Leiden (Indikationen): Magenstörungen. Darmstörungen. Verdauungsstörungen. Übergewicht und Folgeleiden. Stoffwechselbedingte Risikofaktoren. Vegetative Störungen. Biologische Therapien: Entschlackungs-Kur nach Dr. F.X. Mayr.

Kurhaus Behmann

Beule 19, 88179 Oberreute, Telefon 08387/9223-0, Fax 922320. Kurgästehaus mit 12 Betten (Behandlung nach § 30 GWO). Im Haus Sanatoriumskuren und ambulante Kuren (Mayr-Kuren mit Heilfasten) durchgeführt. Bei der Therapie kommen weitestgehend Naturheilweisen zur Anwendung. Vornehmlich behandelte Leiden (Indikationen): Entgiftung. Entschlackung. Entsäuerung. Darmreinigung und -Sanierung. Magen- und Darmstörungen. Verdauungsstörungen (Leber, Galle, Bauchspeicheldrüse). Übergewicht und seine Folgen. Gicht. Rheuma. Diabetes. Allergien. Erkrankungen des Lymphsystems. Biologische Therapien: Homöopathie. Neuraltherapie nach Huneke. Schröpfverfahren. Elektroakupunktur. Aktivierung der Selbstheilungskräfte. Colon-Hydro-Therapie. Bach-Blüten-Therapie. Heilfasten. Kostformen/Ernährung: Mayr-Diät und Aufbaukost.

Mayr-Kur-Sanatorium Pankraz

Unterreute 5, 88179 Oberreute, Telefon 08387/92000, Fax 920010. Sanatorium mit 20 Betten (Behandlung nach § 30 GWO). Im Haus werden stationäre Behandlungen, Sanatoriumskuren und ambulante Kuren durchgeführt. Es bestehen Versorgungsverträge nach § 111, 5. Buch SGB (Vertragshaus aller Versicherungsträger). Das Haus ist beihilfefähig. Bei der Therapie kommen weitestgehend Naturheilweisen zur Anwendung. Vornehmlich behandelte Leiden (Indikationen): Magenstörungen. Darmstörungen. Verdauungsstörungen. Übergewicht und seine Folgen. Stoffwechselbedingte Risikofaktoren (Gicht, eingestellter Diabetes, Rheuma). Vegetative Störungen. Biologische Therapien: Colon-Hydro-Therapie. Homöopathie. Neuraltherapie nach Huneke. Schröpfverfahren. Bach-Blüten-Therapie. Blutegel-Therapie. Elektroakupunktur nach Voll (EAV). Sauerstoff-Mehrschritt-Therapie. Aslan-Kur. Heilfasten. Kostformen/Ernährung: Spezialdiät nach Dr. F.X. Mayr.

Kurklinik Sonnenhof

Pfänderweg 31-33, 88239 Wangen, Telefon 07522/7960, Fax 22270. Bäderheilkunde, Homöopathie, Phytotherapie, Neuraltherapie. Die folgenden Angaben stammen aus zurückliegenden Befragungen, die wir von etwa 1992 bis 1997 beim betreffenden Haus durchgeführt haben: Kurklinik mit ca. 90 Betten. Es werden stationäre Behandlungen und offene Badekuren durchgeführt (§ 30 GWO, beihilfefähig), wobei Naturheilweisen unter anderem zur Anwendung kommen. Es besteht ein Versorgungsvertrag gemäß § 111 SGB 5. Die Klinik ist Vertragshaus der BfA Berlin und der LVA Württemberg. Vornehmlich behandelte Leiden: Degenerative Erkrankungen der Stütz- und Bewegungsorgane, rheumatische Erkrankungen, Folgezustände nach Sportverletzungen sowie Atemwegserkrankungen, funktionelle Erkrankungen des Kreislaufs, Übergewicht (Reduktion), allergische Erkrankungen, psychovegetative Störungen. Biologische Therapien: Krankengymnastik, Physiotherapie, Balneotherapie, Homöopathie, Neuraltherapie, Phytotherapie. Kostformen/Ernährung: Vollwertkost, teilweise aus biologischem Anbau, vegetarische Kost, Spezialdiäten (cholesterin- und purinarme Kost, Reduktionskost) und konventionelle Kost.

Parksanatorium Aulendorf

Onkologische Rehabilitation, Parkstr. 1, 88326 Aulendorf, Telefon 07525/9310, Fax 931-1599. Ernährungsweisen, Immuntherapie, Mistel-Therapie, Kunsttherapie. Die folgenden Angaben stammen aus zurückliegenden Befragungen, die wir von etwa 1992 bis 1997 beim betreffenden Haus durchgeführt haben: Privat und

Krankenkassen. Natur- und Schulmedizin, ca. 156 Betten. Heilanzeigen: Als onkologische Nachsorgeklinik: alle Tumorerkrankungen und hämatologische Erkrankungen, Kiefer- Mund- und HNO-Tumoren, Tumoren des Magen- und Darmtraktes, gynäkologische Tumoren einschließlich Mamma-Ca., Hautkrebs. Biologische Therapien: Fortsetzung begonnener Iscador-, Helixor-, Wobe-Mugos-, NeyTumorin-Therapien usw. Angebotene Kostformen: Vollwertkost, vegetarische Ernährung, Spezialdiäten (abgestufte Diabetiker-Diät, Reduktionskost u.ä.) und konventionelle Kost.

Schussental-Klinik

Reha-Zentrum für innere Medizin, Safranmoosstr. 5, 88326 Aulendorf, Telefon 07525/9320, Fax 932222. Bäderheilkunde, Ernährungsweisen, Kunsttherapie.

Kurpension Westfalen

Badstr. 23, 88339 Bad Waldsee, Telefon 07524/5187, Fax 5188. Pension mit 32 Betten. Im Haus werden ambulante Kuren durchgeführt. Bei der Therapie kommen vornehmlich Naturheilweisen zur Anwendung. Vornehmlich behandelte Leiden (Indikationen): Wirbelsäulensyndrome. Gelenksyndrome. Kreislaufstörungen. Stoffwechselstörungen. Darmstörungen. Migräne. Harnstreßinkontinenz. Rheumatismus. Biologische Therapien: Akupunktur. Traditionelle Chinesische Medizin (TCM). Atemtherapie. Fußreflexzonentherapie. Immunstärkung. Energietherapien. Leistungssteigerung des Gehirns (Gehirnjogging). Chiropraktik. Chiro-Gymnastik. Polaritätstherapie. Eutonie. Bioenergetik. Bewegungstherapie. Kuren nach Kneipp. Kostformen/Ernährung: Rohkost, teilweise aus kontrolliert-biologischem Anbau.

NaturaMed-Klinik

Badstr. 31, 88339 Bad Waldsee, Telefon 07524/990150, Fax 990125. Klinik mit 18 Betten (Behandlung nach § 30 GWO). Im Haus werden stationäre Behandlungen, Sanatoriumskuren und ambulante Kuren durchgeführt. Das Haus ist beihilfefähig. Bei der Therapie kommen vorwiegend Naturheilweisen zur Anwendung. Vornehmlich behandelte Leiden (Indikationen): Erschöpfung (Burnout). Tinnitus. Hörsturz. Bandscheibenschäden. Arthrose und Rheuma. Psoriasis und Neurodermitis. Biologische Therapien: Wasserheilkunde. Kneipptherapie. Bewegungstherapie nach Dr. Trager. Neuraltherapie. Thymus. Phytotherapie. Homöopathie. Darmsanierung. Colon-Hydro-Therapie. Akupunktur. Qigong. Ernährungstherapie. Misteltherapie. Wiedemann-Kur. Shiatsu. Bach-Blüten-Therapie. Moorpackungen und Großmassagen. Sauerstoff-Mehrschritt-Therapie. Ozontherapie. Mikrobiologische Therapie. Eigenblut. Akupunkt-Massage. Aufsteigende Dauerbrause. Meditations- und Gruppenabende. Heilfasten. Kostformen/ Ernährung: Vegetarische Kost. Milde Ableitungsdiät.

Städtische Kurbetriebe

Maximilianstr. 13, 88339 Bad Waldsee, Telefon 07524/94-0, Fax 941129. Bäderheilkunde, Kneippmedizin, Naturheilverfahren.

Sonnenstrahl

Sebastian-Kneipp-Str. 1, 88353 Kißlegg/Allgäu, Telefon 07563/1890, Fax 7443.

Vegetarische Kost. Massage- und Naturheilpraxis. Seminare zur gesunden Lebensführung.

Kneipp-Sanatorium Jordanbad

Physikalische Medizin, Jordanbad, 88400 Biberach an der Riß, Telefon 07351/343-0, Fax 343-11.

Kur-Hotel Rössle

88410 Bad Wurzach, Telefon 07564/2055.

Städtisches Moorsanatorium am Reischberg

Karl-Wilhelm-Heck-Str. 12, 88410 Bad Wurzach, Telefon 07564/3040, Fax 304444. Akupunktur, Heilfasten, Sauerstoff-Therapien, Ozon-Therapie.

Moorheilstätte Maria Rosengarten

Marktstr. 3, 88410 Bad Wurzach, Telefon 07564/93140, Fax 302154.

Städtisches Kurhaus-Sanatorium

Marktstr. 3, 88410 Bad Wurzach, Telefon 07564/3050, Fax 305155. Bäderheilkunde, Fax, Kneippmedizin.

Federseeklinik für Rehabilitation

Bachgasse 13, 88422 Bad Buchau, Telefon 07582/8000, Fax 800666. Akupunktur, Bäderheilkunde, Chirotherapie, Akupunkt-Massage nach Penzel, Craniosacral-Therapie, Neuraltherapie.

Klinik am Wald

Zellerhofstraße, 88427 Bad Schussenried, Telefon 07583/4080, Fax 408157. Akupunktur, Bäderheilkunde, Chirotherapie.

Kurpark-Klinik

Zellersee-Weg 11, 88427 Bad Schussenried, Telefon 07583/4070, Fax 407105. Bäderheilkunde, Chirotherapie, Kneippmedizin, Neuraltherapie.

Krankenhaus Heiligenberg

Fürstenbergstr. 3-5, 88633 Heiligenberg, Telefon 07554/80000, Fax 8000200. Klinik für Rehabilitation und Nachsorge. Bäderheilkunde, Homöopathie, Immuntherapie, Kneippmedizin, Mistel-Therapie, Phytotherapie, Sauerstoff-Therapien. Die folgenden Angaben stammen aus zurückliegenden Befragungen, die wir von etwa 1992 bis 1997 beim betreffenden Haus durchgeführt haben: Rehabilitations- und Nachsorge-Klinik mit ca. 80 Betten, in der unter anderem Naturheilweisen zur Anwendung kommen. Im Haus werden stationäre Behandlungen durchgeführt. Es besteht ein Versorgungsvertrag gemäß § 111 SGB 5. Vornehmlich behandelte Leiden: Sämtliche Erkrankungen nach oder in Folge einer schwerwiegenden internistischen Erkrankung und chirurgischen Eingriffen. Insbesondere auch Krebs-Nachbehandlung. Alle Formen der Stoffwechselerkrankungen unter besonderer Berücksichtigung der Adipositas. Biologische Therapien: Biologische Krebstherapie, Lymphdrainage, Neuraltherapie, Homöopathie, Phytotherapie, Mistel, Sauerstofftherapien, Thymus, Überwärmung, Diät, Autogenes Training sowie medizinische Bäder, Massagen, sämtliche Formen der Kneipptherapie,

Bewegungstherapie (Gymnastik), Gesundheitsbildung (Gruppengespräche, Vorträge). Kostformen/Ernährung: Vollwertkost, vegetarische Kost, Spezialdiäten und konventionelle Kost.

Rehabilitations-Klinik Irmgard

Goldbacher Str. 53, 88662 Überlingen, Telefon 07551/80090, Fax 800999. Fitneß-Regenerations-Programm. Entspannungs-Wellness-Programm. Senioren-Vitalisierungs-Programm. Lymphdrainage. Akupunktmassage, Fußreflexzonenbehandlung. Themenzentrierte Gesprächskreise. Kneippmedizin. Die folgenden Angaben stammen aus zurückliegenden Befragungen, die wir von etwa 1992 bis 1997 beim betreffenden Haus durchgeführt haben: Fachklinik (anerkannte private Krankenanstalt, beihilfefähig, § 30 GWO) mit ca. 65 Betten. Es werden stationäre Behandlungen, Sanatoriumskuren und offene Badekuren durchgeführt. Es kommen unter anderem Naturheilweisen zur Anwendung. Die Behandlungen können nach den §§ 40 und 111 SGB 5 erfolgen. Die Klinik ist Vertragshaus der LVA Baden (Karlsruhe). Vornehmlich behandelte Leiden: Abnutzungs- und Aufbrauchserscheinungen des Bewegungsapparates, Folgezustand nach Operationen bei verzögerter Rekonvaleszenz, Stoffwechselerkrankungen, Übergewicht sowie Carzinom-Festigungskuren, Erschöpfungszustände. Biologische Therapien: Kuren nach Kneipp, Molke-Kuren, Bewegungstherapie, manuelle Lymphdrainage sowie Reflexzonenmassage, Elektrotherapie. Kostformen/Ernährung: Vegetarische Kost, teilweise aus biologischem Anbau, tiereiweiß-freie Kost, Spezialdiäten (Diabetes, Voll-Mischkost) und konventionelle Kost.

Birkle-Klinik Überlingen

Obere St. Leonhardstr. 55, 88662 Überlingen, Telefon 07551/8030, Fax 803711. Fachklinik für innere Medizin und Orthopäde und Sanatorium mit 197 Betten. Im Haus werden stationäre Behandlungen, Sanatoriumskuren ambulant/teilstationäre Rehabilitationen und ambulante Kuren durchgeführt. Es bestehen Versorgungsverträge nach § 111, 5. Buch SGB (BfA, LVA Baden, alle Krankenkassen). Behandlungen nach § 15, 28, 31 SGB VI. Das Haus ist beihilfefähig. Bei der Therapie kommen unter anderem Naturheilweisen zur Anwendung. Vornehmlich behandelte Leiden (Indikationen): Degenerative, entzündliche Erkrankungen. Verletzungsfolgen. Erkrankungen des Herzens, Kreislaufs. Anschlußheilbehandlungen (AHB). Biologische Therapien: Kneipp. Reflexzonenmassagen. Lymphdrainage. Terraingehtraining. Lauftraining, Gehschulung. Heilfasten. Kostformen/Ernährung: Vollwertkost, teilweise aus kontrolliert-biologischem Anbau. Vegetarische Kost. Spezialdiäten (eiweißmodifiziertes Fasten, Diabetes-Kost). Allergenarme Kost, Rotationsdiät u.ä.

Kurpark Klinik

Gällerstr. 10, 88662 Überlingen, Telefon 07551/806-0, Fax 806-237. Naturheilkundlich ausgerichtete Klinik für Rehabilitation und Prävention. Versorgungsverträge mit allen Krankenkassen. Beihilfefähig. Indikationen: Ernährungsabhängige Krankheiten. Herz-Kreislauf. Degenerative und entzündliche rheumatische Erkrankungen. Tumornachsorge. Therapien: Heilfasten.

Vollwerternährung. Ernährungsberatung. Bewegungs-, Physio- und Psychotherapie. Die folgenden Angaben stammen aus zurückliegenden Befragungen, die wir von etwa 1992 bis 1997 beim betreffenden Haus durchgeführt haben: Fachklinik für ernährungsabhängige Krankheiten mit ca. 130 Betten. Die Klinik ist beihilfefähig, und es werden stationäre Behandlungen durchgeführt, wobei weitestgehend Naturheilweisen zur Anwendung kommen. Vornehmlich behandelte Leiden: Ernährungsabhängige Stoffwechselkrankheiten (Diabetes, Gicht, Fettleber, chronische Hepatitis, Fettsucht), zivilisatorische Herz- und Gefäßerkrankungen, Erkrankungen des rheumatischen Formenkreises (Weichteilrheumatismus, Bandscheiben, Wirbelsäule, Arthrosen u.a.) sowie Erkrankungen mit chronisch gestörtem Gewebsstoffwechsel (Hauterkrankungen, venöse Beinleiden, allergische Erkrankungen), Migräne, klimakterische Beschwerden. Biologische Therapien: Heilfasten, klassische Naturheilverfahren, Vollwertkost, Rohkost. Kostformen/ Ernährung: Vollwertkost, vegetarische Kost, tiereiweiß-freie Kost und Heilfasten.

Kursanatorium Müller

Seehaldenstr. 8, 88662 Überlingen, Telefon 07551/9295-0, Fax 62963. Vegetarische Kost. Bäderheilkunde, Kneippmedizin, Atemtherapie. Die folgenden Angaben stammen aus zurückliegenden Befragungen, die wir von etwa 1992 bis 1997 beim betreffenden Haus durchgeführt haben: Privat und Krankenkassen (Zuschüsse). Natur- und Schulmedizin, 40 Betten. Heilanzeigen: Herz- und Kreislauferkrankungen, Erkrankungen der Atmungsorgane, Störungen des vegetativen Nervensystems, vegetative Dystonie, rheumatische Erkrankungen, Frauenleiden, klimakterische Störungen, Anaemien, Erkrankungen der Verdauungsorgane, endokrine Störungen, Bandscheibenschäden, Rekonvaleszenz. Biologische Therapien: Kneippbehandlung, Balneotherapie, Bäder, Massagen, diätetische Behandlung, Atemtherapie, Krankengymnastik, Bewegungstherapie, Lymphdrainage. Angebotene Kostformen: Vollwertkost, vegetarische Ernährung, Spezialdiäten und konventionelle Kost.

Zahnklinik Schnitzer

Strandweg 17, 88662 Überlingen, Telefon 07551/62334, Fax 2065. Die folgenden Angaben stammen aus zurückliegenden Befragungen, die wir von etwa 1992 bis 1997 beim betreffenden Haus durchgeführt haben: Zahnklinik mit 4 Betten. Im Haus werden Zahnbehandlungen (kürzerer Maßnahmen ambulant (z.B. Untersuchungen), umfangreichere Behandlungen stationär durchgeführt. Das Haus ist beihilfefähig. Bei der Therapie kommen bioverträgliche Methoden und Materialien der biologischen Zahnheilkunde zur Anwendung. Vornehmlich behandelte Leiden (Indikationen): Beeinträchtigung der Kaufähigkeit. Gebißverfall trotz Behandlung und Zahnpflege. Kariesanfälligkeit. Zahnfleischbluten u.ä. Parodontose. Zahnlockerung. Schlecht sitzende Kronen, Brücken, Prothesen. Beschwerden im Kiefer- und Kopfbereich. Amalgam-Intoxikation. Herde Störfelder, unverträgliche Materialien. Schlechte Heilungstendenz u.ä. Biologische Therapien: Schonende Behandlung unter behutsam aufgebauter Anästhesie. Gründliche Entfernung aller bisherigen Materialien. Keine Anwendung solcher Methoden und Materialien, die Sekundär-, Herd- oder Spätschäden verursachen könnten. Homöopathie. Neuraltherapie. Phytotherapie. Amalgam-Quecksilber-Ausleitungstherapie. Kostformen/Ernährung: Vegetarische Ernährung. Spezialdiät nach Dr. Johann Georg Schnitzer. Tier-eiweißfreie Kost.

Kurhotel Seehof

Werner und Ulla Rummel, Strandweg 6, 88662 Überlingen, Telefon 07551/63028, Fax 68166. Indikationen: Chronisch-rheumatische Erkrankungen des gesamten Bewegungsapparates. Gefäß- und Kreislauferkrankungen. Erschöpfungszustände. Rehabilitation nach Herzinfarkt und Operation. Zu allen Krankenkassen zugelassen. Beihilfefähig.

Kur- und Gästehaus Röther

Uhlandstr. 2, 88662 Überlingen, Telefon 07551/9224-0, Fax 9224-99. Fasten- und Kneipperfahrungswochen. ambulante Badekuren. Zu allen Krankenkassen zugelassen. Beihilfefähig.

Klinik Buchinger am Bodensee

Wilhelm-Beck-Str. 27, 88662 Überlingen, Telefon 07551/8070, Fax 807889. Fachklinik für Heilfasten und Psychosomatik, Präventivmedizin. Naturheilkunde. Buchinger Heilfasten, Bäderheilkunde, Homöopathie. Die folgenden Angaben stammen aus zurückliegenden Befragungen, die wir von etwa 1992 bis 1997 beim betreffenden Haus durchgeführt haben: Es handelt sich um eine beihilfefähige Fachklinik für Heilfasten, Psychosomatik, Präventivmedizin mit ca. 130 Betten, in der ausschließlich Naturheilweisen zur Anwendung kommen. Im Haus werden stationäre Behandlungen und Sanatoriumskuren durchgeführt. Es besteht ein Versorgungsvertrag gemäß § 111 SGB 5. Vornehmlich behandelte Leiden: Adipositas (Übergewicht), Herz-, Kreislauf- und Gefäßkrankheiten, Stoffwechselkrankheiten (Diabetes, Fettstoffwechsel u.a.) sowie rheumatische Erkrankungen, Gastrointestinale Erkrankungen (Leber, Colitis ulcerosa u.a.), funktionelle Erkrankungen wie Migräne oder Obstipation, Hauterkrankungen. Biologische Therapien: Buchinger Heilfasten, Bewegungstherapie, Psychosomatik, Naturheilverfahren (Kneipp) sowie Atemtherapie und Ozontherapie. Kostformen/Ernährung: Vollwertkost, teilweise aus biologischem Anbau, vegetarische Kost und Spezialdiäten.

Seepark

Kurgästehaus, Forelle 1, 88662 Überlingen, Telefon 07551/92630, Fax 926363. Naturheilverfahren. F. X. Mayr-Kur. Beihilfefähig.

Wiedemann Parksanatorium Meersburg

Kurallee, 88709 Meersburg am Bodensee, Telefon 07532/8020, Fax 802-410. U.a. biologische Krebstherapie. Enzyme, Mistel, Orthomolekulare Medizin, Mikrobiologische Therapie. Die folgenden Angaben stammen aus zurückliegenden Befragungen, die wir von etwa 1992 bis 1997 beim betreffenden Haus durchgeführt haben: Beihilfefähige Fachklinik mit ca. 150 Betten. Im Haus werden stationäre Behandlungen und Sanatoriumskuren durchgeführt. Es besteht ein Versorgungsvertrag gemäß § 111 SGB 5, und es kommen vorwiegend Naturheilweisen zur Anwendung. Vornehmlich behandelte Leiden: Stoffwechselkrankheiten, Herz- und Kreislauferkrankungen, Bewegungsapparat- und Wirbelsäulenerkrankungen sowie Rehabilitation nach Erkrankungen, Operationen und Unfällen, interdisziplinäre Rheumatologie, Immobilisationsschäden, Trainingsmangel, psychosomatische Störungen/Erkrankungen. Biologische Therapien: Diätetik (Buchingerfasten), Bewegungstherapie, Kneipptherapie, Serumtherapie, Pflanzenheilkunde, Sauerstofftherapien (auch HOT und Ozon), Colon-Hydrotherapie, Homöopathie, Akupunktur, Neuraltherapie. Kostformen/Ernährung: Vollwertkost, vegetarische Kost und Spezialdiäten.

Schnitzer Zahnklinik Meersburg

Kurallee, 88709 Meersburg, Telefon 07551/7911, Fax 7532/361. Gesamt-Zahnsanierung mit bioverträglichen Methoden und Materialien. Beseitigung von Amalgam, toten Zähnen u.ä. Sowohl stationär wie ambulant. Mit intensiver Beratung zur Vermeidung von Zahn- und Gesundheitsschäden.

Kreiskrankenhaus Heidenheim

Homöopathische Abteilung, Schloßhausstr. 100, 89522 Heidenheim, Telefon 07321/33-0.

Private Zahnklinik Königshof

Königstr. 83-87, 90402 Nürnberg, Telefon 0911/223345, Fax 2306648. Zahn-/ Amalgam-Sanierung. U.a. unter ganzheitlichen Gesichtspunkten.

Privatklinik Michael-Vogel-Straße

Michael-Vogel-Str. 1 D, 91052 Erlangen, Telefon 09131/826411. Homöopathie, Immuntherapie, Mistel-Therapie, Phytotherapie, Sauerstoff-Therapien.

Universität Erlangen

Ambulanz für Naturheilverfahren, Medizinische Universitätsklinik I mit Poliklinik, c/o B. Brinkhaus, Kommissarischer Leiter der Arbeitsgruppe Naturheilverfahren und Komplementärmedizin, Krankenhausstr. 12, 91054 Erlangen, Telefon 09131/856759, Fax 853443. Überzeugt von der wachsenden Bedeutung der Alternativ-Methoden in der Medizin, bildete sich schon 1989 an der Medizinischen Universitätsklinik Erlangen-Nürnberg eine spezielle Arbeitsgruppe, die schnell erhebliche Dynamik entfaltete und heute unter Leitung des Internisten Benno Brinkhaus steht. Der Anspruch war dabei von Anfang an nicht bescheiden: die natürlichen Heilweisen sollten auf ein solides Fundament gestellt werden, was Wirksamkeit und Angemessenheit angeht - und gleichzeitig eine naturheilkundliche Versorgung der Patienten auf hohem Niveau sichergestellt werden. Letzteres erreichte man seit 1993 mit der poliklinischen Sprechstunde für Naturheilverfahren. Einzugsgebiet für diese Naturheilkunde-Ambulanz war bislang vornehmlich der nordbayrische Raum; die Behandlung erfolgt in der Regel nach Überweisung durch niedergelassene Ärzte (z.T. auch durch Kliniken) und exakter diagnostischer Abklärung des jeweiligen Beschwerdebildes. Die Therapieschwerpunkte liegen bei den klassischen naturheilkundlichen Verfahren: Phytotherapie, Physikalische Therapie, Wasserbehandlungen, Bewegungs- und Atemtherapie. Hinzu kommen Ernährungstherapie (einschließlich kürzerem überwachtem Fasten), Ordnungstherapie unter Einsatz bestimmter Entspannungsverfahren, Homöopathie und Akupunktur.

Psori-Sol Therapiezentrum GmbH

Mühlstr. 31, 91217 Hersbruck, Telefon 09151/729-0. Fachklinik mit 160 Betten. Im Haus werden stationäre Behandlungen durchgeführt (§ 108 SGB V). Es bestehen Versorgungsverträge nach § 111, 5. Buch SGB. Das Haus ist beihilfefähig. Vornehmlich behandelte Leiden (Indikationen): Entzündliche und nicht entzündliche Hauterkrankungen und deren Begleiterscheinungen. Neurodermitis. Psoriasis. Allergische Hauterkrankungen und Nesselsucht. Nahrungsmittelallergien. Biologische Therapien: Ernährungstherapie. Nahrungsmittelallergie-Diagnostik. Reduktionsdiäten. Kostformen/Ernährung: Vollwertkost. Vegetarische Kost. Rohkost. Allergenarme Kost, Rotationsdiät u.ä.

Kiliani-Klinik

Schwarzallee 10, 91438 Bad Windsheim, Telefon 09841/930, Fax 93136. Bäderheilkunde, Homöopathie.

Altmühlvital Vital-Institut

Schloß, 91757 Treuchtlingen, Telefon 09142/94931.

Eden-Reha

Lessingstr. 39-41, 93093 Donaustauf, Telefon 09403/380, Fax 3811. Rehabilitationszentrum. Bewegungsapparat. Sportmedizin. Skoliose. Immuntherapie, Sauerstoff-Therapien, Eigenbluttherapie.

Bayerwald-Klinik

Fachklinik für Innere Medizin, Klinikstr. 22, 93413 Cham, Telefon 09971/4820, Fax 482629. Homöopathie, Immuntherapie, Kneippmedizin, Mistel-Therapie, Phytotherapie, Orthomolekulare Medizin. Die folgenden Angaben stammen aus zurückliegenden Befragungen, die wir von etwa 1992 bis 1997 beim betreffenden Haus durchgeführt haben: Fachklinik für Innere Medizin (beihilfefähig) mit ca. 253 Betten. Es werden stationäre Behandlungen und Sanatoriumskuren durchgeführt, wobei Naturheilweisen unter anderem zur Anwendung kommen. Es besteht ein Versorgungsvertrag gemäß § 111 SGB 5. Die Klinik ist Vertragshaus der BfA, LVA sowie aller Krankenkassen und Privatversicherungen. Vornehmlich behandelte Leiden: Kardiologische Anschlußheilbehandlungen und Rehabilitationsverfahren (Herz- und Kreislauferkrankungen), gastroenterologische Reha- und AHB-Maßnahmen, onkologische Reha- und AHB-Maßnahmen (Krebserkrankungen). Biologische Therapien: Kneipp, gesamte physikalische Therapie mit Bädern, Fango, Massagen u.a. Homöopathie. Sauerstofftherapien. Thymusbehandlung. Phytotherapie. Mistel. Orthomolekulare Medizin. Kostformen/Ernährung: Vollwertkost, teilweise aus biologischem Anbau, vegetarische Kost, tiereiweiß-freie Kost, Spezialdiäten (Diabetes, Leber-Galle-Schonkost) und konventionelle Kost.

TCM Klinik Kötzting

Ludwigstr. 2, 93444 Kötzting, Telefon 09941/6090, Fax 609499. Krankenhaus mit 76 Betten. Im Haus werden stationäre Behandlungen durchgeführt (alle gesetzlichen Kassen). Bei der Therapie kommen weitestgehend Naturheilweisen zur Anwendung. Die TCM-Klinik gehört zum Klinkverbund »Münchner Modell«, dessen Auftrag u.a. darin besteht, »den therapeutischen Wert der wesentlichen Naturheilverfahren zu erforschen und durch die wissenschaftliche Begleitung die Qualitätssicherung dieser Verfahren zu gewährleisten«. Vornehmlich behandelte Leiden (Indikationen): Erkrankungen des Stütz- und Bewegungsapparates. Erkrankungen der Atemwege. Herz- und Kreislauferkrankungen. Funktionelle Schmerzzustände (z.B. Migräne. Trigeminusneuralgie etc.). Erkrankungen des Magen-Darm-Traktes. Hautkrankheiten. Nervenerkrankungen. Biologische Therapien: Chinesische Phytotherapie. Akupunktur. Chinesische Massage (Tuina). a. Moxibustion. Qigong. Ernährungstherapie. Neuraltherapie. Homöopathie. Inhalationstherapie. Gesundheitstraining. Laserakupunktur. Ernährungstherapie (vollwertorientierte Kost mit chinesischen Elementen). Kostformen/Ernährung: Vollwertkost, teilweise aus kontrolliert-biologischem Anbau. Vegetarische Kost. Tiereiweißfreie Kost. Rohkost. Glutenfreie Kost. Diabetikerkost. Candidakost. Ernährung bei Lebensmittel-Unverträglichkeiten. Allergenarme Kost, Rotationsdiät u.ä.

Spezialklinik Neukirchen

Krankenhausstr. 9, 93453 Neukirchen bei Hl. Blut, Telefon 09947/280, Fax

28109. Ernährungsweisen, Phytotherapie, Colon-Hydro-Therapie, Schwermetall Ausleitung. Die folgenden Angaben stammen aus zurückliegenden Befragungen, die wir von etwa 1992 bis 1997 beim betreffenden Haus durchgeführt haben: Fachklinik mit 140 Betten. Im Haus werden stationäre Behandlungen durchgeführt. Es bestehen Versorgungsverträge nach § 111, 5. Buch SGB mit allen Krankenkassen. Das Haus ist beihilfefähig. Bei der Therapie kommen weitestgehend Naturheilweisen zur Anwendung. Indikationen: Neurodermitis. Schuppenflechte (Psoriasis). Chronische Ekzemen. Allergisches Asthma. Allergische Rhinitis. Hyperaktivität bei Kindern. Umwelterkrankungen durch Schwermetallbelastungen, Umweltgifte und falsche Ernährung. Gezielte cortisonfreie Lokaltherapie der Haut. Biologische Therapien: Darmentgiftungsverfahren (Hydro-Colon-Therapie). Phytotherapie. Schwermetallausleitung (besonders bei Amalgam-Belastung). Abwehrmodulierende, stoffwechselunterstützende Behandlung. Diätetische und psychotherapeutische Maßnahmen. Entspannungstechniken (Yoga für Kinder und Erwachsene, Atemübungen, Gymnastik für Allergiker. Progressive Muskelentspannung. Kostformen/Ernährung: Individuell abgestimmte Ernährung (Suchdiät, Auslaßdiät, Rotationsdiät). Ausgleich festgestellter Defizite an Vitalstoffen (Vitamine, Spurenelemente, Enzyme).

La Clematis Privatklinik

94051 Hauzenberg-Rassreuth, Telefon 08586/5020, Fax 5049. Fachklinik mit 25 Betten (Behandlung nach § 30 GWO). Im Haus werden stationäre Behandlungen durchgeführt. Das Haus ist beihilfefähig. Bei der Therapie kommen vorwiegend Naturheilweisen zur Anwendung. Vornehmlich behandelte Leiden (Indikationen): Tinnitus (Ohrgeräusche). Vertigo. Morbus Menière (Dreh-, Brech- und Schwankschwindel). Schwerhörigkeit. Zustand nach Hörsturz. Biologische Therapien: Low-Level-Laser-Anwendungen nach einem klinikeigenen Konzept, verbunden mit Sauerstoffinhalationen mit ionisiertem Sauerstoff. Psychotherapie als Einzel- und Gruppentherapien. Atemtherapie. Qigong. Akupunktmassage nach Penzel (APM). Kinesiologie. Ganzheitliche Kombinationstherapie vornehmlich auf naturheilkundlicher Basis. Kostformen/Ernährung: Kostformen/Spezialdiäten nach ärztlicher Indikation und Austestungen. Glutenfreie Kost.

Kurhotel am Mühlenbach

Bachstr. 15, 94072 Bad Füssing, Telefon 08531/278-0, Fax 278427. Wellness-Hotel und Sanatorium.

Zentrum für integrative Medizin GmbH

Beethovenstr. 1, 94072 Bad Füssing, Telefon 08531/24050, Fax 240520. Akupunktur, Heilfasten, Homöopathie, Immuntherapie, Kneippmedizin, Mistel-Therapie, Phytotherapie, Sauerstoff-Therapien, Ozon-Therapie, Atemtherapie, Neuraltherapie, Zelltherapie. Die folgenden Angaben stammen aus zurückliegenden Befragungen, die wir von etwa 1992 bis 1997 beim betreffenden Haus durchgeführt haben: Klinik mit ca. 26 Betten sowie Belegbetten in benachbarten Hotels zur ambulanten Behandlung. Durchblutungsstörungen (cerebral, cardial, peripher), Herz-und Kreislauferkrankungen, Bronchial- und Lungenleiden (chronische Bronchitiden, Asthma bronchiale, Lungenemphysem, Lungenfibrose), Lebererkrankungen, ernährungsbedingte Krankheiten, Magen- und Darmerkrankungen, insbesondere Reizcolon, Obstipation, Dysbiose, rheumatische Erkrankungen, degenerative Gelenkerkrankungen, Krebsleiden. Biologische Therapien: Verschiedene Sauerstoff-Therapien (Sauerstoff-Mehrschritt-Therapie, Haematogene Oxydationstherapie u.a.), Zelltherapie, Thymus (THX), Organseren, Chelattherapie, Heilfasten, Darmsanierung, Laserbehandlung der Haut, Magnetfeldtherapie, Überwärmung, Lymphdrainage, Kneipp, Atemtherapie, Akupunktur, Neuraltherapie, Phytotherapie, Mistel, Homöopathie. Kostformen/Ernährung: Vollwertkost.

Kurhotel Mürz

Birkenallee 9, 94072 Bad Füssing, Telefon 08531/958-0, Fax 29876. Wellness-Urlaub.

Hotel zur Post

Inntalstr. 36, 94072 Bad Füssing, Telefon 08531/29090, Fax 2909-227. Beihilfefähig. Naturheilverfahren. Sauerstoff-Mehrschritt-Therapie nach Prof. Ardenne. Aktive Ozon-Sauerstoff-Therapie.

Johannesbad Rehabilitationskliniken

Johannesstr. 2, 94072 Bad Füssing, Telefon 08531/231, Fax 232732. Bäderheilkunde.

Klinik Niederbayern

Paracelsusstr. 1, 94072 Bad Füssing, Telefon 08531/9700, Fax 970870. Fachklinik mit 220 Betten. Im Haus werden stationäre Behandlungen durchgeführt. Es bestehen Versorgungsverträge nach § 111, 5. Buch SGB. Das Haus ist beihilfefähig. Bei der Therapie kommen unter anderem Naturheilweisen zur Anwendung. Vornehmlich behandelte Leiden (Indikationen): Stationäre Weiterbehandlung nach Operationen und Verletzungen an den Bewegungsorganen (AHB). Erkrankungen an den Bewegungsorganen (Wirbelsäule und Extremitäten). Weichteilrheumatismus. Fehlstatische Beschwerden und Lähmungen oder Amputationen. Biologische Therapien: Krankengymnastik. MTT. Ergotherapie. Elektrotherapie. Autogenes Training. Qigong. Akupunktur. TNS. Hypnose. Entspannungsgymnastik. Hydrotherapie (Thermalbad), Thermotherapie. Mechanotherapie. Hippotherapie (gelegentlich). Progressive Muskelrelaxation. Psychologische Schmerzbewältigung und Schmerztherapie. Eye Movement Desensitization. Kognitive Verhaltenstherapie. Klientenzentrierte Gesprächspsychotherapie nach Rogers. Kostformen/Ernährung: Vegetarische Kost. Tier-eiweißfreie Kost. Rohkost. Trennkost. Spezialdiäten. Glutenfreie Kost. Allergenarme Kost, Rotationsdiät u.ä. Konventionelle Kost.

Sanatorium Sonnenhof

Schillerstr. 4, 94072 Bad Füssing, Telefon 08531/2264-0, Fax 2264207. 128 Betten. Indikationen: Rheuma, Wirbelsäule, Herz-Kreislauf, Stoffwechsel. Anschlußheilbehandlungen und ambulante Badekur. Vollwertkost. Seniorengerecht, familienfreundlich. Nichtraucher. Naturheilkunde: Regeneresen-Behandlung. Thymus. Thermal-Mineral-Freibad.

Zentrum für Naturheilverfahren

im Kurhotel Holzapfel, Thermalbadstr. 5, 94072 Bad Füssing, Telefon 08531/94090, Fax 940920. Zentrum für Naturheilverfahren. Heilfastenwochen mit Fastenernährung, Ernährungsberatung, Colonmassage, Gymnastik, Sauerstoffbehandlung, biologischer Darmsanierung. Spezialkuren zur Gefäßtherapie, bei Durchblutungsstörungen, Arthrose, Osteoporose.

Kur- und Naturheilzentrum Dr. Holzapfel

Rathausstr. 1, Telefon 08531/923010, Fax 923011. Wellnesswochen. Fitnesswochen. Naturheilkundlich orientiertes Therapeutenteam. Arthrosezentrum. Pulsierende Signal-Therapie.

Sanatorium Der Tannenhof

Kurallee 25, 94072 Bad Füssing, Telefon 08531/2760, Fax 276460. Ozonblutwäsche. Sauerstoff-Mehrschritt-Therapie. Thymusinjektionen. Raucherentwöhnungswochen mit Akupunktur, Lymphdrainage, Ganzkörperwärmebehandlungen.

Kurhotel Ludwig Thoma

Ludwig-Thoma-Weg 23, 94072 Bad Füssing, Telefon 08531/2280, FAx 228107. Sauerstoff-Mehrschritt-Therapie. Wiedemann-Kur.

Deutsches Zentrum für TCM

Ludwig-Thoma-Weg 21, 94072 Bad Füssing, Telefon 08531/24000, Fax 240080. Behandlungen nach der Traditionellen Chinesischen Therapie (TCM), ambulant und stationär. Chinesische Heikräuterapotheke im Haus.

Kurhotel Falkenhof

Paracelsusstr. 4, 94072 Bad Füssing, Telefon 08531/9743, Fax 974400. Heilfasten. Vitalküche.

Privatklinik St. Raphael

Am Kurwald 10, 94086 Bad Griesbach, Telefon 08532/28170, Fax 28172. Biologische Krebstherapie. Enzymtherapie. Mistel. Organpräparate. Sauerstoff-Ozon-Behandlung. Thymus. Akupunktur. Colon-Hydro-Therapie. Magnetfelder. Mikrobiologische Therapie. Neuraltherapie. Wärmetherapie. Vollwerternährung. Psychotherapie.

Klinik St. Lukas

Nibelungenstr. 49, 94086 Bad Griesbach im Rottal, Telefon 08532/796112, Fax 2264207. Klinik und Sanatorium für orthopädische, chirurgische und internistische Nachbehandlungen. Indikationen: Bandscheibenbeschwerden, Rheuma, Operationsnachsorge. Therapien: Massage, Bewegungsbad, Krankengymnastik, Elektrotherapien, Sauerstofftherapien, Akupunktur. Naturmoor. Diätkuren. Reduktion. Beihilfefähig und anerkannt von allen Kassen.

Klinikum Passauer Wolf

Thermalbadstr. 20, 94086 Bad Griesbach, Telefon 08532/270, Fax 274777. Bäderheilkunde, Naturheilverfahren.

Pension Dreiländereck

Vegetarische Vollwertpension Heidi Reutter, Riedelsbach 76, 94089 Neureichenau, Telefon 08583/317, Fax 91120. Vitalstoffreiche Vollwertkost nach Dr. Bruker. Shiatsu-Massage.

Akuna Kurhotel Viechtach

Waldschmidtstr. 2, 94234 Viechtach, Telefon 09942/953-0, Fax 553-400. Filiale des Deutschen Akupunkturzentrums (Waldbrunn). Bio-Therapien: Akupunktur, ergänzt durch Naturheilverfahren der westlichen Medizin.

Klinik Sonnenhof

Rechensöldenweg 8-10, 94249 Bodenmais, Telefon 09924/7710, Fax 771499. Rehabilitationsklinik für Krankheiten der Atmungsorgane, Hauterkrankungen, Krankheiten des Herzens und des Kreislaufs sowie Stoffwechselkrankheiten. Mutter (Vater)-Kind-Kuren. Behandlung nach einem ganzheitlichen Therapiekonzept mit den Komponenten: Klimatherapie, Heilstollentherapie, Physikalische Therapie, Lichttherapie, Balneophototherapie, Krankengymnastik- und Sporttherapie, Pharmakotherapie, Psychotherapie, Ernährungsberatung, Gesundheitserziehung, Gestaltungstherapie, Freizeittherapie. Mit Kindertagesstätte. Behandlung nach § 111 SGB V.

Hochwald-Klinik

Am Predigtstuhl 12, 94379 St. Engelmar/Bayer. Wald, Telefon 09965/181-0, Fax 181-400. Fachkrankenhaus für innere Medizin. Fachklinik für Psychosomatik und Diabetes. Mutter-Kind-Rehabilitationsklinik im Verbund mit dem Klinikum Waldmünchen. Bei der Klinik ist man bemüht, mit einem »integrierten psychosomatisch-dermatologischen und klimatherapeutischen Modell die vielfältigen Ursachen der Krankheitsbilder im Rahmen eines ganzheitlichen Behandlungskonzepts individuell zu therapieren«.

Sanatorium zum Parkschlößchen

Badstr. 26-30, 95138 Bad Steben, Telefon 09288/72533, Fax 72-113. Sanatorium mit 57 Betten (Behandlung nach § 30 GWO). Im Haus werden stationäre Behandlungen, Sanatoriumskuren und ambulante Kuren durchgeführt. Das Haus ist beihilfefähig. Bei der Therapie kommen unter anderem Naturheilweisen zur Anwendung. Vornehmlich behandelte Leiden (Indikationen): Herz-Kreislauf- und Gefäßerkrankungen. Rheumatische Leiden. Gelenkversteifung. Gynäkologische Erkrankungen. Stoffwechselstörungen. Biologische Therapien: Sauerstofftherapie. Aslan-Therapie. Neuraltherapie. Ernährungstherapie. Bewegungstherapie. Aufbautherapie nach körperlicher Erschöpfung. Kostformen/Ernährung:

Vollwertkost. Vegetarische Kost. Leichte Vollkost. Natriumarme, purinarme Kost. Diabetikerkost.

Rehabilitationsklinik Franken

Berliner Str. 18, 95138 Bad Steben, Telefon 09288/958-0. Bäderheilkunde.

Privatklinik Merkel

Lämmerstr. 10, 95233 Helmbrechts/Frankenwald, Telefon 09252/6165, Fax 8623.

Klinik/Sanatorium/Hotel mit 20 Betten (Behandlung nach § 30 GWO). Im Haus werden stationäre Behandlungen, Sanatoriumskuren und ambulante Kuren durchgeführt. Es bestehen Versorgungsverträge nach § 111, 5. Buch SGB. Das Haus ist beihilfefähig. Bei der Therapie kommen weitestgehend Naturheilweisen zur Anwendung. Vornehmlich behandelte Leiden (Indikationen): Anerkannte Kneippkuranstalt. Allgemeine Zivilisationsleiden. Biologische Therapien: Sauerstoff-Mehrschritt-Therapie. HOT. Neuraltherapie. Thymus. Phytotherapie. Homöopathie. Darmsanierung. Traditionelle Chinesische Medizin (TCM). Akupunktur. Ernährungstherapie. Misteltherapie. Hildegard-Medizin. Kneipp-Therapie. Mayr. Wiedemann. Aslan. Heilfasten. Kostformen/Ernährung:

Vollwertkost. Vegetarische Kost. Tier-eiweißfreie Kost. Rohkost. Trennkost. Glutenfreie Kost. Allergenarme Kost, Rotationsdiät u.ä. Konventionelle Kost.

Kurklinik Salem-Lindenhof

Alte Pressecker Str. 51, 95346 Stadtsteinach, Telefon 09225/8090, Fax 8161. Kurklinik mit 18 Betten. Im Haus werden stationäre Behandlungen, Sanatoriumskuren und ambulante Kuren durchgeführt. Es bestehen Versorgungsverträge nach § 111, 5. Buch SGB. Das Haus ist beihilfefähig. Bei der Therapie kommen vorwiegend Naturheilweisen zur Anwendung. Vornehmlich behandelte Leiden (Indikationen): Herz-Kreislauf. Krebs-Vor- und Nachsorge. Erschöpfungszustände. Parkinson-Syndrom. Bandscheibenschäden. Abwehrschwäche. übergewicht. Allgemeine Zivilisationsleiden. Biologische Therapien: Neuraltherapie. Eigenblutbehandlung. Heilerdepakcungen. Chirotherapie. Balneotherapie. Schwimmen. Reiten. Töpfern. Maltherapie. In der Klinik wurde ein Verfahren entwickelt, durch diagnostische Untersuchungen die Leistungsfähigkeit des Immunsystems zuverlässig zu ermitteln und daraus therapeutische Wege zur Stärkung der körpereigenen Abwehrkräfte zu entwickeln (»Salem-3-Tage-Kur«). Kostformen/Ernährung: Vollwertkost aus kontrolliert-biologischem Anbau. Vegetarische Kost. Tier-eiweißfreie Kost. Spezialdiäten.

VITALEX

Zentrum für Naturheilverfahren, Am Kirchsteig 13, 95680 Bad Alexandersbad, Telefon 09232/99420, Fax 889461. Sauerstoff-Therapie nach Ardenne. Biologische Vitalex-Therapie nach Wiedemann. Thymus-Kur. Orthomolekulare Therapie.

Sanatorium Alexandersbad

Markgrafenstr. 24, 95680 Bad Alexandersbad, Telefon 09232/889-0, Fax 889461. Vollwertkost.

Kursanatorium am Bäderhaus

Markgrafenstr. 30, 95680 Bad Alexandersbad, Telefon 09232/890, Fax 89800. Akupunktur, Chirotherapie, Sauerstoff-Therapien, Aslan-Therapie.

Institut für natürliches Heilen Ahorn

Max-Gerson-Zentrum, Hohenstein, 96450 Coburg-Ahorn, Telefon 09565/949480. Betreuung von Krebskranken nach der ganzheitlichen Behandlungsmethode von Dr. Max Gerson.

Natur-Kurklinik

Spessartstr. 34, 97389 Kredenbach, Telefon 09394/8070, Fax 807250. Bäderheilkunde, Ernährungsweisen.

Kurpark-Klinik

Kurhausstr. 31, 97616 Bad Neustadt, Telefon 09771/9170. Bäderheilkunde.

Franken-Klinik

Salzburgweg 7, 97616 Bad Neustadt, Telefon 09771/9160. Bäderheilkunde.

Kurpark-Sanatorium

Martin-Reinhard-Str. 30, 97631 Bad Königshofen, Telefon 09761/9101-0. Kneippmedizin, Sauerstoff-Therapien. Die folgenden Angaben stammen aus zurückliegenden Befragungen, die wir von etwa 1992 bis 1997 beim betreffenden Haus durchgeführt haben: Anerkannte private Krankenanstalt (Sanatorium/Hotel, § 30 GWO, beihilfefähig) mit 142 Betten, in der vorwiegend Naturheilweisen zur Anwendung kommen. Es werden stationäre Behandlungen, Sanatoriumskuren sowie offene Badekuren durchgeführt. Es besteht ein Versorgungsvertrag gemäß § 111 SGB 5. Vornehmlich behandelte Leiden: Stoffwechsel, rheumatischer Formenkreis, Diabetes, Magen, Leber, Galle Darm. Biologische Therapien: Kuren nach Kneipp, Physikalische Therapie, Sauerstofftherapie nach Regelsberger sowie Diäten (RAL). Kostformen/Ernährung: Vollwertkost, teilweise aus biologischem Anbau, vegetarische Kost, tiereiweiß-freie Kost, Spezialdiäten (Morbus Crohn u.a. auf Anfrage) sowie konventionelle Kost.

Park-Klinik

Bismarckstr. 68, 97688 Bad Kissingen, Telefon 0971/7070, Fax 707199. Fachklinik mit 194 Betten (Behandlung nach § 30 GWO). Im Haus werden Sanatoriumskuren und ambulante Kuren durchgeführt. Es bestehen Versorgungsverträge nach § 111, 5. Buch SGB. Das Haus ist beihilfefähig. Bei der Therapie kommen vorwiegend Naturheilweisen zur Anwendung. Vornehmlich behandelte Leiden (Indikationen): Gynäkologische Onkologie. Gynäkologie. Internistische Onkologie. Psychosomatik. Klimakterium. Osteoporose. Harninkontinenz. Zustände nach Operationen. Biologische Therapien: Hydrotherapie. Phytotherapie. Bewegungstherapie. Ernährungstherapie. Ordnungstherapie. Homöopathie. Akupunktur. Misteltherapie. Balneologie. Symbioselenkung. Autogenes Training. Progressive Muskelrelaxation. Lymphtherapie. KPE. Atemtherapie. Bibliotherapie. Psychotherapie (auch Gruppen). Kostformen/Ernährung: Vollwertkost. Vegetarische Kost. Spezialdiäten. Glutenfreie Kost. Allergenarme Kost, Rotationsdiät u.ä.

Sanatorium Lechmann

Altenbergweg 3, 97688 Bad Kissingen, Telefon 0971/9170, Fax 91761. Mistel-Therapie, Sauerstoff-Therapien.

Sanatorium im Steigenberger Kurhotel

Am Kurgarten 3, 97688 Bad Kissingen, Telefon 0971/8041-121, Fax 8041597. Sanatorium mit 22 Betten (Behandlung nach § 30 GWO). Im Haus werden

Sanatoriumskuren und ambulante Kuren durchgeführt. Das Haus ist beihilfefähig. Bei der Therapie kommen weitestgehend Naturheilweisen zur Anwendung. Vornehmlich behandelte Leiden (Indikationen): Sport- und Flugmedizin. Gelenke und Wirbelsäule. Onkologie. Akute und chronische Schmerzen. Magen/Galle. Darm/Leber. Herz und Gefäße. Orthopädie. Frauenkrankheiten. Nerven. Rheuma. Psychosomatische Beschwerden. Allergien. Biologische Therapien: Sauerstoff-Mehrschritt-Therapie. Thymus-Therapie mit Thymosand. Neuraltherapie. Darmsanierung. Anti-Pilz-Therapie. Misteltherapie. Aslan-Therapie. Wiedemann-Kur. Biophysikalische Diagnostik. Therapie bei Umweltbelastungen, toxischen Belastungen durch Schwermetalle, Umweltgifte, elektrische, magnetisch Felder und sog. Erdstrahlen. Heilfasten. Kostformen/Ernährung: Vollwertkost, teilweise aus kontrolliert-biologischem Anbau. Vegetarische Kost. Tier-eiweißfreie Kost. Rohkost. Trennkost. Glutenfreie Kost. Allergenarme Kost, Rotationsdiät u.ä. Konventionelle Kost.

Villa Arndt

Bergmannstr. 7, 97688 Bad Kissingen, Telefon 0971/2133. Die folgenden Angaben stammen aus zurückliegenden Befragungen, die wir von etwa 1992 bis 1997 beim betreffenden Haus durchgeführt haben: Hotel-Pension mit 16 Betten, in der offene Badekuren und »Kombinationskuren« durchgeführt werden können. Das Haus ist beihilfefähig, und Naturheilweisen kommen unter anderem zur Anwendung. Vornehmlich behandelte Leiden: Streßzustände, nervöse Beschwerden, Übergewicht sowie Magen-Darm-Leber-Beschwerden. Biologische Therapien: Molke-Trinkkuren, Trink- und Badekuren mit den Kissinger Quellen, Naturmoor-Umschläge. Kostformen/Ernährung: Spezialdiäten (Molke-Trinkkur) und konventionelle Kost.

Luitpold-Kurklinik

Bismarckstr. 24/38, 97688 Bad Kissingen, Telefon 0971/840, Fax 84565. Fachklinik und Kurklinik (beihilfefähig, § 30 GWO) mit 260 Betten. Die Luitpold-Kliniken sind nach § 30 der Gewerbeordnung staatlich konzessioniert, nach den Beihilfevorschriften des Bundes anerkannt und verfügen über einen Versorgungsvertrag nach § 111 SGB V. In der Klinik werden Anschlußheilbehandlungen (ABH) in mehreren Indikationsgruppen durchgeführt. Vornehmlich behandelte Leiden: Innere Erkrankungen. Herz-Kreislauf- sowie Stoffwechselstörungen, Übergewicht. Orthopädisch-rheumatische Erkrankungen. Nachsorge onkologischer Krankheitsbilder. Biologische Therapien: Kneipp, Akupunktur, Iscador-Behandlung sowie komplette physikalische Therapie, Krankengymnastik, Elektrotherapie, Psychotherapie, Bewegungs- und Beschäftigungstherapie, Natur-Sole-Bäder. Entspannungsverfahren (Autogenes Training, Muskelrelaxation und Entspannung nach Jacobson, Qigong). Kostformen/Ernährung: Modifizierte Vollwertkost, teilweise aus biologischem Anbau, vegetarische Spezialdiäten (Diabetes, glutenfrei, Reduktionskost, Heilfasten) und konventionelle Kost.

Sanatorium Preussischer Hof

Bismarckstr. 32, 97688 Bad Kissingen, Telefon 0971/8090, Fax 809155.

Klinisches Sanatorium Fronius

Bismarckstr. 52-62, 97688 Bad Kissingen, Telefon 0971/9150, Fax 915200. Klinik/Sanatorium mit 97 Betten. Im Haus werden stationäre Behandlungen, Sanatoriumskuren, Vorsorgekuren und ambulante Kuren durchgeführt. Es bestehen Versorgungsverträge nach § 111, 5. Buch SGB. Das Haus ist beihilfefähig. Bei der Therapie kommen unter anderem Naturheilweisen zur Anwendung. Vornehmlich behandelte Leiden (Indikationen): Herz-Kreislauf-Erkrankungen. Übergewicht. Gastroenterologische Erkrankungen. Entzündliche rheumatische Erkrankungen. Stoffwechselleiden. Psychosomatische und psychovegetative Erkrankungen. Orthopädische Erkrankungen. Erkrankungen der Atmungsorgane. Onkologische Erkrankungen. Geroprophylaxe. Biologische Therapien: Ozontherapie. HOT. Sauerstoff-Mehrschritt-Therapie. Original-Serum-Therapie nach Wiedemann. Neuraltherapie. Colon-Hydro-Therapie. Schmerztherapie. Streßbewältigungstherapie. Bewegungstherapie. Procaintherapie nach Prof. Aslan. Thymus-Therapie. Psychotherapie. Jacobson. Autogenes Training. Eutonische Übungen. Gehirnjogging. Kneipp-Therapie. Lymphdrainage. Migräne-Behandlung. Natursole. Moor. Kostformen/Ernährung: Vollwertkost, teilweise aus kontrolliert-biologischem Anbau. Vegetarische Kost. Tier-eiweißfreie Kost. Rohkost. Trennkost. Glutenfreie Kost. Spezialdiäten (z.B. lactosefreie Ernährung). Allergenarme Kost, Rotationsdiät u.ä. Konventionelle Kost.

Bristol-Sanatorium

Bismarckstr. 8-10, 97688 Bad Kissingen, Telefon 0971/8240, Fax 84565. 70 Betten, einschließlich angeschlossenem Hotel. Ambulante Kuren, Anschlußheilbehandlungen. Beihilfefähig. Vollwertkost und vegetarische Ernährung. Heilfasten. Familienfreundlich. Nichtraucher. Akupunktur, Kneippmedizin, Mistel-Therapie. Die folgenden Angaben stammen aus zurückliegenden Befragungen, die wir von etwa 1992 bis 1997 beim betreffenden Haus durchgeführt haben: Sanatorium (beihilfefähig, § 30 GWO) mit 56 Betten in dem offene Badekuren und Pauschalkuren durchgeführt werden, wobei Naturheilweisen unter anderem zur Anwendung kommen. Vornehmlich behandelte Leiden: Innere Erkrankungen, orthopädisch-rheumatische Nachsorge, Frauenleiden sowie Erschöpfungszustände, Diabetes, Übergewicht, Herz-Kreislauf. Biologische Therapien: Kneipp, Akupunktur, Iscador-Behandlung sowie Natur-Sole-Bäder, Sauna, physikalische Therapie, Gymnastik, Elektrotherapie. Kostformen/Ernährung: Vegetarische Kost, Spezialdiäten (Diabetes, Heilfasten, Reduktionskost) sowie konventionelle Kost.

Deegenberg-Klinik

Burgstr. 21, 97688 Bad Kissingen, Telefon 0971/8210, Fax 8218460. Bäderheilkunde, Elektrotherapie.

Fachklinik Heiligenfeld

Euerdorfer Str. 4-6, 97688 Bad Kissingen, Telefon 0971/82060, Fax 68529. Fachklinik mit 102 Betten (Behandlung nach § 30 GWO). Im Haus werden stationäre Behandlungen durchgeführt. Es bestehen Versorgungsverträge nach § 111, 5. Buch SGB. Das Haus ist beihilfefähig. Bei der Therapie kommen vorwiegend Naturheilweisen zur Anwendung. Vornehmlich behandelte Leiden (Indikationen): Alle psychosomatischen und psychischen Störungen ohne Suchterkrankungen (Migräne, Magen-Darm, Wirbelsäule). Ängste. Depressionen. Sexual- und Beziehungsstörungen. Belastungs- und Erschöpfungszustände. Eßstörungen. Borderline-Erkrankungen. Nicht-akute Psychosen. Biologische Therapien: Psychotherapie. Körperpsychotherapien. Meditation. Warmwasser-Therapien. Entspannungsverfahren, Musik- und Rhythmustherapie u.a. Kostformen/Ernährung: Vollwertkost aus kontrolliert-biologischem Anbau. Vegetarische Kost. Spezialdiäten auf ärztliche Verordnung.

Hotel Frankenland Kur-Center

Frühlingstr. 9-11, 97688 Bad Kissingen, Telefon 0971/810, Fax 812810. 380 Betten (Hotel und Sanatorium). Ambulante Kuren und Anschlußheilbehandlung. Vollwertkost und vegetarische Ernährung. Familienfreundlich, seniorengerecht. Nichtraucher.

Sanatorium Jesse

Kantstr. 25, 97688 Bad Kissingen, 0971/9280, Fax 92834. Klinik/Sanatorium mit 35 Betten (Behandlung nach § 30 GWO). Im Haus werden stationäre Behandlungen, Sanatoriumskuren und ambulante Kuren durchgeführt. Es bestehen Versorgungsverträge nach § 111, 5. Buch SGB. Das Haus ist beihilfefähig. Bei der Therapie kommen unter anderem Naturheilweisen zur Anwendung. Vornehmlich behandelte Leiden (Indikationen): Herz-Kreislauf. Stoffwechsel. Gefäße. Chronische Schmerzen. Krampfaderleiden. Infarktnachsorge. Erkrankungen des Bewegungsapparates. Ernährungsschäden. Psychischer und physischer Erschöpfungszustand. Biologische Therapien: Medizinische Bäder. Massagen. Kneipp-Therapie. Gymnastik. Reflexzonenmassage. Lymphdrainage. Entspannungs- und Bewegungstraining. Neuraltherapie. Akupunktur. Trocken-, Wassergymnastik. HOT. Sauerstoff-Mehrschritt-Therapie. Schroth. Mayr. Aslan. Heilfasten. Kostformen/Ernährung: Vollwertkost, teilweise aus kontrolliert-biologischem Anbau. Vegetarische Kost. Tier-eiweißfreie Kost. Bircher-Benner-Kost. Rohkost. Glutenfreie Kost. Spezialdiäten (Diabetiker-Kost). Allergenarme Kost, Rotationsdiät u.ä.

Sanatorium Winterstein

Pfaffstr. 5, 97688 Bad Kissingen, Telefon 0971/8270, Fax 827106.

Sanatorium Haus Bayern

Rosenstr. 3, 97688 Bad Kissingen, Telefon 0971/80470.

Arkadenhof Kurhotel

Von-Humboldt-Str. 9, 97688 Bad Kissingen, Telefon 0971/71700, Fax 717070. Schrothkur.

Institut für Naturheilweisen

Kirchgasse 7, 97688 Bad Kissingen, Telefon 0971/5064, Fax 69575. Praxisinstitut, ambulante Behandlung von Krebserkrankungen. Homöopathie. Enzymtherapie. Mistel. Organpräparate. Orthomolekulare Medizin. Sauerstoff-Ozon-Therapie. Thymustherapie.

Hotel Diana

Waldstr. 9, 97708 Bad Bocklet, Telefon 09708/91910. Schroth-Kur.

Kurhotel und Sanatorium Kunzmann

An der Promenade 6, 97708 Bad Bocklet, Telefon 09708/780, Fax 78100. Klinik/Sanatorium/Hotel (Behandlung nach § 30 GWO). Im Haus werden stationäre Behandlungen, Sanatoriumskuren und ambulante Kuren durchgeführt. Es bestehen Versorgungsverträge nach § 111, 5. Buch SGB. Das Haus ist beihilfefähig. Bei der Therapie kommen unter anderem Naturheilweisen zur Anwendung. Vornehmlich behandelte Leiden (Indikationen): Herz- und Gefäßerkrankungen. Blut- und Stoffwechselleiden. Orthopädische und rheumatische Erkrankungen. Nervöse Leiden. Venenerkrankungen. Unfall- und Verletzungsfolgen. Gewichtsreduktion. Biologische Therapien: Schrothkur. Wasserheilkunde. Kneipp-Therapie. Bewegungstherapie. HOT. Neuraltherapie. Thymus. Heilfasten. Kostformen/Ernährung: Vollwertkost. Schrothdiät.

Kurklinik Bad Bocklet

Frankenstr. 36 97708 Bad Bocklet, Telefon 09708/790, Fax 79102. Fachklinik mit 420 Betten (Behandlung nach § 30 GWO). Im Haus werden stationäre Behandlungen, Sanatoriumskuren und ambulante Kuren durchgeführt. Es bestehen Versorgungsverträge nach § 111, 5. Buch SGB. Das Haus ist beihilfefähig. Bei der Therapie kommen unter anderem Naturheilweisen zur Anwendung. Vornehmlich behandelte Leiden (Indikationen): Erkrankungen der Verdauungsorgane. Stoffwechsel. Herz-Kreislauf. Atmungsorgane. Endokrinologische Erkrankungen. Harn- und Geschlechtsorgane. Blut und blutbildende Organe. Onkologische Erkrankungen. Orthopädische Erkrankungen. Psychosomatik und Verhaltenstherapie. Biologische Therapien: Massagen. Reflexzonenmassage. Lymphdrainage. Kneipp-Therapie. Thermotherapie. Atemgymnastik. Beckenbodengymnastik. Entspannungstechniken. Progressive Muskelrelaxation nach Jacobson. Psychotherapie, Verhaltenstherapie. Kostformen/Ernährung: Vegetarische Kost. Glutenfreie Kost. Spezialdiäten. Konventionelle Kost.

Hotel Silberdistel

Frankenstr. 7, 97708 Bad Bocklet, Telefon 09708/6264.

Kurhotel Schäfer

Rhönstr. 15, 97708 Bad Bocklet, Telefon 09708/384. Schrothkur. Mayr-Kur. Heilfasten.

Dorint Kurhotel

Heinrich-Von-Bibra-Str. 13, 97769 Bad Brückenau, Telefon 09741/85-0. Revitalisierungskur, Organtherapie, Ozontherapie, Sauerstoff-Mehrschritt-Therapie nach Prof. von Ardenne, Thymuskur nach Wiedemann. Angewandte Kinesiologie, Mionome Entspannungstherapie. Seminare. Klimakteriumskur.

Klinik Dr. von Weckbecker

Fachklinik für Naturheilverfahren, Rupprechtstr. 20, 97769 Bad Brückenau, Telefon 09741/830, Fax 83113. Fachklinik und Sanatorium mit 96 Betten (Behandlung nach § 30 GWO). Im Haus werden stationäre Behandlungen, Sanatoriumskuren und ambulante Kuren durchgeführt. Es bestehen Versorgungsverträge nach § 111, 5. Buch SGB. Das Haus ist beihilfefähig. Bei der Therapie kommen weitestgehend Naturheilweisen zur Anwendung. Vornehmlich behandelte Leiden (Indikationen): Herz-Kreislauf. Stoffwechselstörungen. Migräne. Degenerative Gelenkerkrankungen. Diabetes Typ II. Erkrankungen der Verdauungsorgane. Krankheiten der Gefäße. Harnwegserkrankungen. Biologische Therapien: Hydrotherapie. Bewegungstherapie. Ernährungstherapie. Heilfasten. Chirogymnastik. Phytotherapie. Bioenergetische Therapie. Homöopathie. Akupunktur. Darmsanierung. Autogenes Training. Qigong. Meridian-Massage. Entspannungsübungen. Psychopädie nach Dr. Derbolowsky. Kostformen/ Ernährung: Vollwertkost, teilweise aus kontrolliert-biologischem Anbau (ovo-lactovegetabile Vollwertkost). Vegetarische Kost. Tier-eiweißfreie Kost. Rohkost. Glutenfreie Kost. Alle Diäten. Allergenarme Kost, Rotationsdiät u.ä.

Regena

Ernst-Putz-Str. 54, 97769 Bad Brückenau, Telefon 09741/8010, Fax 801820. Privatklinik für Innere Medizin und Naturheilverfahren. Vorsorge- und Rehabilitationseinrichtung nach § 111 SGB V (alles Kassen). Beihilfefähig. Traditionelle Chinesische Medizin (TCM). Akupunktur, Ohrakupunktur. Heilkräuter-Therapie und Ernährungsbehandlung nach den 5 Elementen. Yoga und Meditation. Autogenes Training. Qigong. Phytotherapie. Neuraltherapie. Bio-Resonanz-Therapie. Colon-Hydro-Therapie. Orthomolekulare Therapie. Bäderheilkunde, Ernährungsweisen, Heilfasten, Homöopathie, Immuntherapie, Sauerstoff-Therapien, Ozon-Therapie. Typengerechte Ernährung. Tao-Therapie.

Kurpension Jägerhof

Wernazer Str. 7 A, 97769 Bad Brückenau, Telefon 09741/9107-0.

HG Naturklinik Michelried GmbH

Löwensteinstr. 15, 97828 Marktheidenfeld-Michelried, Telefon 09394/8010, Fax 801310. Klinik mit 64 Betten (Behandlung nach § 30 GWO). Im Haus werden stationäre Behandlungen, Sanatoriumskuren und ambulante Kuren sowie akutstationäre Behandlungen durchgeführt. Das Haus ist beihilfefähig. Bei der Therapie kommen weitestgehend Naturheilweisen zur Anwendung. Indikationen: Allergien, Neurodermitis, Unverträglichkeiten. Erkrankungen des Bewegungsapparates. Tumorerkrankungen (vor und nach der Operation, Chemo- oder Strahlentherapie). Weitere akute und chronische Krankheiten. Biologische Therapien: Elektroakupunktur nach Voll (Listen-System). Physiotherapie mit vielen Spezial- und Kombinationstherapien (Intensiv-Segment-Massage, Dorn-Therapie, Muskelstimulation nach Nazarov, Krankengymnastik, Wickel, Packungen). Therapie mit Sprektrallicht. Farbtherapie. Psychophonie. Organbezogene Entspannungsübungen. Harmonisierung der fünf Sinne. Zahlreiche weitere klassische und neuere Naturheilverfahren wie z.B. Sauerstofftherapien, HOT, Neuraltherapie, Phytotherapie, Homöopathie, Darmsanierung, Colon-Hydro-Therapie, Misteltherapie oder Akupunktur. Heilfasten. Kostformen/Ernährung: Vollwertkost aus kontrolliert-biologischem Anbau. Vegetarische Kost. Glutenfreie Kost. Spezialdiäten. Allergenarme Kost, Rotationsdiät u.ä.

Sanatorium Holler

Edelfinger Str. 26-28, 97980 Bad Mergentheim, Telefon 07931/5460, Fax 546122. Klinik/Sanatorium mit 70 Betten (Behandlung nach § 30 GWO). Im Haus werden stationäre Behandlungen, Sanatoriumskuren und ambulante Kuren durchgeführt. Es bestehen Versorgungsverträge nach § 111, 5. Buch SGB mit allen gesetzlichen Krankenkassen. Das Haus ist beihilfefähig. Bei der Therapie kommen weitestgehend Naturheilweisen zur Anwendung. Vornehmlich behandelte Leiden (Indikationen): Gastro-intestinale Erkrankungen. Herz-Kreislauf-Erkrankungen. Gelenk- und Wirbelsäulen-Erkrankungen. Immunstabilisierung nach Krebserkrankung. Biologische Therapien: Homöopathie. Neuraltherapie. Misteltherapie. HOT. Enzym-Therapie. Thymus-Therapie. Regeneresen nach Dykerhoff. Wiedemann-Therapie. Darmsanierung. Heilfasten. Kostformen/Ernährung: Vollwertkost. Vegetarische Kost. Rohkost. Glutenfreie Kost. Spezialdiäten. Konventionelle Kost.

Sanatorium Stefanie

Erlenbachweg 11, 97980 Bad Mergentheim, Telefon 07931/53180. Ernährungsweisen. Diabetes. Stoffwechselleiden. Vollwertkost (vegetarisch), Trennkost, glutenfreie Kost.

Kliniken Dr. Vötisch

Herderstr. 10, 97980 Bad Mergentheim, Telefon 07931/499-0 + 499-710, Fax 44607. Fachklinik mit 388 Betten (Behandlung nach § 30 GWO). Im Haus werden stationäre Behandlungen durchgeführt. Es bestehen Versorgungsverträge nach § 111, 5. Buch SGB (Vertragshaus mehrerer Landesversicherungsanstalten, Landw. Sozialversicherungs-Träger). Das Haus ist beihilfefähig. Bei der Therapie kommen unter anderem Naturheilweisen zur Anwendung. Vornehmlich behandelte Leiden (Indikationen): Gastroenterologische Erkrankungen. Stoffwechselerkrankungen, Diabetes mellitus. Degenerative Erkrankungen der Stütz- und Bewegungsorgane. Onkologische Erkrankungen. Biologische Therapien: Balneotherapie. Kneippanwendungen. Umfangreiches krankengymnastisches und bewegungstherapeutisches Programm. Akupunktur. Ernährungstherapie. Verschiedene Formen der Entspannungs- und Psychotherapie. Kostformen/Ernährung: Vollwertkost. Vegetarische Kost. Tier-eiweißfreie Kost. Glutenfreie Kost. Spezialdiäten. Allergenarme Kost, Rotationsdiät u.ä. Konventionelle Kost.

Tauberland-Klinik

Erlenbachweg 20-22, 97980 Bad Mergentheim, Telefon 07931/5420, Fax 542-366. Klinik/Sanatorium mit 148 Betten (Behandlung nach § 30 GWO). Im Haus werden Sanatoriumskuren und ambulante Kuren durchgeführt. Es bestehen Versorgungsverträge nach § 111, 5. Buch SGB. Das Haus ist beihilfefähig. Bei der Therapie kommen weitestgehend Naturheilweisen zur Anwendung. Vornehmlich behandelte Leiden (Indikationen): Stoffwechselkrankheiten (Diabetes, Fettstoffwechselstörungen, Gicht). Erkrankungen der Verdauungsorgane (auch Morbus Crohn und Colitis ulcerosa). Psychosomatische, psychovegetative Erkrankungen. Rheumatische Erkrankungen. Herz, Kreislauf und Gefäße. Onkologische Erkrankungen (bösartige Geschwulstkrankheiten und maligne Systemerkrankungen des Blutes und der blutbildenden Organe). Rekonvaleszenz nach Tumorbehandlungen und eingreifenden Operationen. Krankheiten der Atmungsorgane. Nieren-, Harnwegserkrankungen. Hautleiden, Neurodermitis. Venenleiden. Biologische Therapien: Akupunktur. Atemgymnastik. Autogenes Training. Bioresonanztherapie. Kneipp-Therapie. Medizinische Bäder. Ozon-Eigenblutbehandlung. Entspannungstherapien. Homöopathie. Inhalationsbehandlung mit ionisiertem Sauerstoff. Massagen. Musiktherapie. Naturfango. Neural- und Regulationstherapie. Symbioselenkung. Thymus. Wiedemann-Therapie. Zilgrei. »Esoterische Therapien« (Aroma-, Bachblüten-, Edelstein-, Farblicht- und Klang-Therapie, alchemistische »Lichtplasma-Essenzen«, Aura-Soma, Entgiftung und Ausleitung mit Hopi-Ohrkerzen, Meditation). Qigong. Heilfasten. Kostformen/Ernährung: Vollwertkost, teilweise aus kontrolliert-biologischem Anbau. Vegetarische Kost. Tier-eiweißfreie Kost. Rohkost. Glutenfreie Kost. Allergenarme Kost, Rotationsdiät u.ä.

Erlenbach Sanatorium

Erlenbachweg 42-44, 97980 Bad Mergentheim, Telefon 09731/54920, Fax 549215. Klinik/Sanatorium mit 83 Betten (Behandlung nach § 30 GWO). Im Haus werden stationäre Behandlungen, Sanatoriumskuren und ambulante Kuren durchgeführt. Es bestehen Versorgungsverträge nach § 111, 5. Buch SGB. Das Haus ist beihilfefähig. Bei der Therapie kommen unter anderem Naturheilweisen zur Anwendung. Vornehmlich behandelte Leiden (Indikationen): Stoffwechselerkrankungen (Diabetes mellitus, Fettstoffwechselstörungen, Übergewicht, Gicht). Erkrankungen des Bewegungs- und Stützapparates (rheumatische und degenerative Erkrankungen der Gelenkbänder sowie der Wirbelsäule). Erkrankungen der Verdauungsorgane (Reizmagen, Magengeschwüre, Verdauungsbeschwerden, Darmerkrankungen). Psychosomatische Erkrankungen. Biologische Therapien: Bad Mergentheimer Trinkkur. Ernährungstherapien und Lehrküche. Therapeutische Einzelgespräche. Gruppengespräche. Autogenes Training. Gedächtnistraining. Wasserheilkunde. Bewegungstherapie. Neuraltherapie. Homöopathie. Darmsanierung. Colon-Hydro-Therapie. Phytotherapie. Regenerationskur nach Prof. Dr. Dyckerhoff. Heilfasten. Kostformen/Ernährung: Vollwertkost, teilweise aus kontrolliert-biologischem Anbau. Vegetarische Kost. Tier-eiweißfreie Kost. Rohkost. Glutenfreie Kost. Sonderdiäten: Eiweißdefinierte Diäten; elektrolytedefinierte Diätformen; Gastroenterologische Diäten; chemisch definierte Formeldiäten; nährstoffdefinierte Formeldiäten. Konventionelle Kost.

Hufeland-Klinik

Löffelstelzer Str. 1-3, 97980 Bad Mergentheim, Telefon 07931/5360 Fax 8185. Fachklinik für ganzheitliche immunbiologische Therapie mit 53 Betten (Behandlung nach § 30 GWO). Im Haus werden stationäre Behandlungen durchgeführt. Es bestehen Versorgungsverträge nach § 111, 5. Buch SGB. Das Haus ist beihilfefähig. Bei der Therapie kommen weitestgehend Naturheilweisen zur Anwendung. Vornehmlich behandelte Leiden (Indikationen): Krebserkrankungen aller Art und Stadien. Autoimmunerkrankungen. Rheumatische Erkrankungen ohne schwere Gelenksbeeinträchtigungen. Stoffwechselstörungen. Durchblutungsstörungen. Hirnleistungsstörungen leichterer Art. Biologische Therapien: Ozontherapie. HOT. Thymus-Therapie. Homöopathie. Fiebertherapie. Colon-Hydro-Therapie. Kneipp-Therapie. Sauerstoff-Mehrschritt-Therapie. Neuraltherapie. Akupunktur. Ernährungstherapie. Misteltherapie. Wiedemann-Kuren. Psychologische Therapie. Maltherapie. Heilfasten. Kostformen/Ernährung: Vollwertkost. Vegetarische Kost. Rohkost. Glutenfreie Kost.

Klinik Hohenlohe

Lothar-Daiker-Str. 1, 97980 Bad Mergentheim, Telefon 07931/5480, Fax 6896. Bäderheilkunde, Chirotherapie, Ernährungsweisen.

DAK Stoffwechsel-Kurzentrum Haus-Schwaben

Lothar-Daiker-Str. 17, 97980 Bad Mergentheim, Telefon 07931/590-0, Fax 590-109. Nur DAK-Klinik. Indikationen: Stoffwechsel, Magen-Darm-Erkrankungen und Bewegungsapparat. Vollwertkost.

Sanatorium Wilhelm

Marienstr. 15-17, 97980 Bad Mergentheim, Telefon 07931/90100, Fax 9010-55.

Kneippbad Stützerbach

August-Bebel-Str. 1, 98714 Stützerbach, Telefon 036784/211 + 262, Fax 262. Kneippmedizin.

Ilmtalklinik Bad Berka

Parkstr. 2, 99438 Bad Berka, Telefon 036458/38-0. Bäderheilkunde, Ernährungsweisen.

Median-Klinik

Badeweg 2, 99955 Bad Tennstedt, Telefon 036041/350, Fax 35555. Bäderheilkunde, Naturheilverfahren.

Kliniken, Kureinrichtungen, Gesundheits-Zentren im näheren Ausland

Österreich

Maharishi Ayur-Ved

Gesundheitszentrum, Biberstr. 22, A-1010 Wien, Telefon 0043/222/5134352, Fax 5139660. Ayurveda-Medizin.

Gesundheitspension Heubad auf der Wiese

Auf der Wiese 53, A-2640 Naturdorf Prigglitz, Telefon 0043/2662/3524, Fax 3524153. Spezialität: Heubäder (1. Heubad Österreichs - original nach Kneipp), Heublumensäcke. Lymphdrainage. Akupunktmassage. Vollwertkost. Gewichtsreduktion. Tee-Saftfasten. Fußreflexzonenmassage.

Alpenkurhotel Knappenhof

Kleinau 34, A-2651 Reichenau/Rax NÖ, Telefon 0043/2666/3633-3634, Fax 363310. Hotel mit 48 Betten. Im Haus werden stationäre Behandlungen und Sanatoriumskuren durchgeführt. Bei der Therapie kommen weitestgehend Naturheilweisen zur Anwendung. Vornehmlich behandelte Leiden (Indikationen): Lungenerkrankungen. Bronchitis. Asthma. Emphysem. Übergewicht. Vegetative Dystonie. Biologische Therapien: Entschlackungskuren nach F.X. Mayr. Aslan-Kuren. Unterwasserdruckstrahl-Therapie. Massagen. Bewegungstherapie. Wasserheilkunde. Neuraltherapie. Kneipp. Heilfasten. Kostformen/Ernährung: Vollwertkost. Vegetarische Kost. Tier-eiweißfreie Kost. Spezialdiäten.

Kurhaus Dr. Stühlinger

Südbahnstr. 96, A-2680 Semmering, Telefon 0043/2664/2447.

Kurhotel Bad Schönau

Am Kurpark 1, A-2853 Bad Schönau, Telefon 0043/2646/2585, Fax 2585394. Gesundheitshotel für Durchblutungsstörungen, Herz-Kreislauf- und Gefäßerkrankungen. Aromatherapie. Wasserbehandlungen. Lymphdrainage. Aslan-Kur.

Sanatorium Rekawinkel

Hauptstr. 129, A-3031 Rekawinkel, Telefon 0043/2762/52690, Fax 526906.

Franz-Bauer Diät- und Erholungsheim

A-3183 Lehenrotte, Telefon 0043/2762/52690, Fax 5269060.

Bio-Wellness-Hotel Jagdhof

Ötscher 95, A-3295 Lackenhof, Telefon 0043/7480/300-0, Fax 300-8. Besonderheit: Natürliche Mineralien (u.a. Netzfreischalter). Nichtraucher-Zimmer. Vollwert-Naturküche. Heilmassagen. Fußreflexzonenmassagen. Lymphdrainage. Farblicht-Aroma-Therapie. Sauerstoff-Ionozon-Therapie. Molke-Entschlackungsbäder. Allergiker-Diätküche. Gesundheitsseminare und Kräuterwanderungen.

Rehabilitationsklinik

der Pensionsversicherungsanstalt, Mühlein 2, A-3335 Weyer an der Enns, Telefon 0043/7447/8651, Fax 8651473. Bäderheilkunde.

Ambulatorium Dr. Nuhr

Ambulatorium für elektrophysikalische Medizin und Hydrotherapie, Im Grund 40, A-3541 Senftenberg, Telefon 0043/2719/22210 Fax 2221224. Fachklinik mit 100 Betten. Im Haus werden ambulante Kuren durchgeführt (beihilfefähig; Vertragshaus österreichischer Versicherungsträger für ambulante Anwendungen. Bei der Therapie kommen vorwiegend Naturheilweisen zur Anwendung. Indikationen: Wirbelsäulen- und Bandscheibenerkrankungen sowie deren Folgeerscheinungen. Erkrankungen des rheumatischen Formenkreises. Zentrale und periphere Lähmungen. Arterielle Durchblutungsstörungen. Neurovegetative Störungen. Erkrankungen nach Sportverletzungen. Gezielte Vorbereitung für sportliche Betätigung und Verbesserung der Fitneß. Überarbeitung, Streßzustände und allgemeines Nachlassen der körperlichen und geistigen Leistungsfähigkeit. Nebenhöhlenerkrankungen. Biologische Therapien: Hochfrequenzbestrahlung im Sinne der Arsonvalisation. Niederfrequenzbehandlungen (Schwellstrom, Impulsgalvanisation, Galvanisation, Exponentialstrom). Sauerstoffschnellsättigungs-Therapie. Entspannungstherapie. Traditionelle Chinesische Medizin (TCM). Akupunktur. Akupressur. Kryotherapie. Lasertherapie. Kostformen/Ernährung: Spezialdiäten nach vorheriger ärztlicher Untersuchung und Beratung.

Bio-Trainings-Hotel

Dungl Zentrum, Hauptplatz 58, A-3571 Gars am Kamp, Telefon 0043/2985/2666.

Wagner-Jauregg Krankenhaus

Wagner-Jauregg-Weg 43, A-4020 Linz, Telefon 0043/70/69210, Fax 57451209. Ernährungsbehandlung, Musiktherapie.

Diätinstitut Fenk

A-4141 Pfarrkirchen, Telefon 0043/7285/412. Diätkuren unter ärztlicher Aufsicht. Abnahmediäten. Farb- und Aromatherapie.

Haus Sanitas

Fürling 10, A-4150 Berg bei Rohrbach, Telefon 0043/7289/6433, Fax 6433-208. Vegetarische Pension mit umfangreichem Gesundheisprogramm. Gesundheitswochen mit Entgiftungs- und Entschlackungs-Kur. Frischkost-Kuren. Heilfasten. Regenerationsurlaub.

Kräuter-Mandl

Schulgarten 8, A-4152 Sarleinsbach, Telefon 0043/7283/82227-0, Fax 8227-20. Fastenseminare für Anfänger und Fortgeschrittene (unter ärztlicher Leitung). Medizinische Heubäder. Bergkräuter-Dampfbad.

Kurhotel Bad Leonfelden

Spielau 8, A-4190 Bad Leonfelden, Telefon 0043/7213/6363. Kneipp-Behandlung. Gewichtsreduktion. Kuren bei Gicht, hohen Cholesterinwerten, Osteoporose, Venenleiden. Anti-Streß-Kuren. Gehirn-Jogging.

Kurverwaltung Bad Zell

Marktplatz 10, A-4283 Bad Zell, Telefon 0043/7263/7516. Veranstaltung: Aus der Hausapotheke Gottes - mit Kräuterwanderungen. Raucherentwöhnungs- und Entgiftungsprogramm mit Ernährungstraining, Vollwert-Kochkurs, Meditation.

Kurhotel Bad Zell

Kurhausstr. 9, A-4283 Bad Zell, Telefon 0043/7263/7566, Fax 6365. Heilfasten.

Kneipp- und Erholungsheim

der Marienschwestern von Karmel, A-4362 Bad Kreuzen 106, Telefon 0043/7266/6281 + 6282. Kneipp-Kur. Erholungs-, Diätkuren und Entschlackung nach ernährungswissenschaftlichen Richtlinien.

Gesundheitshaus

Stephan & Fessler GmbH, Kirchenberg 15, A-4460 Losenstein, Telefon 0043/7255/4344. Umfangreiches Heilfastenprogramm in Nichtraucher-Hotel. Heilfasten in Gruppen. Beispielsweise: Wirbelsäule-Fasten, Bach-Blüten-Fasten, Cellulite-Fasten, Molke-Fasten, Traubensaft-Fasten. Bewegungsprogramm, Hypnose.

Herzog Tassilo Kurhotel

Parkstr. 4, A-4540 Bad Hall, Telefon 0043/7258/26110, Fax 26115. Tassilo-Augenkur. Aktiv-Gesundheitswochen. Bach-Blüten-Therapie. Atemtraining.

Gesundheitshotel Stoderhof

A-4573 Hinterstoder, Telefon 0043/7564/5266, Fax 5401. Vegetarische Vollwertkost und milde Ableitungsdiät. Meditatives Malseminar. Colon-Hydro-Therapie. Bewegungsprogramm. Energetikwochen.

Rehabilitationszentrum Bad Schallerbach

Grieskirchner Str. 43, A-4701 Bad Schallerbach, Telefon 0043/7249/48422, Fax 48422291. Bäderheilkunde, Ernährungsbehandlung, Naturheilverfahren.

Kneipp-Kuranstalt der Barmherzigen Brüder

Postfach 4, A-4780 Schärding am Inn Telefon 0043/7712/3221, Fax 3221400. Kneipp-Kur. Entspannungs- und Ausgleichssportprogramm. Ernährungstherapie. Bewegungstherapie. Phytotherapie und Ordnungstherapie. Feldenkrais.

Kurhotel Gugerbauer

A-4780 Schärding, Telefon 0043/7712/3191, Fax 3191-50. Vegetarische Vollwertkost. Heilfasten. Gesundheitswochen (z.Bäderheilkunde. Migräne, Wirbelsäule). Kneipp. Lymphdrainage. Gefäßtraining. Jogging. Unterwassergymnastik.

Pension Seefrieden

Seeberg 8, A-4852 Weyregg am Attersee, Telefon 0043/7664/2242. Hildegard-Wochen. Kochkurse.

Gasthof-Pension Lindenhof,

Breitenröth 1, A-4865 Nußdorf am Attersee, Telefon 0043/7666/8060, Fax 8255. Yoga. Augentraining. Homöopathie. Bach-Blüten-Therapie. Entspannung. Vitalstoffreiche Vollwertkost nach Dr. Bruker. Naturkost. Hand- und Fußreflexzonenmassage. Pflanzenheilkunde. Rohkostfasten. Akupressur.

Regeneratorium St. Georgen

Kogl 4, A-4880 St. Georgen, Telefon 0043/7667/6161, Fax 6160. Bäderheilkunde, Ernährungsbehandlung, Naturheilverfahren.

Sport-Vita-Hotel Winzer

Kogl 66, A-4880 St. Georgen, Telefon 0043/7667/6387 + 6422, Fax 6387111. Wellness. Spezial-Algen-Entschlackungswochen. Vollwertgerichte. Gewichtsreduktion.

Kneipp-Kurhaus Dr. Petershofer

Schulstr. 5, A-4902 Wolfsegg, Telefon 0043/7676/7003, Fax 7303-6. Heilfasten. Entschlackung. Quark-Molkekur. Kneipp. Molke-Perlbäder.

Maharishi Ayur-Veda

Bahnhofstr. 19, A-4910 Ried, Telefon 0043/7752/88110, Fax 866224. Gesundheitszentrum. Im Haus werden ambulante Kuren durchgeführt. Das Haus ist beihilfefähig. Bei der Therapie kommen weitestgehend Naturheilweisen zur Anwendung. Vornehmlich behandelte Leiden (Indikationen): Alle chronischen Krankheiten. Polyarthritis. Regenerationskuren. Allgemeine Zivilisationsleiden. Biologische Therapien: Pancha-Karma-Therapie (= Ayurvedische Reinigungskur). Heilfasten. Kostformen/Ernährung: Ayurvedische Küche.

Vitalhotel Kobenzl

Gaisberg 11, A-5020 Salzburg, Telefon 0043/662/641510, Fax 642238. Thalassotherapie. Reiki. Aromatherapie. Heubäder. Reflexzonenmassagen. Rückenschule.

Diätsanatorium Grossgmainerhof

Sanatoriumstr. 287, A-5084 Großgmain, Telefon 0043/6247/8286 + 7281. Kuren nach Dr. F. X. Mayr.

Landhotel Moorhof

Familie Bauer, Dorfibm 2, A-5131 Franking, Telefon 0043/5277/8188, Fax 8188-75. Gesundheitswoche mit Heilfasten. Wildkräuter-Entschlackungswochen.

Seminarhaus-Privatschule Obermair

Holzleithen 15, A-5131 Franking, Telefon 0043/6277/8228. Seminarhaus für Körper, Geist und Seele. Vollwertkost aus eigener Landwirtschaft.

Vital-Hotel Seewirt

Seestr. 8, A-5163 Mattsee, Telefon 06217/5271 + 5455, Fax 5455-8. Vollwertkost. Trennkost. Entschlackungskur mit Berücksichtigung der Mondphasen und deren Einfluß auf den Körper. Aromatherapie. Kneippkur. Mentales Training. Heublumen. Bach-Blüten-Therapie. Heilfasten.

Gesundheitsfarm Brunnergut

Unterkling 3, A-5222 Auerbach, Telefon 0043/7747/53070, Fax 0043/7747/54787. Sanatorium mit 29 Betten. Im Haus werden Sanatoriumskuren durchgeführt. Bei der Therapie kommen weitestgehend Naturheilweisen zur Anwendung. Vornehmlich behandelte Leiden (Indikationen): Allgemeine Zivilisationsleiden. Biologische Therapien: Kuren nach Dr. F.X. Mayr und Kneipp. Traditionelle Chinesische Medizin (TCM). Heilfasten. Kostformen/Ernährung: Vollwertkost. Vegetarische Kost. Rohkost. Trennkost.

Kneippkur- und Erholungsheim

der Marienschwestern von Karmel, A-5252 Aspach, Telefon 0043/7755/315 + 325. Kneipp-Kur.

Hotel Seehof

Am Mondsee, A-5311 Loibichl, Telefon 0043/6232/5031, Fax 5031-51. Spezielle Vitalitätskur zur Verzögerung des Alterungsprozesses. Chirotherapie. Akupunktur. Neuraltherapie. Eigenblutbehandlung mit Ozon. Akupressur. Entgiftungs- und Bindegewebsmassage. Fußreflexzonenmassage. Lymphdrainage.

Privatklinik St. Barbara

zu Vigaun mit Augenklinik, St. Margarethen 91, A-5400 Vigaun, Telefon 0043/6245/89990, Fax 8999666. Bäderheilkunde, Ernährungsbehandlung.

Kurhotel Vollerhof

A-5412 Puch-Thurnberg/Salzburg, Telefon 0043/6245/89910, Fax 8991-66. Ärztliche Diagnose und Therapie nach Dr. F. X. Mayr. Ozon-Sauerstoff-Eigenblutbehandlung. Colon-Hydro-Therapie. Kneipp. Osteoporosevorsorge. Herz-Kreislauf-Training.

Kurhaus St. Josef

Hellstr. 1, A-5422 Dürrnberg, Telefon 0043/6245/89770, Fax 8977-749. Fastenkuren. Sole-Behandlung. Reflexzonentherapie. Ärztlich geführte Wanderungen.

EMCO Privatklinik

Martin-Hell-Str. 7-9, A-5422 Dürrnberg, Telefon 0043/6245/55550, Fax 5501830. Bäderheilkunde, Ernährungsbehandlung, Naturheilverfahren.

Hotel-Kneippbad Sommerau

A-5423 St. Koloman, Telefon 0043/6241/2120, Fax 2128. Vegetarische Vollwertkost. Tier-eiweißfreie Kost. Homöopathie. Neuraltherapie. Bach-Blüten-Therapie. Holistische und isopathische Medizin. Kneippkur. Heilfasten. Lymphdrainage. Akupunktur. Kreativität. Sport.

Sanatorium Dr. Werner Aufmesser

Judenbühel 3, A-5550 Radstadt, Telefon 0043/6452/7501, Fax 750110.

Hotel Kohlmayr

A-5562 Obertauern, Telefon 0043/6456/7272, Fax 7406. Heubäder. Reflexzonenbehandlung. Kneippkur. Ismakogie. Yoga.

Vital-Hotel Elisabeth

A-5570 Mauterndorf im Lungau, Telefon 0043/6472/7365, Fax 7365-20. Besonderheit: Homöopathische Raucherentwöhnung. Verjüngungswochen mit original amerikanischen Fruchtsäuren und Sauerstoff-Spezialbehandlung. Ernährungsberatung. Trennkost nach Dr. Hay. Phyto-Bio-Dermie-Körperbehandlung.

Hotel Sonnalm

Katschberghöhe 333, A-5582 St. Michael im Lungau, Telefon 0043/4734/4910, Fax 491439. Kuren nach Maurice Mességué.

Hotel Klammer's Kärnten

A-5630 Bad Hofgastein, Telefon 0043/6432/6711-0, Fax 6711-8. Vollwertkost. Trennkost. Früchtediät. Sauerstofftherapie. Reflexzonenmassage. Unterwassertherapie.

Rehabilitationszentrum

für chronisch Kranke, Salzburgerstr. 26-30, A-5630 Bad Hofgastein, Telefon 0043/6432/66850, Fax 6686225. Bäderheilkunde, Naturheilverfahren.

Gesundheitszentrum St. Georg

A-5630 Bad Hofgastheim Telefon 0043/6432/61000, Fax 6100-61. Hotel, Kurhaus, Gesundheitszentrum mit 100 Betten. Im Haus werden Sanatoriumskuren, ambulante Kuren und ambulante naturheilkundliche Therapien durchgeführt. Bei der Therapie kommen weitestgehend Naturheilweisen zur Anwendung. Vornehmlich behandelte Leiden (Indikationen): Erkrankungen von Magen-Darm-Leber-Galle-Pankreas. Morbus Bechterew. Chronische Polyarthritis. Degenerative Wirbelsäulen- und Gelenkerkrankungen (Arthrosen u.a.). Koronare Herzerkrankungen. Asthma bronchiale. Nahrungsmittelallergien. Darmmykosen. Belastungen durch Umweltgifte. Gicht. Bluthoch- und Niederdruck. Fettstoffwechselstörungen. Diabetes mellitus Typ II. Biologische Therapien: Magnettherapie. Chirotherapie. Neuraltherapie. Akupunktur. Dr. F.X. Mayr-Darmregenerationskur. Orthomolekulare Medizin. Kinesiologie-Testung. Sanum-Therapie. Bach-Blüten-Therapie. Lüscher-Test. Komplette Physiotherapie. Bewegungstherapie. HOT. Thymus. Colon-Hydro-Therapie. Aslan. Ernährungsbehandlung. Molkebäder. Heilfasten. Kostformen/Ernährung: Vegetarische Kost. Milde Ableitungsdiät im Rahmen der Mayr-Kur. Allergenarme Kost, Rotationsdiät u.ä.

Bärenhof am Felsenbad

Pyrkers Höhenstr. 11, A-5640 Bad Gastein Telefon, 0043/6434/3366, Fax 2969-15. Bäderheilkunde. Sauerstoffkur. Entspannungstechniken. Autogenes Training. Aktivierung der Selbstheilungskräfte.

Hotel Sanotel Badgastein

Conrad-Strochnerstr. 2, A-5640 Bad Gastein, Telefon 0043/6434/2501-0, Fax 2501-77. Vollwertkost. Reflexzonenbehandlung. Sauerstoffkur. F. X. Mayr-Kur. Zelltherapie nach Prof. Theurer. Akupunktur. Neuraltherapie. Symbioselenkung, Decoderdermographie.

Hotel Weismayr

Franz-Josef-Str. 6, A-5640 Bad Gastein, Telefon 0043/6434/2595, Fax 2595-14. Reflexzonenbehandlung. Fastenkur. Kneipp.

Golfhotel Montana

A-5640 Bad Gastein, Telefon 0043/6434/3316-0, Fax 3316-10. Fastenkur. Reflexzonenbehandlung. Heubad. Kneippkur.

Hotel Mitterwirt

A-5652 Dienten am Hochkönig, Telefon 0043/204, Fax 204-200. Wellness-Urlaub mit Trennkost, Entschlackungstees- und Bädern. Ernährungsgespräche. Lymphdrainage. Heublumen. Revitalisierung. Aromatherapie.

Hotel Salzburgerhof

Auerspergstr. 11, A-5700 Zell am See, Telefon 0043/6542/2828-0, Fax 2828-66. Vollwerternährung (auch kalorienreduziert). Gezielte Bewegungstherapie. Yoga-Kurse und Atemtraining. Reflexzonen. Lymphdrainage. Akupunkt-Massagen.

Hotel Birkenhof

Haidweg 312, A-5754 Hinterglemm, Telefon 0043/6257 + 8306, Fax 8482. Spezialangebote: Qigong-, Bach-Blüten-, Feldenkrais- und Kinesiologie-Seminare. Heilfastenkuren. Vollwertkost. Rauchfreier Speisesaal.

Gartenhotel Theresia

A-5754 Saalbach-Hinterglemm 208, Telefon 0043/6541/74140, Fax 7414121. Besonderheit: Ganzheitsbehandlung auf der Basis der Störfeldtherapie (Meridianmassagen, Akupressurmassage, Finger- und Ohrpunkte, Lebensenergie, Farbtherapie). Vitalküche. Lymphdrainage. Reflexzonenmassage. Behandlung mit ätherischen Ölen.

Rehabilitationszentrum

für rheumatische Erkrankungen, Thorerstr. 26, A-5760 Saalfelden, Telefon 0043/6582/3815. Bäderheilkunde, Ernährungsbehandlung.

Sanatorium Ritzensee

Schmalenbergham 4, A-5760 Saalfelden, Telefon 0043/6582/393034, Fax 393032.

Sanatorium der Kreuzschwestern

Lärchenstr. 41, A-6064 Rum, Telefon 0043/512/2340, Fax 268956. Kneipp-Kur.

Kurzentrum Lanserhof

A-6072 Lans/Innsbruck, Telefon 0043/512/38666, Fax 378282. Mayr-Kur.

Gesundheitsmedizinisches Zentrum Igls

Hilberstr. 3, A-6080 Igls-Bad Innsbruck, Telefon 0043/512/379862, Fax 3798625.

Kurzentrum Parkhotel Igls

Igler Str. 51, A-6080 Igls, Telefon 0043/512/377305, Fax 379225. Diät nach Dr. F. X. Mayr, persönlich abgestimmt. Pflege ganzheitlicher Gesundheit zur Reaktivierung der Vitalität und Regeneration des Organismus.

Vital Hotel Royal

Krinz 32, A-6100 Seefeld/Tirol, Telefon 0043/5212/4431-0 Fax 4431-350. Zentrum für ganzheitliche Medizin und Erholung. Saftfasten und Mondfasten. Entschlackung. Lymphdrainage. Homöopathie. Akupunktur. Neuraltherapie. Ozon-Therapie. Phytotherapie. Psychotherapie. Laser.

Hotel Quellenhof

Weidach 288, A-6105 Leutasch, Telefon 0043/5214/6782, Fax 6369. Naturküche. Vegetarische Kost. Reduktionskost. Nichtraucher-Restaurant. Rauch- und strahlenfreie Zimmer. Yoga. Therapeutisches Turnen. Walking. Thalasso-Therapie.

Bio-Aktiv Hotel Grafenast

A-6130 Schwaz/Tirol, Telefon 0043/5242/63209, Fax 63209-99. Urlaub mit Vollwertkost, kalorienreduzierter Vitalküche. Kurse für Yoga, Tai Chi Chuan, Eutonie Feldenkrais u.a.

Fürstenhaus

A-6213 Pertisau/Achensee, Telefon 0043/5243/5442-0, Fax 6168. Kuren mit Tiroler Steinöl (Öl aus alten Schieferschichten). Thalassotherapie (Algenbäder, Algenpackungen u.ä.). Kneipp. Naturheilkundliche Ganzheitsmethode nach Dr. Helmut Danzl. Ganzkörpermassage. Fußreflexzonenmassage nach Marquardt. Lymphdrainage nach Vodder. Bewegungsmassage nach Dicke. Akupunktmassage nach Penzel.

Posthotel Achenkirch

A-6215 Achenkirch am Achensee, Telefon 0043/5246/6522 + 6271, Fax 6205468. Naturküche. Kuren mit Steinöl bei Durchblutungsstörungen, Gefäßerkrankungen, Stoffwechselleiden. Nichtraucherzimmer. Sauerstoff-Mehrschritt-Therapie nach Prof. Ardenne.

Kurzentrum Bad Häring

Dorf 106, A-6323 Bad Häring bei Kufstein, Telefon 0043/5332/87262, Fax 87262-74. Spezial-Pauschalkuren. Beispielsweise Kuren nur für Senioren (»Gesund jung bleiben«). F. X. Mayr-Kur. Antischmerz- und Entgiftungskuren.

Vita Schick Kurzentrum

A-6344 Walchsee/Tirol, Telefon 0043/5374/5331-4, Fax 5334-550. Kurarzt im Haus. Naturheilkundliche Therapien mit Akupunktur, Neuraltherapie, Kirlianphotographie, Bach-Blüten-Therapie, Edelstein-Therapie. Heilfasten (nach Dr. F. X. Mayr). Seminarprogramm mit Vorträgen. Entspannungsabende.

Walchsee-Alpenbad

A-6344 Walchsee, Telefon 0043/5374/5245. Vornehmlich behandelte Leiden: Primäres und sekundäres Lymphödem an den Extremitäten nach einer Brustamputation oder nach einer Bauchoperation mit Nachbestrahlung. Physikalische Therapie, manuelle Lymphdrainage nach Dr. Vodder, Kneippkuren, Mayr-Kuren, Homöopathie. Angebotene Kostformen: Vegetarische Kost, Spezialdiäten (Mayr-Diät) und konventionelle Kost.

Sporthotel Tyrol

Familie Schüpferling, A-6365 Kirchberg/Tirol, Telefon 0043/5357/2787 + 2984, Fax 3348. Tee- und Säftefasten nach Buchinger/Lützner. Entschlackung mit Frischkost. Früchte-Fasten. Fasten nach Dr. F. X. Mayr. Vollwertkost.

Hotel Johannishof

A-6700 St. Gerold 37, Telefon 0043/5550/2139, Fax 2139-4. Hotel, baubiologisch renoviert und saniert. Netzfreischaltungen in den Zimmern. Naturküche. Kneipp, Massagen.

Hotel Walliserhof

A-6708 Brand, Telefon 0043/5559/241, Fax 241-62. Vollwertkost. Vegetarische Kost. Österreichische Naturküche. Heil- und Reflexzonenmassage. Lymphdrainage. Shiatsu-Druckpunktmassage.

Kurhotel Montafon

A-6780 Schruns, Telefon 0043/5556/72791, Fax 72791-20. Vollwertkost. Vegetarische Kost. Reduktionskost. Kneipp. Wassertherapie. Ozon-Sauerstoff-Therapie. Ernährungs- und Gesundheitsberatung. Von Krankenkassen anerkannt.

Kur- und Gesundheitszentrum Dr. Felbermayer

Haus Nr. 20 A, A-6793 Gaschurn/Monatfon, Telefon 0043/5558/86170, Fax 861741. Kneipp, Chirotherapie, Akupunktur, Heilfasten, Homöopathie, Phytotherapie, Sauerstoff-Mehrschritt-Therapie, Ozon-Therapie, Bewegungstherapie. F.X. Mayr-Kur, Magen-Darm-Schonkost. Vegetarische Kost. Vorträge, Lesungen. Ernährungs- und Gesundheitsberatung. Rollstuhlgerecht. Dauerbrause nach Dr. Lust.

Vorarlberger Kneipp-Kurhaus

A-6800 Feldkirch-Nofels, Telefon 0043/5522/72181. Kneipp-Kur.

Landeskrankenhaus Rankweil

Valdunastr. 16, A-6830 Rankweil, Telefon 0043/5522/403, Fax 4031. Akupunktur, Chirotherapie, Ernährungsbehandlung.

Kneippkurhaus Adler

A-6842 Koblach, Telefon 0043/5523/62825-0, Fax 62825-4. Kneipp. Heilgymnastik. Ernährungs- und Gesundheitsberatung. Fasten- und Entschlackungswochen. Seniorenwochen. Singlewochen. Von Krankenkassen anerkannt.

Kurhotel Rickatschwende

Bödelestraße, A-6850 Dornbirn, Telefon 0043/5572/25350, Fax 2535070. Gesundheitszentrum/Kurhotel. Im Haus werden Dr. F.X. Mayr-Kuren durchgeführt. Bei der Therapie kommen weitestgehend Naturheilweisen zur Anwendung. Vornehmlich behandelte Leiden (Indikationen): Magen-Darm-Beschwerden, Verdauung. Stoffwechsel (Gicht, erhöhte Fettwerte, Störungen des Zuckerstoffwechsels). Herz-Kreislauf (Bluthochdruck, erhöhte Cholesterinwerte, Übergewicht u.a.). Bewegungs- und Stützapparat (Nacken- und Rückenschmerzen, rheumatische Beschwerden u.a.). Haut (Akne u.a.). Immunologischer Bereich (chronische

Infekte, allergische Reaktionen u.a.). Psychovegetativer Bereich (Migräne, Schlafstörungen, depressive Verstimmungen). Biologische Therapien: Dr. F. X. Mayr Regenerationskur (Darmsanierung bzw. -regeneration). Neuraltherapie. Chirotherapie. Akupunktur. Homöopathie. Angewandte Kinesiologie. Traditionelle Massagen. Lymphdrainage. Fußreflexzonenmassage. Unterwassermassage. Heilgymnastik. Progressive Muskelrelaxation. Heilfasten. Kostformen/Ernährung: Vollwertkost. Vegetarische Kost. Trennkost. Milde Ableitungsdiät nach Dr. Rauch. Diät nach Dr. F. X. Mayr (Teefasten, Milch-Semmel-Diät).

Sanatorium Meherau

Meherauer Str. 72, A-6900 Bregenz, Telefon 0043/5574/6740, Fax 61979.

Hotel Roßbad Oase

Rain 81, A-6942 Krumbach, Telefon 0043/5110, Fax 5110-31. Nichtraucherhotel. Kneipp. Vollwertkost. Vegetarische Gerichte. Reduktionskost. Vitalwochen. Fasten- und Entschlackungswochen (Frühjahr, Herbst). Hobbykurse. Rollstuhlgerecht. Von Krankenkassen anerkannt.

Kur- und Gesundheits-Center Lingenau

Hans Hammerer, Hof 229, A-6951 Lingenau, Telefon 0043/5513/6461, Fax 6151 [6461-0, Fax 6461-6]. Molketrinkkuren. Kneipp. Wassertherapie. Natur- und Pflanzenmeditation. Mentales Training. Duft-Farb-Ton-Therapie. Aromatherapie. Molketrinkkuren. Ernährungs- und Gesundheitsberatung. Von Krankenkassen anerkannt.

Pension Engel

A-6952 Hittisau, Telefon 0043/5513/6231. Urlaub mit Heilfasten.

Ifenhotel

A-6992 Hirschegg, Telefon 0043/5517/5414, Fax 5103. Yoga. Anti-Stress-Programm. Vollwertkost. Vegetarische Kost. Trennkost. Gewichtsreduktion. Ernährungs- und Gesundheitsberatung.

Naturhotel Chesa Valisa

A-6992 Hirschegg, Telefon 0043/5517, 5414 + 5108. Vollwertkost. Vegetarische Kost. Reflexzonenmassage. Yoga. Reiki.

Kneippkurhaus Marienkron

A-7123 Mönchhof, Telefon 0043/2173/80205, Fax 80205-43. Kneipp-Kur. Mayr-Kur. Aslan-Therapie.

Ring Hotel Gesundheitszentrum

A-8230 Hartberg/Oststeiermark, Telefon 0043/3332/608-0, Fax 608-550. RING-Vollwertkost, vitalstoffreich, basenbildend, ballaststoffreich. Entschlackung, Entgiftung, Entsäuerung des Körpers. Heilfasten. Die 5 Tibeter. Ismakogie. Yoga. Autogenes Training. Kneipp. Colontherapie. Procainkur nach Aslan. Gesundheitsvorträge. Biokochkurse.

Biozentrum Bad Waltersdorf

A-8271 Bad Waltersdorf, Telefon 0043/3333/2981-0 + 3281-0, Fax 2981-550.

RING-Vollwertkost, vor allem zur Entgiftung, Entschlackung, Entwässerung, Entsäuerung des Körpers. Die 5 Tibeter.

Hotel Thermenhof

Wagerberg 120, A-8271 Bad Waltersdorf, Telefon 0043/3333/2801-0, Fax 2801-40. Trennkost nach Dr. Hay. Biologische Naturküche. Fitneßprogramm mit Ismakogie, Yoga. Kneipp. Sauerstoffbehandlung.

Sanatorium Laßnitzhöhe

Miglitzpromenade 18, A-8301 Laßnitzhöhe, Telefon 0043/3133/2274 + 2275, Fax 227413. Ernährungsbehandlung, Naturheilverfahren.

Kurhotel Dr. Kipper

A-8524 Eisenkurort Bad Gams, Telefon, 0043/3463/2266. Kurmittel: Eisen-Magnesium-haltige Heilquellen, empfohlen bei Eisenmangel, Diabetes, Entzündungen des Magen- und Darmtraktes, der Harnwege, nach Infektionen, Blasen- und Prostata-Operationen. Kneipp. Heubäder. Seminare mit Gordon F. Fraser.

Gesundheitshof Neuberg an der Mürz

Hauptstr. 40, A-8692 Neuberg/Mürz, Telefon 0043/8600, Fax 8600-600. Kurhotel für Dr. F. X. Mayr-Kuren. Teefasten, Milch-Semmelkur, milde Ableitungsdiät. Entgiftungsbäder. Colon-Hydro-Therapie. Ozon-Therapie. Sauerstoff-Mehrschritt-Therapie nach Prof. Ardenne. Basentherapie. Pilzinfektionen erkennen und behandeln.

Hotel Schloß Pichlarn

A-8952 Irdning/Ennstal, Telefon 0043/3682/228410, Fax 228416. Ayur-Veda-Therapie mit ayurvedischer Ernährung. Thalasso-Therapie. Elektroakupunktur. Laser. Yoga. Gesundheitsseminare.

Vital Hotel Heilbrunn

Neuhofen 108, A-8983 Bad Mitterndorf, Telefon 0043/3623/2486, Fax 2486-33. Naturkost. Trennkost. Bewegungstherapie. Heilfasten. Saft- und Entschlackungskur. Lymphdrainage. Colon-Hydro-Therapie. Sauerstoff-Mehrschritt-Therapie. Aslan-Kuren.

Ausseer Alpenkurhotel

A-8990 Bad Aussee, Telefon 0043/6152/2611. Heilfasten. Kuren nach F.X. Mayr, Regenerationskuren. Kneipp. Colon-Hydrotherapie, Aktivsauerstofftherapie, Akupunktur. Bioresonanztherapie. Neuraltherapie. Homöopathie. Chiropraktik. Bewegungstherapie.

Gesundheitszentrum Golfhotel

A-9082 Maria Wörth-Dellach, Telefon 0043/4273/2511-0, Fax 2511-51. Spezialist für Dr. F. X. Mayr-Kuren. Entschlackung und Regeneration. Milde Ableitung. Kneipp. Autosuggestion. Gesundheitsvorträge.

Seehotel Dr. Jilly

Alfredweg 4, A-9210 Pörtschach, Telefon 0043/4272/2218.

Park's Hotel

Süduferstr. 34, A-9220 Velden, Telefon 0043/4274/2298-0.

Agathenhof

A-9322 Micheldorf-Friesach, Telefon 0043/4268/20150, Fax 4054. Heilfasten nach Dr. F. X. Mayr. Alle Diäten. Vegetarische Küche. Schnitzer-Kost. Kärntner Naturküche. Vegetarische Vollwertkost. Gewichtsreduktion. Aromatherapie. Farbtherapie. Ayur-Veda-Sesam-Massagen. Kosmobiologische Lebensberatung. Meditation. Tai Chi Chuan. Alternative Heilmethoden.

Kurzentrum Josefinenhof

A-9504 Warmbad-Villach, Telefon 0043/4242/3003-0, Fax 3003-89. Besonderes Fitneß-Programm (Bewegung, Ernährung, Entspannung). Thalassotherapie. Fußreflexzonen-Massage. Lymphdrainage.

Sonderkrankenhaus

de la Tour der ev. Stiftung Treffen, Winklern 40, A-9521 Treffen, Telefon 0043/4284/2557, Fax 280246. Kneipp-Kur.

Gesundheitshotel Bleibergerhof

Drei Lärchen 150, A-9530 Bad Bleiberg, Telefon 0043/4244/2205, Fax 2205-70. Thalasso-Therapie. Aromatherapie. Kneipp. Sauerstoffregeneration. Steinöl-Thermal-Therapie. Lymphdrainage. Colon-Hydro-Therapie. Chronobiologie. Kinesiologie. Jacobson-Training. Spurenelemente. Grüner Tee. Trennkost. Schlankheitsprogramme.

Hotel Römerbad

A-9546 Bad Kleinkirchheim, Telefon 0043/4240/8234-0, Fax 823457. F.X. Mayr. Fastenwandern. Reduktionskost. Colon-Hydro-Therapie. Kneippkuren.

Hotel Kirchheimerhof

A-9546 Bad Kleinkirchheim, Telefon 0043/4240/278 + 279, Fax 278127.

Hotel Faakersee

Strandbadstr. 11, A-9580 Drobollach in Kärnten, Telefon 0043/4254/3312, Fax 3312-30. Naturpension. Vollwertkost. Bewegungsurlaub. Wanderwochen. Wellness. Heilmassagen.

Kneipp-Kurhotel Weißbriach

A-9622 Weißbriach/Kärnten, Telefon 0043/4286/215 + 216, Fax 693. Kneipp-Kur. Individuelle Diäten. Fastenkuren (Mayr). Yoga.

Landeskrankenhaus Laas

mit Heilstätte, A-9640 Kötschach, Telefon 0043/4715/701704, Fax 8636. Homöopathie, Naturheilverfahren.

Bio-Pension Daberer

A-9635 St. Daniel 32, Gailtal/Kärnten, Telefon 0043/4718/590, Fax 590-310. Trennkost. Vollwertküche und Naturküche. Entspannungs-, Aroma- und Akupunktmassagen. Kräuterführungen.

Die Schrothkur

A-9821 Obervellach, Telefon 0043/4782/2043. Krankenhaus/Klinik/Sanatorium mit 54 Betten. Im Haus werden stationäre Behandlungen und Sanatoriumskuren durchgeführt. Bei der Therapie kommen weitestgehend Naturheilweisen zur Anwendung. Vornehmlich behandelte Leiden (Indikationen): Rheuma. Übergewicht. Metabolisches Syndrom (= Wohlstandskrankheit). Obstipation. Blähungen. Wechseljahrsbeschwerden. Biologische Therapien: Schrothkur. Colon-Hydro-Therapie. Phytotherapie. Neuraltherapie. Akupunktur. Homöopathie. Heilfasten. Kostformen/Ernährung: Vollwertkost aus kontrolliert-biologischem Anbau. Vegetarische Kost. Kost im Rahmen der Schrothkur.

Schweiz

Romantik-Kurhotel Schwefelbad

CH-1738 Schwefelberg-Bad/BE, Telefon 0041/26/4193366, Fax 4192408.

Clinique la Prairie SA

Chemin de la Prairie 2, CH-1815 Clarens-Montreux, Telefon 0041/21/9643311, Fax 9642565. Bäderheilkunde, Ernährungsbehandlung.

Hotel de Ravoire

CH-1928 Ravoire, Telefon 0041/27/7222302, Fax 7232160.

Kurhaus Haltenegg

CH-3625 Heiligenschwendi, Telefon 0041/33/2432525, Fax 2432828.

Kur- und Erholungsheim Seeperle

CH-3646 Einigen, Telefon 0041/33/6546477, Fax 6546277.

Gesundheitszentrum Résidence Schönberg

CH-3654 Gunten, Telefon 0041/33/2523838, Fax 2512807.

Kurhotel Lenkerhof

CH-3775 Lenk im Simmental, Telefon 0041/33/7363131, Fax 7332060. Lenkerhof-Vollwertdiät-Schlankheitswoche. Regenerationswochen. Ernährungsberatung.

Parkhotel Bellevue

CH-3775 Lenk i.S., Telefon 0041/33/7331761, Fax 7333761. Vollwertkost. Trennkost. Fußreflexzonenmassage.

Kurheim Mon Bijou

CH-3800 Interlaken, Telefon 0041/33/8224474, Fax 8224475.

Park Kurhotel Mayolina

CH-3803 Beatenberg, Telefon 0041/36/411474, Fax 411303.

Kurheim Schönegg

CH-3803 Beatenberg, Telefon 0041/33/8412341, Fax 8412441. Naturheilkunde.

Kurhaus Alpina

CH-3852 Ringgenberg/Brienzersee, Telefon 0041/33/8233043, Fax 8220107.

Reha-Pflegeklinik Eden

CH-3852 Ringgenberg, Telefon 0041/33/8281800, Fax 8281819.

Kurklinik Eden

CH-3854 Oberried, Telefon 0041/33/8491616, Fax 8491602.

Romantik Hotel Beau-Site

CH-3906 Saas Fee, Telefon 0041/27/9581560, Fax 9581565. Fußreflexzonen. Entspannungsmassage mit Mandelöl. Heubad. Meditation.

Badehotel Bristol

CH-3954 Leukerbad, Telefon 0041/27/4727500, Fax 4727552. Vollwert-Vitalküche. Shiatsu-Akupressur-Behandlung. Fußreflexzonen.

Rheumaklinik Leukerbad

CH-3954 Leukerbad, Telefon 0041/27/625111, Fax 625230. Bäderheilkunde.

Klinik SVK

für neurologische Rehabilitation, CH-3954 Leukerbad, Telefon 0041/27/626111, Fax 612736. Ernährungsbehandlung, Naturheilverfahren.

Hotel Crans Ambassador

Centre de cures Mességué-Phytotherm, CH-3962 Crans-Montana, Telefon 0041/27/4814811, Fax 4819155. Entgiftung des Organismus mit der Mességué-Phytotherm-Kur (Heilpflanzen, individuell angepaßt, Kräutertees, Bäder, Massagen, Gymnastik). Vegetarische Kost.

Centre valaisan pneumologie

et traitements complémentaires, CH-3962 Montana, Telefon 0041/27/407711, Fax 415055. Naturheilverfahren.

Badehotel Salina

CH-3983 Breiten ob Mörel, Telefon 0041/27/9271817, Fax 9271819. Wander- und Schlankheitszentrum.

Merian Iselin-Spital

Föhrenstr. 2, CH-4054 Basel, Telefon 0041/61/440081.

Lukas-Klinik

Brachmattstr. 19, CH-4144 Arlesheim, Telefon 0041/61/7013333, Fax 7018217. Fachklinik mit 46 Betten (Spezialklinik für Tumorerkrankungen auf der Basis der anthroposophisch erweiterten Heilkunde). Im Haus werden stationäre Behandlungen durchgeführt. Vornehmlich behandelte Leiden (Indikationen): Krebsleiden. Biologische Therapien: Misteltherapie. Heileurythmie. Künstlerische Therapien. Ernährungsbehandlung. Rhythmische Massage nach Dr. med. Ita Wegmann, rhythmische Einreibungen. Kostformen/Ernährung: Vegetarische Kost aus kontrolliert-biologischem Anbau. Spezialdiäten.

Ita Wegmann-Klinik

Klinisch-therapeutisches Institut, CH-4144 Arlesheim, Telefon 0041/61/721011. Krankenhaus (56 Betten), in dem stationäre Behandlungen nach Abrechnungsvereinbarungen mit den schweizerischen Krankenkassen durchgeführt werden. Dabei kommen vorwiegend Naturheilweisen zur Anwendung. Das Haus steht unter Leitung eines Ärztekollegiums. Vornehmlich behandelte Leiden: Allgemeine Zivilisationsleiden, vornehmlich innere Krankheiten und Geburtshilfe. Die biologischen Therapien: Behandlung auf der Grundlage der anthroposophisch erweiterten Medizin, Wickel und Packungen, Einreibungen, Heileurythmie sowie Musik- und Maltherapie, Rhythmische Massage nach Ita Wegmann, Sprachtherapie. Angebotene Kostformen: Vollwertkost, teilweise aus biologischem Anbau, vegetarische Kost und Spezialdiäten.

Kurhotel Bad Ramsach

CH-4448 Läufelfingen, Telefon 0041/62/2992323, Fax 2991839. Kneipp-Wochen. Aktiv-Ferienwochen mit Fußreflexmassage.

Hotel Zurzacherhof

CH-5330 Zurzach, Telefon 0041/56/2697777, Fax 2697778.

Kurhotel Schweizerhof

Kurplatz 3, CH-5400 Baden, Telefon 0041/562210325, Fax 2215804. Trennkost. Vollwertkost. Heublumen. Fußreflexzonen. Shiatsu.

SUVA Rehabilitationsklinik

CH-5454 Bellikon, Telefon 0041/56/969111. Bäderheilkunde, Naturheilverfahren.

Kurhaus Eichberg

CH-5707 Seengen, Telefon 0041/62/7773333, Fax 7772331. Ernährungsbehandlung, Heilfasten, Kneipp-Kur.

Kurhaus Sonnmatt

CH-6000 Luzern 15, Telefon 0041/41/3753232. Kurhaus und Privatklinik. Klassische Medizin und Naturheilverfahren. Akupunktur, Bäderheilkunde, Homöopathie, Autogenes Training Elektrotherapie.

Haslibergerhof

CH-6083 Hasliberg-Hohfluh, Telefon 0041/33/9725555, Fax 9725556. Gesundheitswochen mit gesunder Ernährung, Entspannung und viel Bewegung (Wandern, Schwimmen, Fitneß-Training). Ärztlich geleitetes Kurhaus und Reha-Klinik.

Kur- und Ferienhaus Ländli

CH-6315 Oberägeri, Telefon 0041/41/7549111, Fax 7549221.

Molken-Kurhaus St. Otmar

CH-6353 Weggis, Telefon 0041/41/3920010, Fax 3920024. Klinik mit 20 Betten. Im Haus werden Entschlackungskuren und Trinkfastenkuren mit Molke durchgeführt. Bei der Therapie kommen weitestgehend Naturheilweisen zur Anwendung. Vornehmlich behandelte Leiden (Indikationen): Verdauungsprobleme. Übergewicht. Allergien. Rheuma. Allgemeine Zivilisationsleiden. Biologische

Therapien: Bewegungstherapie. Colon-Hydro-Therapie. Ernährungsbehandlung. Phytotherapie. Heilfasten. Kostformen/Ernährung: Spezialdiäten. Trinkfastenkuren mit Molke.

Wellness Hotel Rössli

Seestr. 52, CH-6353 Weggis, Telefon 0041/41/3901106, Fax 3902726. Rohkost. Kneippbad. Fußreflexzonenmassage.

Kurhaus Seeblick

CH-6353 Weggis, Telefon 0041/41/3920202, Fax 3920203.

Maharishi Ayur-Veda

Gesundheitszentrum Pilgerheim, CH-6377 Seelisberg, Telefon 0041/43/312796, Fax 315286. Ayurvedabehandlung. Meditation.

Aeskulap Klinik

Dr. Brander, Zentrum für biologische Ganzheitsmedizin, CH-6440 Brunnen am Vierwaldstättersee, Telefon 0041/41/8200011, Fax 8201444. Chinesische Medizin und Akupunktur. Klassische Homöopathie. Neuraltherapie. orthomolekulare Medizin. Phytotherapie. Ganzheitliche Zahnmedizin und weitere komplementärmedizinische Methoden.

Kurhaus Hof

CH-6442 Gersau, Telefon 0041/41/8298400, Fax 8298401.

Klinik Al Ronc

CH-6540 Castaneda, Calancatal, Telefon 0041/91/8273050, Fax 8273269. Klinik/Hotel mit 54 Betten. Im Haus werden stationäre Behandlungen durchgeführt. Vornehmlich behandelte Leiden (Indikationen): Unter anderem: Arthrose. Arthritis. Neuralgien. Gürtelrose. Rückenleiden. Chronische Darmerkrankungen. Chronische Kopfschmerzen. Biologische Therapien: Humoraltherapie nach Dr. Aschner. Neuraltherapie nach Huneke. Blutegel. Schröpfen. Baunscheidt. Cantharidenpflaster. Colon-Hydro-Therapie. Mayr-Kur. Heilfasten. Kostformen/ Ernährung: Vollwertkost. Vegetarische Kost. Tier-eiweißfreie Kost. Rohkost. Glutenfreie Kost. Spezialdiäten. Mayr-Kur-Diät u.a.

Casa di cura Sant'Agnese

CH-6600 Muralto/Lorcarno, Telefon 0041/91/7430101, Fax 7431944.

Hotel Belvedere

Via ai Monti 44, CH-6601 Locarno, Telefon 0041/91/7510363, Fax 7515239. Abwechslungsreiche, faserreiche, frische Kost. Hochwertige Naturprodukte. Entspannungstechniken. Aquagymnastik. Autogenes Training. Fußreflexmassagen. Walking.

Hotel Giardino

CH-6612 Ascona, Telefon 0041/91/7910101, Fax 7921094. Trennkost. Fit for Life-Diät (auf Anfrage). Fußreflexzonen. Fitness.

Esplanade

CH-6648 Minusio/Locarno, Telefon 0041/91/7358585, Fax 7358586. Gesundheitszentrum und Hotel. Vegetarische Vollwertkost. Trennkost. Saftfasten. Molkekuren. Reisdiäten. Ernährung nach den fünf Elementen. Entspannungstechniken. Atemtherapie. Regelmäßige Ernährungs- und Gesundheitsvorträge. Bio-Sauna. Thalasso-Therapie. Colon-Hydro-Therapie. Kneipp.

Kurhotel Therme

CH-6855 Stabio, Telefon 0041/91/6471564, Fax 6472098.

Sanotel

Via Pardello 27-29, CH-6932 Breganzona/Tessin, Telefon 0041/91/9602888, Fax . 602890. Klinik/Hotel mit 35 Betten. Im Haus werden Sanatoriumskuren durchgeführt. Bei der Therapie kommen weitestgehend Naturheilweisen zur Anwendung. Vornehmlich behandelte Leiden (Indikationen): Magen-Darmstörungen aller Art. Arthritis. Arthrose. Rheuma. Hauterkrankungen, Psoriasis etc. Stoffwechselkrankheiten (Diabetes u.a.). Allgemeine Zivilisationsleiden. Biologische Therapien: Traditionelle Chinesische Medizin. Akupunktur. Diagnostik und Therapie nach Dr. F. X. Mayr. Homöopathie. Phytotherapie. Colon-Hydro-Therapie. Sauerstoff-Mehrschritt-Therapie. Blutozontherapie. Neuraltherapie. Ernährungsbehandlung. Alle Massagen. Kneipp-Therapie. Heilfasten. Zahlreiche Kurse, z.B. zu Zilgrei, Fasten und Meditieren, den Fünf Elementen, Frauen in der Lebensmitte u.ä. Kostformen/Ernährung: Vollwertkost aus kontrolliert-biologischem Anbau. Vegetarische Kost. Rohkost. Glutenfreie Kost. Allergenarme Kost, Rotationsdiät u.ä. Konventionelle Kost.

Kurhaus Cademario

CH-6936 Cademario/TI, Telefon 0041/91/6052525, Fax 6046128. Klinik/Kurhotel mit 164 Betten. Im Haus werden stationäre Behandlungen durchgeführt. Bei der Therapie kommen unter anderem Naturheilweisen zur Anwendung. Vornehmlich behandelte Leiden (Indikationen): Herz-Kreislauf. Stoffwechsel. Rheumatismus. Erkrankungen der Atemwege. Bewegungsapparat. Stoffwechselstörungen. Gewichtsreduktion. Verdauung. Prävention. Biologische Therapien: Schwermetalldiagnostik und -Entgiftung. Bewegungstherapie. Sauerstoff-Mehrschritt-Therapie. Neuraltherapie. Phytotherapie. Darmsanierung. Colon-Hydro-Therapie. Akupunktur. Qigong. Kneipp-Therapie. Cademario Saft-Kur (Entschlackung, Fasten, Bewegung). Kunsttherapie. Shiatsu-Massage. Akupressur. Cranio-Sacrale Therapie. Schröpfen. Tai Chi Chuan. Atemtherapie. Fußreflexzonenmassage. Lymphdrainage. Heilfasten. Kostformen/Ernährung: Vegetarische Kost, teilweise aus kontrolliert-biologischem Anbau. Glutenfreie Kost. Spezialdiäten auf Anfrage. Konventionelle Kost.

Hotel Fidazerhof

CH-7019 Flims-Fidaz, Graubünden, Telefon 0041/81/9113503, Fax 9112175. Vollwertkost. Dauerbrause. Wassertherapie. Körpertherapien.

Rohkost Kurhaus Prasura

CH-7050 Arosa, Telefon 0041/81/3788282, Fax 3788292. Hotel/Pension mit 70

Betten. Bei der Therapie kommen weitestgehend Naturheilweisen zur Anwendung. Vornehmlich behandelte Leiden (Indikationen): Eieißspeicherkrankheiten. Allergien, Asthma. Stoffwechselleiden: Leber- und Gallenwegserkrankungen. Hepatitis. Krebs. Multiple Sklerose. Nieren- und Blasenbeschwerden. Übergewicht. Biologische Therapien: Heilkuren mit besonderer Ernährung (nicht hitzedenaturierte Nahrung). Homöopathie. Akupunktur. Ohrakupunktur. Neuraltherapie. Oxyvenierungstherapie nach Regelsberger. Ozon-Therapie. HOT. Hippokratische Methoden. Inhalation ionisierten Sauerstoffs nach Engler. Eichothermtherapie. Tiefenstrahltherapie. Heilfasten. Kostformen/Ernährung: Vollwertkost aus kontrolliert-biologischem Anbau. Vegetarische Kost. Tier-eiweißfreie Kost. Rohkost. Trennkost. Beim Kurhaus Prasura handelt es sich um das erste Kurhaus der Schweiz mit rein biologische Rohkost. Es werden drei Programme angeboten: 1. Nahrung aus einheimischen und exotischen Früchten, Gemüsen, Nüssen, kernen und Samen verschiedenster Art (Wiederaufbau nach einer Entschlackungskur). 2. Zusätzlich Milchprodukte (Milch, Kefir, Joghurt, Quark und salzloser Käse). 3. Je nach Wunsch mit Tees, Spezialbroten oder leichten Getreidegerichten.

Florentinum Höhenklinik

CH-7050 Arosa, Telefon 0041/81/311346, Fax 313874. Naturheilverfahren.

Kurhotel Passug

CH-7062 Passug, Telefon 0041/81/219171.

Hotel Therme

CH-7132 Vals, Telefon 0041/86/50111.

Gravas Hotel

Familie Brand, CH-7144 Vella-Gravas, Telefon 0041/81/9312121, Fax 9313235. Schroth-Kur.

Gesundheitshotel Bad Serneus

CH-7249 Klosters-Serneus, Telefon 0041/81/4221444, Fax 4222251.

Klinik für Dermatologie und Allergie Davos

Tobelmühlestr. 2, CH-7270 Davos Platz, Telefon 0041/81/4147777 Fax 4134355. Krankenhaus/Fachklinik mit 246 Betten. Im Haus werden stationäre Behandlungen und ambulante Kuren durchgeführt (Davoser Modell: 2 Wochen stationär; 2 Wochen ambulant). Behandlungen nach § 108 SGB sowie §§ 39 und 40 SGB sind möglich. Es bestehen Versorgungsverträge mit deutschen Versicherungsträgern nach § 111, 5. Buch SGB. Die Klinik ist Vertragshaus der BfA, Krankenkassen, LVA). Bei der Therapie kommen unter anderem Naturheilweisen zur Anwendung. Vornehmlich behandelte Leiden (Indikationen): Neurodermitis. Psoriasis vulgaris. Asthma bronchiale. Hautekzeme. Psoriasis arthropatica. Berufsdermatosen. Allergische Rhinokonjunktivitis. Chronisch rezidivierende Urticaria. Biologische Therapien: Entspannungstraining nach Jacobson. Autogenes Training. Musiktherapie. Akupunktur. Immuntherapie. Ernährungsbehandlung. Kneipp, Sauna-Dampfbad. Klimatherapie. Kostformen/Ernährung: Vollwertkost, teilweise aus kontrolliert-biologischem Anbau. Vegetarische Kost. Tiereiweißfreie Kost. Rohkost. Glutenfreie Kost. Spezialdiäten (Diabetes, purinarme

Kost). Allergenarme Kost, Rotationsdiät u.ä. Konventionelle Kost.

Hotel Bethanien

CH-7270 Davos-Platz, Telefon 0041/81/4155855, Fax 4155856. Zahlreiche Kursangebote.

Hotel Bristol

CH-7310 Bad Ragaz, Telefon 0041/81/3028261, Fax 3026494.

Kurhotel Cristal

Bahnhofstr. 36, CH-7310 Bad Ragaz, Telefon 0041/81/3027777, Fax 3025349.

Kurhotel Valens

CH-7317 Valens, Telefon 0041/81/3031606, Fax 3031618.

Klinik Valens

CH-7317 Valens, Telefon 0041/81/3031111, Fax 3031100. Bäderheilkunde, Ernährungsbehandlung, Naturheilverfahren.

Sonnenhof Preda

R. & L. Ebert, CH-7482 Preda, Telefon 0041/81/4071398, Fax 4071601. Vegetarisches Gäste- und Seminarhaus. Nichtraucherhaus. Biologische Vollwertkost. Rohkost und Vegankost.

Gesundheitszentrum Vulpera

CH-7552 Vulpera, Telefon 0041/81/8610111, Fax 8640017. Akupunktur, Heilfasten, Homöopathie, Sauerstoff-Mehrschritt-Therapie, Ozon-Therapie, Bioresonanztherapie, Colon- Hydro-Therapie, Manuelle Medizin, Neuraltherapie.

Fachkurhaus + Ausbildungszentrum Seeblick

CH-8267 Berlingen, Telefon 0041/52/7613625, Fax 7611945.

Kneipphof Dussnang

Kurhausstr. 34, CH-8374 Dussnang, Telefon 0041/71/9786363, Fax 9786364. Bäderheilkunde, Heilfasten, Kneipp-Kur.

Kreisspital Bauma

Spitalstr. 9, CH-8494 Bauma, Telefon 0041/52/461421, Fax 461382. Homöopathie.

Schloß Steinegg

CH-8536 Huettwilen, Telefon 0041/52/7471481, Fax 7471500. Klinik mit 55 Betten. Im Haus werden Präventions-Kuren durchgeführt. Bei der Therapie kommen weitestgehend Naturheilweisen zur Anwendung. Vornehmlich behandelte Leiden (Indikationen): Allgemeine Zivilisationsleiden. Angebote/Kurse/Seminare: Steinegger Wellness- und Vitalferien. Beispielsweise mit Fitnesserhaltung und -Aufbau mit 10-Tage Vitalfasten. Vegetarische Vollwerternährung. Tai Chi und Qigong. Feldenkrais. Atemkurse nach I. Middendorf. Fasten und Workshop Gewichtsreduktion. Seelisch-geistige, spirituelle Begleitung. Heilfasten. Kostformen/Ernährung: Vollwertkost, teilweise aus kontrolliert-biologischem Anbau. Vegetarische Kost. Tier-eiweißfreie Kost. Rohkost. Alle alternativen

Kostformen (SonnenKost, Waerland u.ä.). Trennkost. Spezialdiäten. Glutenfreie Kost. Allergenarme Kost, Rotationsdiät u.ä. Konventionelle Kost.

Pension Alpenblick

CH-8873 Amden, Telefon 0041/55/6111172, Fax 6112017.

Kurhotel Bellevue

CH-8873 Amden, Telefon 0041/6111157, Fax 6111612.

Kurhaus Bergruh

CH-8873 Amden, Telefon 0041/6111212, Fax 6111808.

Monte Vuala Frauenhotel

CH-8881 Walenstadtberg, Telefon 0041/81/7351115. Hotel nur für weibliche Gäste. Angeboten wird Erholung mit Shiatsu-Behandlungen, Fußreflexzonenmassagen, Qigong-Bewegungsübungen und Yoga. Bäder im Salzwasser-Tank. Biologisch-vegetarische Vollwertküche.

Kurhaus Oberwaid

CH-9016 St. Gallen, Telefon 0041/71/2828181, Fax 2828215.

Appenzellerhof

CH-9042 Speichern, Telefon 0041/71/943374, Fax 941038.

Berit Paracelsus- Klinik

Steinwichslen, CH-9052 Niederteufen, Telefon 0041/71/330606, Fax 7471500. Bäderheilkunde, Ernährungsbehandlung.

Pension-Kurhaus Ruehüsli

CH-9056 Gais, Telefon 0041/7931145, Fax 7933192.

Gesundheits- und Ferienhotel Hof Weissbad

CH-9057 Weissbad, Telefon 0041/71/7988080, Fax 7988090. Trennkost. Vegetarische Kost. Atemgymnastik. Qigong. Spezialseminare zu Entspannung und Meditation, ganzheitlicher Körpererfahrung, Gewichtsreduktion. Regenerations-, Antistresswochen. F.X. Mayr-Heilfasten. Molke-Entspannungswochen.

Paracelsus-Klinik Dr. Winkelmann

CH-9062 Lustmühle, Telefon 0041/71/331060, Fax 331065.

Kurhaus Sonnenberg

CH-9103 Schwellbrunn, Telefon 0041/71/3539600, Fax 3539601.

Kurhaus Bad Gonten

CH-9108 Gontenbad, Telefon 0041/71/7941124, Fax 7941660.

Kurhotel Seeblick

CH-9405 Wienacht, Telefon 0041/71/8913141, Fax 8912944. Vollwertkost, weitgehend aus biologischem Anbau. Fußreflexzonen. Lymphdrainage. Kneipp. Molke. Gewichtsreduktion.

Kurhotel Heiden

CH-9410 Heiden, Telefon 0041/71/8919111, Fax 8911186. Klinik/Hotel mit 96 Betten. Im Haus werden stationäre Behandlungen durchgeführt (beihilfefähig). Vornehmlich behandelte Leiden (Indikationen): Rekonvaleszenz. Nachbehandlung nach verschiedenen Operationen. Biologische Therapien: Akupunktur. Kneippanwendungen. Entschlacken und entlasten mit Traditioneller Chinesischer Medizin (TCM). Leichtes Fasten mit Molke. Fußreflexzonenmassage. Lymphdrainage. Heublumen. Atemgymnastik. Heilfasten. Kostformen/Ernährung: Vollwertkost. Vegetarische Kost. Tier-eiweißfreie Kost. Rohkost. Trennkost. Glutenfreie Kost. Allergenarme Kost, Rotationsdiät u.ä. Konventionelle Kost.

Hotel Kurhaus Linde

CH-9410 Heiden, Telefon 0041/71/8911414, Fax 8915365.

Hotel Walzenhausen

CH-9428 Walzenhausen Telefon 0041/71/8862121, Fax 8881084. Wellness- und Kurzentrum. Entschlackungs-, kalorienreduzierte oder Vital-Kost. Vegetarisch. Diabetes-Kost. Eutonie. Meditation. Kneipp. Sauerstoff-Mehrschritt-Therapie.

Kur- und Bildungszentrum Sunnehus

CH-9658 Wildhaus, Telefon 0041/71/9985555, Fax 9985556.

Dänemark

Humlegaarden

Ny Strandvej 11, DK-3050 Humlebaek, Telefon 0045/42232465, Fax 42234498. Kurklinik zur Behandlung von krebs. 2- bis 4-wöchige Kuraufenthalte. Erfahrungen in de Anwendung neuester biologischer Methoden und Therapien zur Behandlung von krebs seit 1945. Bio-Therapien: Ganzkörper- und örtliche Wärmebehandlung. Elektrische Gleichstrombehandlung. Immunstimulierende Phytotherapie mit Mistel und Meditation, Healing, tägliche Vorlesungen. Kostformen: Vegetarische Vollwertkost. Hinweis der Klinik: Nach der neuen EG-Verordnung werden die Kosten für den Aufenthalt deutscher Staatsangehöriger möglicherweise von den Krankenkassen erstattet, entsprechend den Richtlinien für Aufenthalte an deutschen Kurorten (in diesem Punkt immer Rücksprache mit Ihrem Versicherungsträger halten). Humlebaek liegt etwa 35 km nördlich von Kopenhagen.

Tschechische Republik

Schroth Spol. Sr. O. (Schroth'sche Kuranstalt)

79061 Lipova-Lazne (Bad Niederlindewiese), Ceska Republika. Schroth-Kur.

Italien/Südtirol

Wiedemann-Kurzentrum

I-39012 Meran, Telefon 0039/473/35588.

Kurhotel Palace

Cavourstr. 2, I-39012 Meran, Telefon 0039/473/34734, Fax 34181.

Hotel Marlena

Nöderstr. 6 I-39020 Marling/Meran Telefon 0039/473/222266, Fax 47441.

Tauber's Vital Hotel

I-39030 St. Sigmund-Kiens/Pustertal, Südtirol, Telefon 0039/474/569500, Fax 569673. Kneipp, Massagen. Vegetarische Vollwertkost.

Kurhaus Dr. von Guggenberg

Unterdrittelgasse 17, I-39042 Brixen/Südtirol, Telefon 0039-472/35525 + 820222, Fax 34014. Kurhaus mit 65 Betten.ilweise- beihilfefähig. Kneipp-, Hydrotherapie, Medizinal-Kräuterbäder, vielfältige Massagen, Fußreflexzonenmassage, Lymphdrainage nach Vodder, Colonmassage, Atemtherapie, Osteopathie, Schlingentischtherapie, Magnettherapie, Laserbestrahlung. Diätetik und psychosomatische Behandlung. Entgiftung und Entschlackung. Vollwertkost, teilweise aus biologischem Anbau. Vegetarische Ernährung. Tier-eiweißfreie Kost. Spezialdiäten und konventionelle Kost.

Sporthotel Obereggen

I-39050 Obereggen/Dolomiten/Südtirol, Telefon 0039/471/615797, Fax 615673.

Hotel Heubad

I-39050 Völs am Schlern/Südtirol, Telefon 0039/471/725020, Fax 725425.

Spanien

Clinica Buchinger S.A.

Apartado 68, E-29600 Marbella. Privatklinik für Heilfasten, Präventivmedizin und Psychosomatik.

Centro de Therapie Antroposofica

Calle Salinas 12, E-35510 P. Del Carmen, Telefon 0034/28/512842, Fax 512844. Therapeutische Betreuung möglich. Vollwertkost.

Kurhotel Thierra de Oro

P.B.8, E-38410 Los Realjos/Teneriffa, Telefon 0034-22/341000, Fax 344318. Sauerstoff-Mehrschritt-Therapie nach Prof. von Ardenne. Revitalisierung. Frischkost.

Therapiezentrum Biozon S. L.

Camino Viejo Borró s/n, E-46725 Rótova bei Gandia (Valencia), Telefon 0034/6/2835367, Fax 2835376. Kur- und Therapiezentrum für Naturheilverfahren und Ayurveda. Heilungs- und Revitalisierungskuren bei Rheuma, Migräne, Asthma, Streß, Altersleiden, Krebs, Herz-Kreislaufstörungen, Hautleiden, Bewegungsapparat, Magen-Darm-Leiden, Depressionen. Therapie-Angebote: Homöopathie, Akupunktur, Ozontherapie, Neuraltherapie, Bach-Blüten-Therapie, Ayurvedatherapie, Öleinreibungen und Kräuterdampfbäder.

K & K-Extra: Fasten, Heilfasten, Fastenwandern

In die Fasten-Szene ist im wahrsten Sinne des Wortes Bewegung gekommen. Wir können dies daran erkennen, daß Heilfasten in vielen aufgeführten Häusern des Adreßteils angeboten wird (bei unseren Befragungen wird dieser Punkt immer ausdrücklich berücksichtigt). Fasten ist für den Organismus und Stoffwechsel eine sehr einschneidende Sache, der Verzicht auf feste Nahrung für eine gewisse Zeit (eine bis drei Wochen oder sogar mehr) vermag zur Therapie zu werden. Wir können mit regelmäßigen »Fastenwochen für Gesunde« jedoch auch dem Auftreten von chronischen Leiden wirksam vorbeugen.

Fasten oder Heilfasten ist dabei jedoch keineswegs ein eindeutiger, einheitlich verwendeter oder verstandener Begriff. Es gibt beispielsweise in den USA das sog. Olivenöl-Fasten oder Vulkanasche-Fasten, um zwei bei uns weniger bekannte Varianten aufzuführen. Manche »Fundamentalisten« unter den Fasten-Fans fasten nur mit Wasser -wovor unsere Experten warnen- und fühlen sich auch dadurch »wie neugeboren«. Der Fastentrunk wird darüber hinaus hierbei sogar noch destilliert (wovor unsere Experten ebenfalls warnen). Propagiert wird diese Methode von Anhängern der Natürlichen Gesundheitslehre. Sie kommt aus den USA (American Natural Hygiene Society, P.O.Box 30630, Tampa, Florida, 33630) und selbst wenn sie manchem von uns zu extrem erscheint, so finden sich darin doch bemerkenswerte Einsichten und hilfreiche Praktiken. In Deutschland hat das Fasten nach Dr. Buchinger eine lange Tradition. Die Methode wurde von dem Arzt Dr. Lützner, lange Zeit Leiter einer Fachklinik in Überlingen, in den 70er und 80er Jahren gewissermaßen modernisiert und aufgefrischt. Ihm ist es zu verdanken, daß das Fasten (speziell für Gesunde) zu einer richtiggehenden Volksbewegung geworden ist. Es handelt sich in diesem Falle im wesentlichen um ein Saft-Fasten, verbunden mit dem Verzehr leichter Gemüsesuppen und Kräutertees, Darmreinigungsmaßnahmen u.ä. Unter dem Begriff »Fasten« läuft auch die Mayr-Therapie (bekannt als »Milch-Semmel-Kur«). Fasten-Elemente finden sich ebenfalls in der Schroth-Kur. Populär ist momentan darüber hinaus ein Früchte-Fasten, also eine Art reine Rohkost (wenig Kalorien, fast fettfrei, dafür ballaststoffreich). Beliebt sind solche Angebote vielleicht auch deshalb, weil sie oft in südlichen Gefilden, im Zusammenhang mit Urlaubsaufenthalten angeboten werden. Auf jeden Fall wird dadurch der Stoffwechsel wirksam entlastet, der Körper entschlackt und entgiftet sich, ohne daß er an die (brauchbaren, notwendigen) Reserven allzu resolut herangeht.

Wir haben es schon angedeutet: Wer fastet, wird fit, nicht schlapp. Deshalb ist die Szene hier auch rege. Es haben sich vielfältige Initiativen, Organisatoren, Veranstalter, Förderer, Fachleute (Heilpraktiker, Ärzte, Gesundheitsberater, Laien) zusammengefunden. Und allen voran marschieren momentan die Fasten-Wanderer. Die (alte) Idee wurde von Christoph Michl in Deutschland populär gemacht, und inzwischen gibt es europaweit Hunderte von solchen »Wanderungen ganz ohne Brotzeit«.

Und schließlich noch ein weiterer Trend: Immer mehr Menschen begnügen sich nicht damit, selbst für einige Tage oder mehr auf richtige Nahrung zu verzichten. Sie möchten die positiven inneren Erfahrungen und gesundheitlichen Effekte auch anderen Menschen zugänglich machen. Dazu gehört jedoch eine richtiggehende Schulung, eine Ausbildung von A bis Z, die auch die Grenzen des Fastens aufzeigt und bewußt macht. Deshalb werden inzwischen eine ganze Reihe von Fasten-Leiter-Ausbildungen (auch spezielle Schulungen z.B. zum Fastenwander-Leiter) angeboten, von denen wir an dieser Stelle besonders jene des UGB (Verband Unabhängiger Gesundheitsberater Deutschland e.V.) und der dfa (Deutsche Ferienakademie) hervorheben möchten.

Eine wichtige Einrichtung und Anlaufstelle für relativ »rüstige« Marschierer ist die * **Fasten-Wander-Zentrale**, Postfach 2869, 67616 Kaiserslautern, Telefon + Fax 0631/47472. Dort verfügt man über ein Programm von rund 200 Fasten-Wanderungen, die mit verschiedenen Veranstaltern durchgeführt werden. Der Verein organisiert nicht nur Wanderungen, er veranstaltet auch den jährlichen Fasten-Wander-Kongreß (immer am Wochenende nach Allerheiligen = 1. November), sondern auch jährlichen Fasten-Wander-Pfingst-Treffen, jeweils in verschiedenen interessanten Regionen der Republik (zuletzt im Harz). Man kann sich beim Verein auch zum Fasten-Wander-Leiter ausbilden lassen und danach Weiterbildungsseminare besuchen.

Fastenveranstaltungen und Seminare bietet seit 10 Jahren an:

* **Fostra e.V.**, Semmelweisstr. 12, 91413 Neustadt a.d. Aisch, Telefon + Fax 09161/60881. Schwerpunkte sind dabei Entgiftung, Entschlackung, Abnehmen als Möglichkeit für stabiles Wohlbefinden und geistige Klarheit. Die Angebote reichen von Fasten-Wander-Urlaub über Fasten-Kurlaub bis zu Genießer-Fasten (z.B. mit Tai Chi Chuan) auf Mallorca.

Tip: Informieren Sie sich zu aktuellen Terminen über das gebührenfreie Fasten-Info-Telefon (Mo-Do 9 bis 12 Uhr + 14 bis 17 Uhr; Fr von 9 bis 12 Uhr), und zwar unter der Nummer 0130/752756.

Viele interessante Veranstaltungen (neuerdings auch Früchtefasten + Wandern) bietet darüber ebenfalls seit vielen Jahren und mit großem und noch wachsenden Erfolg an:

* **Verein für gesundes Leben e.V.**, Mühlenweg 2 F, 87490 Börwang, Telefon 08304/93030, Fax 93031. Über die entsprechenden Veranstaltungen kann man sich auch via Internet informieren: http://www.fastenwandern.de.

Und schließlich noch die Anschriften der Organisationen, die auch eine Fasten-Leiter-Ausbildung im Leistungskatalog haben:

* Verband für Unabhängige Gesundheitsberatung Deutschland (UGB) e.V., Keplerstr. 1, 35390 Gießen, Telefon 0641/77785, Fax 78568.

* dfa-Fastenleiterausbildung, Dr. Hilmar Burggrabe, Stöckring 36, 71088 Holzgerlingen, Telefon 07031/602690. Infos zu Fasten-Veranstaltungen der dfa erhalten Sie über: dfa, z.Hd. Frau Krassnig, Am Josenberg 13, 78355 Hohenfels, Telefon 07557/1014.

K & K-Extra: Ayurveda

Kaum eine andere naturheilkundliche Heilweise hat in den vergangenen Jahren so sprunghaft an Zuspruch und Interesse gewonnen wie die altindische Ayurveda-Medizin. Berühmt sind besonders die Ölanwendungen und die große Pancha-Karma-Reinigungskur. Gerade was die Ausleitung von Giften, Schlacken und Säuren angeht, haben sich ayurvedische Methoden und Techniken besonders bewährt. Wegen der zunehmenden Bedeutung solcher Verfahren -und weil es sich beim Ayurveda um ein in sich geschlossenes, eigenes Heilsystem handelt- bringen wir an dieser Stelle eine Übersicht zu den verschiedenen Behandlungsstätten und zusätzliche Hinweise auf -internationale- Therapiemöglichkeiten.

* Maharishi Ayurveda Gesundheitszentrum Hamburg, Rothenbaumchaussee 26, 20148 Hamburg, Telefon 040/452080, Fax 447697

* Maharishi Ayur-Ved Gesundheitszentrum Kiel, Holtenauer Str. 69, 24105 Kiel, Telefon + Fax 0431/577907

* Habichtswald-Klinik Ayurveda, Klinik für Onkologie und ganzheitliche Medizin, Wigandstr. 1, 34131 Kassel, Telefon 0561/310899, Fax 3108883

* Maharishi Ayur-Ved Gesundheitszentrum, Akademie Schledehausen GmbH, Am Berg 2, 49143 Bissendorf, Telefon 05402/75451, Fax 75490

* Maharishi Ayur-Ved Gesundheitszentrum, Wilhelm-Busch-Str. 1, 49661 Cloppenburg, Telefon 04471/81218 + 5654, Fax 81219

* Maharishi Ayur-Ved Gesundheits- und Seminarzentrum Bad Ems GmbH, Postfach 1330, 56120 Bad Ems, Telefon 02603/9407-0, Fax 3122

* Parkschlößchen Bad Wildstein, Wildbadstr. 201, 56841 Traben-Trarbach, Telefon 06541/705-0, Fax 705-120

* Maharishi Ayurveda Gesundheitszentrum, Geseker Str. 8, 59590 Geseke-Mönninghausen, Telefon + Fax 02942/78558

* Mahindra-Institut, Forsthausstr. 6, 63633 Birstein, Telefon 06054/91310 (Ayurveda-Ausbildung; Kuren)

* AUM-Kurzentrum für Ayurveda und Naturheilverfahren, Römerstr. 1-3, 74629 Pfedelbach-Gleichen, Telefon 07949/590, Fax 2624

* Maharishi Ayur-Ved am Starnberger See, Hindenburgstr. 21, 82343 Pöcking, Telefon 08157/7152 + 7133, Fax 7068

* Privatklinik und Sanatorium Winnerhof, Winner 1, 83707 Bad Wiessee, Telefon 08022/8690, Fax 86977 (Ayurveda und Heilfasten)

* Marcushof, Kneippstr. 22 A, 86825 Bad Wörishofen, Telefon 08247/3940, Fax 2036

* Maharishi Ayur-Ved Gesundheitszentrum, Hans-Sachs-Str. 9 B, 93049 Regensburg, Telefon 0941/26771, Fax 22294

* Maharishi Ayur-Veda, Bahnhofstr. 19, A-4910 Ried, Telefon 0043/7752/88110, Fax 866224

* Hotel Schloß Pichlarn, Dr. Hans Schäffler, A-8952 Irdning/Ennstal, Telefon 0043/3682/228410, Fax 228416

* Maharishi Ayur-Veda, Gesundheitszentrum Pilgerheim, CH-6377 Seelisberg, Telefon 0041/43/312796, Fax 315286

* Therapiezentrum Biozon S. L., Camino Viejo Borró s/n, E-46725 Rótova bei Gandia (Valencia), Telefon 0034/6/2835367, Fax 2835376

Kur- und Therapiezentrum für Naturheilverfahren und Ayurveda.

Ayurvedatherapie einschließlich Öleinreibungen und Kräuterdampfbäder.

Internationale Ayurveda-Kuren (meist in Sri Lanka) bieten u.a. folgende Reiseveranstalter an:

* Ayurvedic Health Care Resorts, Norbert W. Fischer, Christophstr. 5, 70178 Stuttgart, Telefon 0711/2348-144, Fax 2348-145

* Ayurveda International, Helga M. Schmidt, Leutstettener Str. 57 A, 81477 München, Telefon 089/7809777, Fax 7809776

* Vita Vision GmbH, Fuchsbergstr. 15, 86938 Schondorf, Telefon 08192/7065, Fax 7068

* Z & S - Reisen und Kuren, Bürgermeister-Fergg-Str. 20, 87724 Ottobeuren, Telefon 08332/93177, Fax 93178

Informationen über das Ayurveda-System und Hinweise zu Veröffentlichungen und wissenschaftlichen Arbeiten können erfragt werden über:

* Deutsche Gesellschaft für Ayur-Veda e.V., Wildbadstr. 201, 56841 Traben-Trarbach, Telefon 06541/5817, Fax 705120.

* Maharishi Vedic University, Kloosterweg 36, NL-6301 WK Valkenburg/ Niederlande, Telefon 0031/43/6013143, Fax 6013262. Hier hat man konkrete Behandlungsprogramme zu 37 (entspricht den 37 Aspekten des Veda) chronischen Erkrankungen zusammengestellt und in Zusammenarbeit mit Ärzten erprobt.

K & K-Extra: Kurse und Seminare

Das Bedürfnis nach einer sinnvollen Freizeitgestaltung ist nun schon seit Jahren, ja Jahrzehnten, beständig am Wachsen. Darin drückt sich das Verlagen aus, sich in Fragen der Gesundheit in einem umfassenden Sinne, der »richtigen« Lebenspraxis (und zunehmend auch in spiritueller Hinsicht) zu bilden. Dies betrifft in besonderem Maße beispielsweise die Ernährung oder besondere naturheilkundliche Therapien. Die Triebfedern für diese Bildungsbedürfnisse sind zum Teil natürlich sehr pragmatischer Natur: Man möchte gesundheitlich dadurch gewinnen. Auf der anderen Seite sucht man aber auch vorhandene Interessen zu pflegen, zu vertiefen, angelegte Talente auszubilden und zu entwickeln und damit auch den Alltag zu bereichern, gewissermaßen neue Kraftquellen zu erschließen. Vieles kreist um die Frage einer ganzheitlich verstandenen »Gesundheit«, und man folgt dabei der Einsicht, daß die angestrebte Einheit von Körper, Geist und

Seele, das umfassende Wohlbefinden, nur eigeninitiativ, in Selbsthilfe, herbeigeführt werden kann.

Dabei eröffnet sich für den Lernenden ein unerhört weites Feld, und er wird nie müde, darin auszuschreiten: Beispielsweise Ernährungsvarianten in Hülle und Fülle, ein fast schon unüberschaubar buntes Spektrum an Entspannungstechniken (von Autogenem Training bis Yoga), vielfältige alternative Heilweisen und manche eher esoterische Praktik gilt es zu prüfen und auf ihre Eignung abzuklopfen. Die meisten davon sind Lebenshilfe im besten Sinne des Wortes: Sie helfen uns dabei, ein Stück Lebenskunst zu verwirklichen und zu verinnerlichen und bestärken uns in der Erkenntnis, daß nur wir selbst es sind, die »im eigenen Haus« dauerhaft Wohlbefinden und Gesundheit sichern können (Stärkung der Selbstheilkräfte, vernünftiger Umgang mit dem Körper).

Doch auch die Selbst-Hilfe will gelernt sein. Und dies ist die eigentliche Aufgabe der zahlreichen Einrichtungen mit Kurs- und Seminarangeboten, von denen wir hier nur einige wenige, ganz ohne Anspruch auf Vollständigkeit, kurz vorstellen und zum Teil porträtieren können. Die Veranstalter und Dozenten nehmen den Teilnehmer dabei gewissermaßen ein Stück des Erkenntnisweges an der Hand. Gut angeleitet und beflügelt und motiviert durch den Austausch mit Gleichgesinnten findet er dann leichter seinen eigenen, unverwechselbaren, an-gemessenen Weg.

WEG DER MITTE E. V.

Kloster Gerode, 37345 Gerode, Telefon 036072/8200, Fax 80006 + Sekretariat Berlin, Milinowskistr. 35, 14169 Berlin-Zehlendorf, Telefon 030/8131040. Vor ungefähr 20 Jahren machte man sich auf den »Weg der Mitte«. Dies hieß und heißt: angestrebt ist eine holistische Medizin, bei der sich ein ganzheitliches Menschenbild, psychotherapeutische Körperarbeit und energetische Zusammenhänge verbinden und die eigentliche, grundlegende Einheit von Körper, Geist und Seele widerspiegeln. Psychoanalytische Ansätze, naturheilkundliche Therapien und Entspannungstechniken wirken dabei auf harmonische Weise zusammen und ermöglichen, konsequent durchgeführt, eine neue Qualität von Gesundheit und Bewußtheit. Im Jahr 1994 konnte dann schließlich ein lange geplantes Projekt realisiert werden, und zwar die Einrichtung eines Seminarhauses, das fortan die feste Basis zur Umsetzung vieler Ideen und Grundsätze bieten soll. Diese Werkstatt für Körper-, Seelen- und Geistesarbeit ist in Gerode angesiedelt, in den Räumlichkeiten eines ehemaligen Klosters, die mit viel Idealismus und fachkundigem Engagement restauriert wurden (und immer noch werden). *Der Ort hat eine lange spirituelle Geschichte. Erstmals erwähnt wurde das Benediktiner-Kloster Gerode im Jahr 1124, und das »ora et labora« (bete und arbeite) gilt in gewisser Weise auch heute wieder, zumal auch andere alte Kloster-Traditionen (z.B. der Anbau von Heilkräutern) bewußt fortgeführt werden.* Den Besuchern des Klosters Gerode wird inzwischen ein ungewöhnliches und vielfältiges Spektrum an (Fort-) Bildungsmöglichkeiten angeboten. Dies betrifft einmal richtiggehende Ausbildungen wie solche zum Heilpraktiker, Yoga-Lehrer oder Fußreflexzonen-Therapeuten (Gesamtdauer: 18 Monate). Auch Schulungen zur Homöopathie, Akupunktur (einschließlich weiterer Komponenten der TCM = Traditionellen Chinesischen Medizin) und Cranio-Sacral-Therapie stehen auf dem Programm. Weiterhin gibt es Kurse zum Streßabbau und zur »Erlangung von Präsenz« (Körperarbeit nach F.M. Alexander). Oder: Neues Körperbewußtsein durch vertiefte Selbstwahrnehmung mittels der Feldenkrais-Methode. Moshe Feldenkrais (1904-1984): *»Den Körper zu unterrichten, alle möglichen Formen und Anordnungen der Glieder perfekt zu gestalten, verändert nicht nur die Kraft und Flexibilität des Skeletts und der Muskeln, sondern verursacht eine tiefgreifende Veränderung des Selbstbildes und der Qualität der Gerichtetheit des Selbst.«*

Eine ganz besonderes Glanzlicht des Programmes sind sicherlich die Kur-Seminare von Dr. med. Renate Collier zur Azidose-Therapie. Mit dieser Behandlungsweise gibt es endlich eine wirksame und erlernbare Methode zur Beseitigung des heute so oft (oder sogar regelmäßig) gestörten Säure-Basen-Gleichgewichts. Die Reinigung, Entschlackung, Entsäuerung erfolgt dabei tiefgreifend (bis ins Bindegewebe) und wird durch Ernährungsmaßnahmen und weitere therapeutische Hilfsmittel gesichert (z.B. Azidose-Massagen). Auch in diesem Fall kann eine Prüfung zum Azidose-Therapeuten abgelegt werden.

Darüber hinaus werden fortlaufend Yoga-Kurse angeboten, Einführungen zur Bach-Blüten-Therapie, Tai Chi Chuan-Abendkurse sowie Vortragsabende zu naturheilkundlichen Praxisfragen.

NaturFreundeHaus Luise-Wyneken

Luise-Wyneken-Str. 4, 31582 Nienburg, Telefon + Fax 05021/2812. Angebot an sehr unterschiedlichen Seminaren. Beispielsweise zur Orgon-Energie nach Wilhelm Reich (Lebensenergie, im ostasiatischen Raum auch als Qi oder Chi bekannt). Im Haus kann man auch Reiki (1. Grad) erlernen. Bei dieser einfachen Selbsthilfetechnik werden über die Hände Heilungskräfte vermittelt. Weitere Veranstaltungen: Männer und Gefühle, Vollkorn-Koch- und Backkurse (auch speziell für Singles sowie die Vollwert-Mittelmeerküche), Fit und gesund in den Frühling, Massage & Meditation.

Lebensgarten Steyerberg e.V.

Ginsterweg 3, 31595 Steyerberg, Telefon 05764/2370. Veranstaltungen beispielsweise zur Klangtherapie, zur Mediation (konstruktiver Konfliktlösung) u.ä.

Neuzeitliche Diät- und Lebensschule

Kurstr. 4, 34549 Edertal-Bringhausen, Telefon 05623/94940, Fax 949522. Umfangreiches Programm an Kursen und Seminaren zu den Themen Atmen, Ernährung, Gesundheitspflege mit dem Ziel der Selbsthilfe.

Norddeutsche Gesundheitsschule

Akademie für Gesundheitsbildung, Heikenbergstr. 19/21, 37431 Bad Lauterberg/Harz, Telefon 05524/857-0, Fax 6741. Es handelt sich um eine Einrichtung des Kneipp-Bundes, in der zahlreiche Lehr- und Erholungsaufenthalte mit wechselnden Themen angeboten werden. Ein Schwerpunkt liegt dabei auf Freizeit- und Hobbyveranstaltungen (z. B. Bastelfreizeiten oder »Traditionelle Wilhelm-Busch-Tage«, Malen als Weg zur Gesundheit, Auf Goethes Spuren, Meditativer Tanz). Ein anderer auf Gesundheits-, Lehr- und Schulungsseminaren. Letztere drehen sich z.B. um die Frage, wie dem Konkurs der Knochenmasse (Osteoporose, Knochenschwund) Einhalt geboten werden kann oder welche Selbsthilfen im Falle von Arthrose möglich sind. Stimm- und Atemtrainings-Kurse werden angeboten sowie Veranstaltungen zum Hatha-Yoga oder zu Qigong, den altchinesischen Atem- und Bewegungsübungen. Ebenso kann man an der Nordeutschen Gesundheitsschule in Gruppen fasten (gemeinsam geht auch in diesem Falle manches leichter). Außerdem gibt es Kurse zu Reiki, Zilgrei oder zur Augenstärkung und Sehschulung. Wichtig und ebenfalls ein Trend: spezielle Seniorenfreizeiten (Neue Alten-Kneipp-Verwöhnwoche für Singles und Doubles ab 55) und Fitneßtraining für Menschen in fortgeschrittenen Lebensaltern. Hinzu kommen Wellness-Aktiv-Wochen und Angebote für Frauen (Rhetorik und Selbstsicherheitstraining für Frauen).

Hof Kotthausen

Kollegium für freie Jugendarbeit und Berufsbildung e.V., Kotthausen 1, 42399 Wuppertal, Telefon 0202/612312, Fax 612432. Gleich ein ganzes Jahr in inneres Wachstum investieren, in Allgemein- und Persönlichkeitsbildung, Schulung in künstlerischen und praktisch-handwerklichen Fertigkeiten (allerdings vorzugsweise jüngere Leute bis etwa 30 Jahre), können Wissensdurstige auf dem Hof Kotthausen. Diese Lebensschule ist ganz ohne Frage interdisziplinär: Es wird in der Landwirtschaft (Biologisch-Dynamisch) ausgeholfen, Gebäude werden renoviert, Lektionen in Kulturgeschichte, Naturwissenschaften, Philosophie und Anthroposophie erteilt, Künste (Malen, Plastizieren u.ä.) erlernt und ausgeübt, Ökologie-Projekte (Heckenbepflanzung, Renaturierung von Bächen) vorangetrieben. Das Studienjahr in Kotthausen schafft Freiraum zur Entwicklung, Entdeckung, Ausbildung von Fähigkeiten und für Kreativität.

Villa Schaaffhausen

Schaaffhauser Str. 5, 53604 Bad Honnef, Telefon 02224/917-0. Familien- und Gesundheitszentrum mit einem abwechslungsreichen Angebot an ganz unterschiedlichen Gesundheitsveranstaltungen (Atemseminare, Heilfastenkurse, Lehrgänge in Theorie und Praxis der Vollwerternährung, Ayurveda). Das Seminarzentrum bildet auch Gesundheitsberater aus.

Ausbildungs- und Erholungszentrum

Friedrich Depke, Im Kirschengarten 6-8, 56132 Kemmenau, Telefon 02603/93390, Fax 933966. Regelmäßige Gesundheitsseminare (Biochemie, Sehschulung, Selbsthilfekurse).

Landhaus Harbecke

Am Birkenstück 8, 57392 Schmallenberg, Telefon 02975/9670-0, Fax 9670-20. Naturkosthotel mit Gesundheitsseminaren.

Studienhaus Rüspe e.V.

Freies Bildungswerk, 57399 Kirchhundem, Telefon 02759/273. Anthroposophisch ausgerichtete Veranstaltungen.

Haus Yoga Vidya

Gut Hoffnungsthal, 57641 Oberlahr, Telefon 0130/841108 + 02685/989482, Fax 989483. Im Haus werden ganzjährig Yoga-Einführungswochen für Anfänger durchgeführt, spezielle Intensivwochen und -Trainings sowie Yogalehrer-Intensivkurse. Darüber hinaus auch Yoga-Ferien.

Reformhaus-Fachakademie

Gotische Str. 15, 61440 Oberursel, Telefon 06172/3009-822 (9 bis 12 Uhr), Fax 3009-819. Ständig Seminare rund um das gesunde Leben. Beispiele: Verwöhnwochen für Frauen. Atmung-Entspannung-Massage. Augenstärkung und lebendiges Sehen. Ganzheitskosmetik. Selbsterfahrung - neugierig auf sich selbst. Fit durch Fasten. Die Seminare finden in der Akademie statt; Übernachtungsmöglichkeiten einschließlich vollwertiger Verpflegung gibt es im angeschlossenen Seminarhotel.

Ganymed

Mettenbergstr. 35, 78532 Tuttlingen, Telefon 07462/7982, Fax 7098. Reise-Veranstalter. Organisation von umweltverträglichen Gruppenreisen und Seminaren. Alle rauch- und alkoholfrei, mit Vollwertkost. Vielseitiges Themenangebot (z.B. Begegnung mit der geistigen Welt: Mythen, Märchen, Träume - oder Ganzheitliche Gesundheitstage mit Augenschule, Shiatsu, Tai Chi). Besonderheit: Spezielle Veranstaltungen, Reisen, Seminare für Senioren.

Kurparkhotel Roseneck

Gesundheitszentrum, Bismarckstr. 1, 79410 Badenweiler, Telefon 07632/5005, Fax 75699. Themenwochen und Seminare, jeweils mit Vollwert-Frühstücksbuffet, Vollwertmenüs zum Abend (Halbpension), zu naturgemäßen Therapien, Meditation und mentalem Training, Fasten und Meditation mit dem Mondrhythmus, Aktivierung der Lebens- und Immunkräfte (Simonton-Methode) u.ä.

Haus Sonne

79677 Aitern-Multen, Telefon 07673/7492, Fax 7507. Vegetarische Vollwertpension am Belchen im Südschwarzwald. Mit Naturheilpraxis (u.a. Rückenbehandlung nach der Dorn-Methode). Regelmäßig finden im Haus Vorträge und Kurse statt. Beispielsweise zum Zilgrei-Selbsthilfesystem bei Schmerzen (5 Unterrichtseinheiten in Gruppen ab 4 Personen oder im Einzelunterricht). Weitere Themen: Konzentrative Bewegungstherapie anhand eines Märchens, Gesundes Wohnen und Bauen, Lebenskonzepte (Aussteigen oder Einsteigen, Anpassen oder Verweigern?).

Seminarhotel für Umwelt und Gesundheit

Schloßgut Oberambach, 82541 Münsing, Telefon 08177/932-503, Fax 932-444. Eine neue Einrichtung in bemerkenswerter Umgebung und mit ebensolchem Angebot. Die Selbstdarstellung spricht für sich: »Mitten im Grünen, das sich kilometerweit fortsetzt -keine störende Straße, keine Häuser rundum- bietet Schloßgut Oberambach ein einmaliges Refugium für alle, die Seele, Geist und Körper eine Verschnaufpause im Trubel des Alltags gönnen wollen«. Keine passive Verschnaufpause jedoch. Denn angeboten werden für alle naturheilkundlich-ganzheitlich bewegten Zeitgenossen zahlreiche Denkanstöße, und zwar in Form von Vorträgen und Seminaren. Themenschwerpunkte sind dabei Gesundheit, Naturheilkunde, aber auch Ökologie, ergänzt durch kulturelle Veranstaltungen (Konzerte und Theateraufführungen mit bekannten Künstlern). Bisher fanden beispielsweise Seminare statt wie »Atem-los? Der Atem als weiser Führer zu sich selbst«; oder, sehr esoterisch ausgerichtet: »Lebenserkenntnis durch Deutung der Geburtszahlen« und eine Grundausbildung in physiognomischer Menschenkenntnis (»Physiognomik - Charakterkunde«). Vorträge gab es zu brisanten Themen wie der Impf-Problematik, zum Elektrosmog oder zu Fragen der Wasserqualität. Auf dem Programm stehen auch ganz praktische Veranstaltungen wie Kochkurse mit Peter Lauterbach (Vollwertkoch, UGB). Das Haus selbst wurde nach neuesten Erkenntnissen und Richtlinien der Baubiologie renoviert und ausgestattet. Die elektrischen Leitungen sind abgeschirmt, für einen Teil der Stromversorgung werden regenerative Energien eingesetzt. Auf der Speisekarte stehen darüber hinaus »Köstlichkeiten aus der Vollwertküche«.

Ferien- und Kurhotel Seeg

Familie Ordner, 87637 Seeg im Allgäu, Telefon 08364/88-0, Fax 88-608. Gesundheitsurlaub mit ganzheitlichem Programm für Körper, Geist und Seele. Entschlackungskuren nach Mayr, Reduktionskost auf Vollwertbasis, vegetarische Kost. Kurprogramm mit Gesundheitsgymnastik, Gesundheitssport, Entspannungstraining, Bewegungstherapie. Zahlreiche Sonderkurse zur Vermittlung von Anregungen und Techniken, um den Körper zu kräftigen und beweglicher werden zu lassen und um die seelische Gesundheit zu fördern. Weitere Kurse: Autogenes Training, Meditationswochen, Mentaltraining. Yoga, Problemzonentraining, ganzheitliche Schönheitswochen. Qigong, Tai Chi Chuan. Reiki, Astrologie, Meditationstanz u.a.

Sonnenstrahl

Sebastian-Kneipp-Str. 1, 88353 Kißlegg/Allgäu, Telefon 07563/1890, Fax 7443. Ganzheitliches Ferien- und Seminarhotel mit 20.000 qm großem Park. Gesundheits- und Regenerationsfarm »Lebensquell«. Regelmäßige Seminare zur gesunden Lebensführung, Entspannung, naturheilkundlichen Praxis und Selbsthilfe.

Gesundheitsakademie Bad Griesbach

Thermalbadstr. 6, 94086 Bad Griesbach, Telefon 08532/273541, Fax 273777. Die Gesundheitsakademie bietet Aus- und Weiterbildungen an: Wirbelsäulengymnastik, Gesundheitsberatung, Antistreß-Training, Muskelrelaxation nach Jacobson, Yoga, Gesprächsführung, Psychosynthese, Zilgrei, Tai Chi, Seniorenbetreuung, Fasten.

Rohkost Kurhaus Prasura

CH-7050 Arosa, Telefon 0041/81/3788282, Fax 3788292. Im Rohkost-Kurhaus finden ständig Kurse und Seminare statt. Beispielsweise zu den Themen »Yoga -

Entspannung - Besinnung«, »Ursachen erkennen - Krankheiten vermeiden«, »Tai Chi - Kunst der Meditation in Bewegung«, »Die Entdeckungsreise zum eigenen Potential«. Sehr empfehlenswert sind auch die verschiedenen Kurse zum »Ganzheitlichen Früchtefasten« oder »Wandern und Meditation«.

Ein umfangreiches Programm an ganzheitlichen Ferienkursen (Yoga, Meditation, Qigong, Tai Chi Chuan, Ayurveda, NLP, Reiki oder auch Fastenwochen nach Dr. Buchinger und »Pranayama - Die große Kraft des Atmens«) bietet als Veranstalter an: * Neue Wege Seminare & Reisen GmbH, Niels-Bohr-Str. 62, 53881 Euskirchen-Kirchheim, Telefon 02255/950095/96, Fax 950097.

Seminar-Urlaub mit Qigong, Tai Chi Chuan, Yoga, Feldenkrais, Shiatsu, Philosophie, Kunst (Musik, Malen), Tanz, Theater, Pantomime und anderem mehr unter dem Motto »Urlaub mit Sinn« vermittelt: * Studien-Kontakt-Reisen, Postfach 201051, 51340 Bonn, Telefon 0228/93573-0, Fax 935735C.

Tip:

Veranstaltungen, Vorträge, Ausbildungen des Instituts zur Förderung der körperlichen und seelischen Gesundheit in Augsburg: Dort organisiert man jedes Jahr ein kleines und sorgfältig ausgewähltes Programm an Seminar- und Gesundheitsurlaubs-Veranstaltungen, beispielsweise in Abano (Italien) oder dem Salzburger Land. Im ersten Halbjahr 1998 standen auf dem Programm: »Heilung auf seelisch-geistigem Wege« (in Bad Wörishofen), ein Oster-Sonder-Seminar (»Das neue Bewußtsein in Partnerschaft und Erziehung der Zukunft«) und Pfingst-Sonder-Seminar (»Wie gewinnt man eine spürbar bessere Intuition und Inspiration«). Außerdem: das hochinteressantes Fortbildungssymposium zum Thema »Die Haut als Spiegel der Persönlichkeit«. Solche Ferien für Körper und Seele beinhalten praxisorientierte ganzheitliche Gesundheisvorträge und Schulungen mit dem Referenten, Buchautor und Heilpraktiker Christian Wilhelm Echter. Ziel ist es, »vitalisierende Heilkräfte in sich selbst zu entdecken«, also den uns allen mitgegebenen »inneren Arzt« wieder aufzuspüren und zu beleben. Hilfreich ist dabei vor allem eine wirkstoffreiche Ernährung. Bestimmte Naturheilweisen, wie etwa die Sauerstofftherapien, und natürlich viel Bewegung (beispielsweise in Verbindung mit einem Wanderurlaub) kommen hinzu. Beim Institut in Augsburg werden ausführliche Gesundheitsfachberatungen, Ernährungsfachberatungen und Seelische Lebensberatungen nach einem ganzheitlichen Konzept durchgeführt. Außerdem hat man eine berufsbegleitende Fachausbildung zum Gesundheits-, Ernährungs- und Lebensberater (mit ärztlicher Fachabschlußprüfung) entwickelt. Informationen zu allen vorgestellten Veranstaltungen und Angeboten erhalten Sie bei: * Gesundheits- und Ernährungsbildung, **Institut zur Förderung der körperlichen und seelischen Gesundheit, Karolinenstr. 2/II, 86150 Augsburg, Telefon 0821/349-5150, Fax 349-5151.**

K & K-Extra: Senioren

Der demographische Wandel ist in den Schlagzeilen, und dies meist mit negativen Vorzeichen: Deutschland -die Deutschen- werden immer betagter, das Durchschnittsalter weist eine stetige, ungebrochene und nicht mehr umkehrbare Wachstumsrate auf - was beispielsweise den Rentenpolitikern zu schaffen macht und auch die Krankenkassen belastet.

Altern geht oft einher mit einer zunehmenden Zahl von Beschwerden und körperlichen Einschränkungen. Dies muß -von Natur aus- jedoch durchaus nicht so sein. Gesundheitsbewußtes Leben, vollwertige und frischkostreiche Ernährung, körperliche und geistige Aktivität sorgen dafür, daß unser Kräfte, Organe, Gelenke nicht vor der Zeit erschöpft werden und wir auch in hohem Alter noch ein selbständiges Leben zu führen in der Lage sind.

Wenn bereits Schäden, Funktionseinbußen eingetreten sind, so gibt es auch dafür spezielle Rehabilitationsmaßnahmen, Hilfen der Altersmedizin, und entsprechende Einrichtungen sind im Adreßteil dieses Ratgebers aufgeführt. Bitte orientieren Sie sich in diesem Falle am Register unter dem Stichwort »Altersleiden« (Geriatrie, Gerontologie u.ä.).

Ein weiterer Punkt soll an dieser Stelle angesprochen werden: Das Fehlen einer ausreichenden Zahl an »alternativen«, ganzheitlich ausgerichteten Alten- und Pflegeheimen oder Altenwohnstätten. Gewiß: Die Szenerie ist hier im Wandel. Gerade im Moment wird über vielfältige neuartige Formen des Zusammenlebens und Betreuens älterer Mitbürger nachgedacht und damit experimentiert, wobei man sich oft an guten Beispielen im benachbarten Ausland (Niederlande; auch skandinavische Länder) orientiert. Doch richtig handfesten Rat weiß man hier jemandem, der beispielsweise den Haushalt und das Sich-Selbst-Versorgen nicht mehr packt, in der Regel nicht zu geben. Wir veröffentlichen deshalb an dieser Stelle eine kleine Übersicht zu Spezialeinrichtungen, die gewiß unvollständig ist, aber immerhin einen ersten Ansatzpunk dafür gibt, um aktiv werden zu können. Wir wollen diesem Punkt weiter große Aufmerksamkeit widmen und diese Anschriftenübersicht ständig aktualisieren und erweitern (die neueste Ausgabe der Übersicht kann dann ab etwa Herbst/Winter 1998 jeweils gegen Rückporto = DM 2,20 in Briefmarken bei uns angefordert werden).

Hier also schon einmal einige Alten- und Pflegeheime, in denen zumindest vegetarische Kost oder Vollwertkost angeboten wird, z.T. aber auch besondere Behandlungskonzepte (anthroposophische Medizin, naturmedizinische Ausrichtung) und ein besonders fürsorglicher Umgang mit den Gästen, Bewohnern gepflegt wird:

* Vegetarierheim »Haus Wiesengrund«, 34513 Waldeck 2/Hessen, Telefon 05623/5453. Erholungs- und Altenheim mit Vollwertkost. Eigener biologischer Gartenbau.

* Alten- und Pflegeheim Waldesruh, 35080 Bad Endbach, Telefon 02776/9156-0.

Dort bietet man an: Vegetarische Kost mit viel Frischobst und Salaten. Nach der Hausbeschreibung: Wunderschöne Lage am Wald und doch zentrumsnah. Christliche Atmosphäre, günstige Pflegesätze.

* Haus Felsengrund, Ebersgrube 11, 35080 Bad Endbach, Telefon 02776/7073, Fax 6144. Soweit wir wissen: Eigentümerwechsel - nähere Auskünfte direkt beim Haus erfragen.

* Haus Lörick e.V., Grevenbroicher Weg 70, 40547 Düsseldorf, Telefon 0211/59921. Altenwohnstift. Etwa 410 Bewohner. Vollwertkost und vegetarische Ernährung.

Seniorenwohnstift HAUS HORST, Horster Allee 12-22, 40719 Hilden, Telefon 02103/915-0. Im Haus -das allerdings recht groß ist (mit 315 Ein- und Zwei-Raum-Appartments), wird Vollwertkost angeboten. Darüber hinaus gibt es noch viele Kurse; leichte Bewegungsgymnastik, Gedächtnistraining u.a. Eine eigene Pflegestation ist angeschlossen, so daß im Falle einer Erkrankung die Behandlung in der vertrauten Wohnung stattfinden kann. Behindertengerecht.

* Wohnstift Augustinum Bad Neuenahr, Am Schwanenteich 1, 53474 Bad Neuenahr-Ahrweiler, Telefon 02641/811, Fax 81-889. Wohnstift. Vegetarische Ernährung. Glutenfreie Kost bei Sprue.

* Kurhotel Junkersmühle, 56288 Michelbach, Telefon 06761/2068, Fax 13193. Vollwertkost, Naturheilverfahren.

* GDA Wohnstift Trippstadt, Am Judenhübel 13 A, 67705 Trippstadt, Telefon 06306/820. Wohnstift der Gemeinschaft Deutsche Altenhilfe GmbH. Am Rande des Pfälzer Waldes, 12 km von Kaiserslautern entfernt. Bewegungsbad, Sauna, Kranken- und Pflegestation im Haus. Naturkost, Vollwertkost, Rohkost, vegetarische Ernährung.

* Johanneshaus Öschelbronn, Am Eichhof, 75223 Niefern-Öschelbronn, Telefon 07233/67-0. Zentrum für Lebensgestaltung im Alter. Anthroposophische Einrichtung.

* Parkstift Hahnhof, Hahnhofstr. 15, 76530 Baden-Baden, Telefon 07221/212-0, Fax 212913. Altenwohnstift. 238 Betten. Vollwertkost, vegetarische Kost. Aufenthaltsraum für Nichtraucher. Speiseraum für Nichtraucher.

* Haus Hasenkamp, Auf dem Abtsberg 6, 77723 Gengenbach, Telefon 07803/3378. Vegetarisches Alten- und Pflegeheim am Rande des mittleren Schwarzwaldes. Vollwertkost.

* Kurstift Bad Dürrheim, Am Salinensee 2, 78073 Bad Dürrheim, Telefon 07726/63-0. Alten- und Pflegeheim. 321 Betten. Vegetarische Kost. Behindertengerecht. Nichtraucher.

* Parkstift St. Ulrich, Hebelstr. 18, 79189 Bad Krozingen, Telefon 07633/403-1. Alten- und Pflegeheim mit 283 Betten. Vegetarische Kost. Behindertengerecht. Nichtraucher.

* Wohstift am Parksee, Rathausstr. 34, 82008 Unterhaching, Telefon 089/61050. Alten- und Pflegeheim mit 296 Betten. Vegetarische Ernährung. Ernährungsberatung. Behindertengerecht.

* Vollwert- und Seniorenpension, A. Frisch, Garham-Gsteinsöd 23, 94544 Hofkirchen, Telefon 08541/8786. Vollwertkost, vegetarische Ernährung. Gesundheitsberaterin GGB.

Informationen erhalten Interessierte auch bei der * Vegetarier-Altenhilfe e.V., Geschäftsstelle, Jürgen Fischer, Theodor-Heuß-Str. 19, 45966 Gladbeck, Telefon 02043/42031. Ansprechpartner sind darüber hinaus:

* Forum für gemeinschaftliches Wohnen im Alter e.V., Kirchstr. 12, 30449 Hannover, Telefon 0511/9245340.

* Familienpflegeverein, Eduard-Mörike-Haus e.V., Mörikestr. 2, 74747 Ravenstein, Telefon 06297/433.

* Soziale und familiäre Hilfe e.V., Wiesenstr. 16, 78333 Stockach-Seelfingen, Telefon 07771/61876.

Die Zeichen mehren sich, daß man aufgeschlossener gegenüber den Bedürfnissen der älteren Generation wird (auf deren Schultern die oft allzuforschen Jungen ja bei allem was sie tun stehen). Ein Indiz für diese erfreuliche Entwicklung wollen wir an dieser Stelle herausgreifen, weil es im Kurbereich angesiedelt ist: So hat das »Seniorenfreundliche Bad Salzuflen« ein besonderes Veranstaltungsprogramm speziell für ältere Menschen auf die Beine gestellt. Dieses reicht von einem großen Bestand an Großdruckbänden in der Bibliothek (ist eine Wohltat für die Augen) über ein »Erzähl-Café« des Arbeitskreises älterer Bürgerinnen und Bürger bis zu umfassenden Angeboten zum »betreuten Reisen« (Abholen von der Haustür; spezielle Pauschalkuren mit Gesundheitsprogramm und geselligem Beisammensein). In den entsprechenden Mitgliedshäusern wohnen überwiegend Gäste ab 60 Jahren. Deshalb wissen die Gastgeber auch sehr gut, woran es oft »hapert«. Sie stellen beispielsweise Hilfen beim An- und Auskleiden bereit, bei Bedarf auch beim Waschen. Fachärztliche Betreuung ist selbstverständlich; ein Friseur befindet sich im Hause. Die spezielle Senioren-Klubkarte ermöglicht darüber hinaus manche Vergünstigung z.B. bei Ausflügen oder Einkäufen.

»Betreutes Reisen für Senioren«-Gastgeber sind:

* Hotel-Pension Vier Jahreszeiten, Wilfried Pollmann, Elkenbreder Weg 3, 32105 Bad Salzuflen, Telefon 05222/95520 + 4945, Fax 955260.

* Haus Cecilie, Hans Peter Nothofer, Moltkestr. 6 + 6 A, 32105 Bad Salzuflen, Telefon 05222/13233, Fax 10641. Auf Wunsch wird vegetarische Kost gereicht. Entspannung versprechen Heilkräuter-Warm-Luftbäder u.ä.

* Kurhotel Fordemann, Hans-Georg Fordemann, Moltkestr. 9, 32105 Bad Salzuflen, Telefon 05222/1850, Fax 185188. Hier gibt es auch Vollwert- und Reduktionskost sowie besondere Anwendungen wie Fußreflexzonenmassage, Lymphdrainage oder Sauerstoffinhalationen.

* Kurpark-Hotel, Hans-Ralf Bungart, Parkstr. 1, 32105 Bad Salzuflen, Telefon 05222/3990, Fax 399462.

* Villa Elisabeth, Elisabeth Sala, Wenkenstr. 35-37, 32105 Bad Salzuflen, Telefon 05222/16160 + 60841, Fax 12392.

Informationen zu dieser erfreulichen Initiative sind auch erhältlich über den

Verein »Betreutes Reisen der Bad Salzuflen Gastgeber e.V.«, Stauteichstr. 9, 32105 Bad Salzuflen, Telefon 05222/638708.

Weitere Kur- und Freizeit-Tips für Senioren (nur eine Auswahl):

* Bad Lippspringe hat ein 3-wöchiges Therapieprogramm »Gesund im Alter« entwickelt, das typischen Alterserkrankungen vorbeugen soll. Komponenten sind ein spezielles Herz-Kreislauf-Training, Schulung von Flexibilität und Beweglichkeit, Steigerung der körperlichen und nervlichen Belastbarkeit. Hinzu kommen eine Schule für geistige Vitalität und Anregungen für einen gesunden Speisezettel und sinnvolle Freizeitbeschäftigungen. Info: Kurverwaltung, Postfach 1280, 33167 Bad Lippspringe, Telefon 05252/9501.

* »Das Alter genießen« lautet das Motto von Gesundheitswochen, wie sie in Höchenschwand angeboten werden. Wanderungen, Aktiverlebnisse, Gehirnjogging, Entspannung, Massagen, gründliche ärztliche Untersuchungen stehen dabei auf dem Programm. Info: Kurverwaltung, 79860 Höchenschwand, Telefon 07672/2547, Fax 9489.

* Kleine »Seniorenpakete für Junggebliebene« werden in Fallingbostel (Kurverwaltung, 29683 Fallingbostel, Telefon 05162/400-0) geschnürt. Sie enthalten so unterschiedliche Beigaben wie Theaterbesuche, Ausflüge und kulinarische Überraschungen.

Und schließlich: Daß Menschen auch im hohen Alter ein selbstbestimmtes Leben zu führen vermögen - dazu können auch besondere Programme, wie sie an Kurorten im Rahmen der Kompaktkur entwickelt wurden, beitragen. Um Schäden -Gelenke, Herz-Kreislauf, Hirnleistung usw.- erst gar nicht Raum greifen zu lassen, gibt es Kuren zur Vorbeugung, wissenschaftlich Geroprophylaxe genannt, an folgenden Orten:

* 24349 Ostseeheilbad Damp (Postfach 1000, Telefon 04352/80666).

* 29549 Bad Bevensen (Kurverwaltung, Telefon 05821/570).

* 33001 Bad Driburg (Kurverwaltung, Postfach 1140, Telefon 05253/952515).

* 33167 Bad Lippspringe (Kurverwaltung, Postfach 1280, Telefon 05252/9501).

* 88309 Isny-Neutrauchburg (Kurverwaltung, Postfach 1563, Telefon 07562/9840).

* 94072 Bad Füssing (Kurverwaltung, Telefon 08531/975580).

* 97631 Bad Königshofen (Kurverwaltung, Telefon 09761/91200).

* 97708 Bad Bocklet (Kurverwaltung, Telefon 09708/217).

Bestandteile solcher »Kurpakete« sind z.B. Gedächtnis- und Bewegungstraining (u.a. auch zur Vermeidung von Stürzen). Besonderheiten wie Problemlösungsprogramme, Entspannungstechniken und Ernährungsschulung kommen hinzu. Auf Altersmedizin, also die richtiggehende Behandlung von bereits eingetretenen Behinderungen und Leiden (Geriatrische Rehabilitation) hat sich -neben den oben bereits erwähnten Kurorten Bad Bevensen und Bad Füssing- der Heilort Bad Nenndorf spezialisiert. Info: Kurverwaltung, Postfach 1150, 31537 Bad Nenndorf, Telefon 05723/7020.

Der älteste Einwohner Deutschlands ist übrigens mit 109 Lebensjahren -ausnahmsweise- ein Mann, und zwar der in der ehemaligen Sowjetunion geborene Aussiedler Jonathan Richter. Der »Rekordhalter« erweist sich auch als lebendiger Beleg für Erkenntnisse neuester Untersuchungen. Sie zeigen stets aufs neue und zur Verblüffung der Forscher, daß gläubige Menschen gesünder sind und ein höheres Lebensalter erreichen. Von Jonathan Richter ist bekannt, daß er noch heute täglich in der Bibel liest.

K & K-Extra: Kuren und Therapien für Frauen

Ein weiterer wichtiger Trend im Bereich der Medizin, der Kuren und Therapien sind sicher spezielle Programme für Frauen.

Diese Entwicklung begann vor wenigen Jahren mit den Osteoporose-Kuren. Denn die Knochenbrüchigkeit oder Knochenerweichung, so die deutsche Übersetzung des Begriffes, betrifft in erster Linie Frauen jenseits der Wechseljahre, hat also mit der hormonellen Umstellung des Körpers zu tun. Die Folgen solcher Fehlsteuerungen erweisen sich als einschneidend: Sind die Rückenwirbel betroffen, können diese mit der Zeit geradezu Zug um Zug in sich zusammenstürzen. Es kommt zum »Witwenbuckel«, begleitet oft von starken Schmerzen und ernsten Bewegungseinschränkungen. Besonders gefürchtet sind Oberschenkelhalsbrüche, von denen sich gerade hochbetagte Menschen kaum je richtig erholen. Die beste Vorbeugung gegen das Leiden besteht einmal in einer regelmäßig betriebenen Gymnastik (es gibt inzwischen schon eine auf das Leiden zugeschnittene Osteoprose-Gymnastik), Ausdauersport und einer gesunden, vollwertigen Ernährung, bei der vor allem Wert auf die ausreichende Zufuhr von Mineralstoffen (Calcium!) gelegt wird. Inzwischen gibt es spezielle Kuren gegen die Osteoporose und deren Folgen an zahlreichen Kurorten. In alphabetischer Reihenfolge sind dies: Aulendorf (Kurverwaltung, Hauptstr. 30, 88326 Aulendorf, Telefon 07525/934203), Badenweiler (Bäderbetriebsgesellschaft, Postfach 326, 79403 Badenweiler, Telefon 07632/5056), Bad Bederkesa (Kurverwaltung, Amtsstr. 8, 27624 Bad Bederkesa, Telefon 04745/94330), Bad Griesbach i. Rottal (Kurverwaltung, Postfach 1148, 94082 Bad Griesbach, Telefon 08532/79240 + 19433), Bad Grund (Kurbetriebsgesellschaft, Postfach 1153, 37537 Bad Grund, Telefon 05327/70070), Bad Heilbrunn (Kuramt, Haus des Gastes, 83670 Bad Heilbrunn, Telefon 08046/323), Bad Kohlgrub (Kurverwaltung, Postfach 2050, 82433 Bad Kohlgrub, Telefon 08845/9021), Bad König (Kurverwaltung, Elisabethenstr. 13, 64732 Bad König, Telefon 06063/58182), Bad Laer (Kurverwaltung, Postfach 1148, 49192 Bad Laer, Telefon 05424/291188), Bad Meinberg (Kurverwaltung, Postfach 2261, 32797 Horn-Bad Meinberg, Telefon 05234/9010), Bad Pyrmont (Staatsbad Pyrmont, Postfach 1660, 31798 Bad Pyrmont, Telefon 05281/1501), Bad Rothenfelde (Kurverwaltung, Postfach 1240, 49207 Bad Rothenfelde, Telefon 05424/630), Bad Salzschlirf (Kurverwaltung, Im

Kurpark 4, 36359 Bad Salzschlirf, Telefon 06648/18161), Bad Salzuflen (Staatsbad Salzuflen, Postfach 180, 32102 Bad Salzuflen, Telefon 05222/1830), Bad Sassendorf (Saline Bad Sassendorf, Postfach 1160, 59499 Bad Sassendorf, Telefon 02921/50101), Bad Waldsee (Kurverwaltung, Postfach 1464, 88333 Wald Waldsee, Telefon 07524/941342), Bad Zwischenahn (Kurbetriebsgesellschaft, Postfach 1362, 76148 Bad Zwischenahn, Telefon 04403/610), Willingen (Kurverwaltung, Waldecker Str. 12, 34508 Willingen, Telefon 05632/401180).

Die Osteoporose-Kuren waren jedoch nur ein Anfang. Weitere Sonderprogramme für besondere Schwachstellen des weiblichen Organismus folgten. So z.B. zur Linderung von Wechseljahrsbeschwerden, zum Prämenstruellen Syndrom (PMS) oder Frauenleiden allgemein.

Ansprechpartner hierzu finden sich beispielsweise in den folgenden Kurorten: Bad Aibling (AIB-KUR GmbH, Wilhelm-Leibl-Platz 3, 83043 Bad Aibling, Telefon 08060/9080-0), Bad Bederkesa, Bad Elster (Sächsische Staatsbäder, Badstr. 6, 08645 Bad Elster, Telefon 037437/71461), Bad Kissingen (Kurverwaltung, Postfach 2240, 97685 Bad Kissingen, Telefon 0971/80480), Bad Laer, Bad Meinberg, Bad Nauheim (Hessisches Staatsbad, Ludwigstr. 20-22, 61231 Bad Nauheim, Telefon 06032/344297), Bad Pyrmont, Bad Salzuflen, Bad Sassendorf, Bad Waldliesborn (Kurverwaltung, Postfach 4029, 59539 Lippstadt, Telefon 02941/8001200), Wald Waldsee, Bad Zwischenahn.

Neuerdings gibt es neben den Anschlußheilbehandlungen auch Spezialkuren für Frauen nach Karzinomerkrankungen (z.B. nach Brustkrebs). Letztere finden als Kompaktkuren in Bad Pyrmont (Adresse siehe oben) und Bad Schmiedeberg (Eisenmoorbad, Eilenburger Str. 2, 06905 Bad Schmiedeberg, Telefon 034925/60) statt.

Doch auch diese inzwischen recht bunte Palette an Kurveranstaltungen und kompetent ausgearbeiteten Programmen dürfte in der näheren Zukunft noch Zuwachs bekommen. Denn man entdeckt gegenwärtig das »Frausein« an sich, nicht nur im Kurwesen, sondern in der Touristik- und Freizeitbranche insgesamt.

Gerade zur Gesundheit und den damit zusammenhängenden Dingen haben die Frauen tatsächlich ein besonders Verhältnis. Sie kümmern sich mehr um Fragen des Wohlergehens und um einen risikomindernden Lebensstil. Lohn ist beispielsweise, daß ihre Lebenserwartung jene der Männer durchschnittlich um reichlich 5 Jahre übertrifft und sie seit langer Zeit die Rekordliste bei den ältesten lebenden Menschen anführen. Die Französin Jeanne Calment (gestorben im August 1997) wurde bekanntlich 122 Jahre alt.

Was vor allem jüngere Frauen betrifft: Mütterkuren sind auch weiterhin im Bedarfsfalle grundsätzlich möglich. Darauf weist man beim Deutschen Müttergenesungswerk hin. Seit 1. Januar 1997 gelten zwar auch hier neue Bestimmungen, die zur Kostensenkung führen sollen. Von einigen Sparmaßnahmen sind solche Kuren jedoch ausgenommen worden. So gilt beispielsweise: Die bisherige Zuzahlung von 12 Mark (9 Mark in den neuen Ländern) wurde nicht aufgestockt. Wichtig für berufstätige Mütter: Im Falle von Müttergenesungskuren dürfen keine Urlaubstage abgezogen werden. Neu ist die längere Wartezeit zwischen einzelnen

Kuren (nunmehr vier statt bisher zwei Jahre) und die Verkürzung der Aufenthalte auf regelmäßig drei Wochen (bislang vier). Doch auch hier gibt es Ausnahmeregelungen. Eventuell wird die Lohnfortzahlung im Krankheitsfalle gekürzt. Eine übersichtliche Informationsschrift mit dem Titel »Mütter-Stärken« zu allen diesen Fragen kann kostenlos angefordert werden bei der * Elly-Heuss-Knapp-Stiftung, Deutsches Müttergenesungswerk, Postfach 1260, 90544 Stein, Telefon 0911/967110.

Für Verwirrung hat die Gesundheitsreform auch bei vielen schwangeren Frauen gesorgt. Zahlreiche Präventivmaßnahmen wurden bekanntlich inzwischen gestrichen. Dies gilt jedoch ganz ausdrücklich nicht für Kurse zur Geburtsvorbereitung und Rückbildungsgymnastik, vorausgesetzt, sie werden von einer Hebamme geleitet. Die entsprechenden Regelungen sind nämlich gesondert in den §§ 195 und 196 RVO und in § 134 SGB V festgeschrieben. Deshalb besteht für die Krankenkassen weiterhin eine Erstattungspflicht. Bei Problemen mit den Kostenträgern wenden Sie sich am besten direkt an den * Bund Deutscher Hebammen e.V., Steinhäuserstr. 22, 76135 Karlsruhe, Telefon 0721/98189-0, Fax 98189-20.

Lexikon naturheilkundlicher Fachbegriffe

Akupunktur

Eine uralte asiatische Nadeltherapie. Die Nadeln werden auf bestimmte Punkte des Körpers »gesetzt« und sollen über Meridiane direkt auf Organe wirken können. Am weitesten verbreitet ist die Akupunktur als Narkosehilfe, wie überhaupt als Mittel zur Schmerzbekämpfung bei verschiedenartigsten Erkrankungen. Neuerdings wurde von *Prof. Dr. F. Plog* die sog. Laserakupunktur entwickelt; in diesem Falle ist die Metallnadel durch einen feingebündelten Energiestrahl (Laser) ersetzt.

Aromatherapie

Die Düfte und Essenzen, die heilsamen Aromaöle, erschlossen der natürlichen Heilkunde eine neue Dimension: Sie zeigten, daß Gesundung an Körper und Geist auch ein sinnliches Erlebnis zu sein vermag. Medizin kann, muß aber nicht bitter schmecken. Heilung kann, muß aber nicht verbunden sein mit dem Verzicht auf eine genußfreudige Lebenshaltung.

Die Duftöle sind eine Art Zwischen-Wesen: Nicht mehr bloß Parfüm, noch nicht Heilmittel (jedenfalls im Sinne des Gesetzgebers). Sie haben grundsätzlich zwei Wirkungsebenen:

Stofflich: Besondere Komponenten der pflanzlichen Stoffwechselprodukte sind z.B. Ester, Phenole, Terpene, Aldehyde, Alkohole, sekundäre Pflanzenstoffe. Die meisten davon sind im Hinblick auf unsere Gesunderhaltung kaum oder gar nicht erforscht. Von manchen gibt es schon Hinweise auf ein ausgeprägt therapeutisches Potential. Dies gilt z.B. für die keimtötenden Inhaltsstoffe des Teebaumöls auf Viren, Bakterien und Pilze.

Geistig: Liebe geht durch die Nase, könnte man sagen. Düfte wirken auf den Gefühlshaushalt ausgleichend, sie beruhigen oder regen an (anders als Tabletten: in aller Regel nebenwirkungsfrei). Für manche Menschen können sie ein Weg sein, zur Mitte zurückzufinden.

Info: Forum Essenzia, Panoramastr. 17, 87477 Sulzberg-Moosbach, Telefon 08376/8591, Fax 8810.

Aslan-Behandlung

»Verjüngungsmethode« mit Procain, durch welche die rumänische Altersforscherin *Prof. Ana Aslan* internationales Aufsehen erregte. Die Substanz Procain, 1905 von dem deutschen Arzt *Alfred Einhorn* entdeckt, wurde ursprünglich als Betäubungsmittel verwendet. Prof. Aslan hat diesen Stoff seit 1951 in ihrem Institut -nach eigener Auskunft- bei mehr als 50.000 Patienten zur Bekämpfung von Alterserscheinungen verwandt.

Atemtherapie

Bewußtes Wiedererlernen und Verinnerlichen einer natürlichen Atmung, vor allem durch die Betonung der Bauchatmung. Therapeutisch z.B. bei Asthma oder zur Beeinflussung der Verdauungsorgane (Durchblutung) eingesetzt.

Ausleitende Therapieverfahren

Dazu zählen beispielsweise das Schröpfen, Baunscheidtieren, Canthardenpflaster, Blutegel und milde Formen des Aderlasses. Um was es dabei geht, hat schon Paracelsus sehr treffend ausgedrückt: »Wenn die Natur irgendwo im Körper einen Schmerz erzeugt, so will sie dort schädliche Stoffe anhäufen und ausleeren«. Die angesprochene Behandlung zielt also auf die Reinigung von solchen »Krankheitsstoffen«, und dabei wird auf ein vielfältiges therapeutisches Instrumentarium aus verschiedenen Kulturkreisen zurückgegriffen. Auch im altindischen Ayurveda und aus der Traditionellen Chinesischen Medizin sind solche bekannt (Moxa u.ä.).

Autogenes Training

Konzentrative Selbstentspannungsmethode, die vor allem auf der Kraft positiver Suggestionen beruht; ausgeformt wurde sie vom Berliner Psychiater *Prof. J. H. Schulz* (1884-1970).

Azidose-Therapie

Entsäuerungsverfahren, das von Dr. Renate Collier auf der Grundlage der Arbeiten von Ragnar Berg, Sander u.a. entwickelt wurde. Komponenten sind eine basenreiche Ernährung (Verhältnis Säuren:Basen = 1:4 oder 1:7), Maßnahmen zur Anregung des Lymphrückflusses und eine spezielle Azidose-Massage. Dadurch wird -vorausgesetzt, der Patient praktiziert die Methode über einen längeren Zeitraum gewissenhaft- das mit Abfall und Nährstoffen (Eiweiß!) überladene und von diesen blockierte Zwischenzellgewebe gereinigt und eine umfassende Entschlackung, Entgiftung, Entsäuerung eingeleitet.

Info: Weg der Mitte e.V., Kloster Gerode, 37345 Gerode, Telefon 036072/8200, Fax 80006.

Bach-Blüten-Therapie

Das so überaus populäre Lehrgebäude des Engländers Dr. Edward Bach (1886-1936) lassen wir am besten durch Beispiele sprechen:

Die Hoffnung blüht in der Bach-Blüten-Therapie gelb, in Gestalt der Hoffnungs-Blüte = Stechginster (engl. Gorse). Auszüge davon sollen dem Verzagten, Resignierten, der mit dem Leben eigentlich schon abgeschlossen hat und nichts mehr erwartet, neuen Auftrieb geben. Bei Selbstanklagen greife man dagegen zur Selbstverzeihungs-Blüte = Pinie (Schottische Kiefer). Sie relativiert das auf sich selbst gemünzte Vor-Urteil und ermöglicht einen unverstellten Blick auf unsere Qualitäten und Tugenden. Bei der Bach-Blütentherapie ist also weniger von Krankheiten selbst die Rede, sondern von Fehlhaltungen, falschen Einstellungen zum Leben, zu unserer Biographie und Persönlichkeit. Daraus entsteht das, was man früher »Laster« nannte, im Gegensatz zu den Tugenden: Ungeduld, Eifersucht, Neid, Kleinmut, Geiz, Machtgier u.a. Solche »Negativgefühle« oder »archetypischen seelischen Verhaltensmuster der menschlichen Natur« (Mechthild Scheffer) von denen Bach genau 38 ermittelt hat, lassen sich durch besondere Inhaltsstoffe bestimmter Pflanzen »transformieren«, auflösen, und die Persönlichkeit wieder in ein harmonisches Gleichgewicht bringen.

Info: Institut für Bach-Blütentherapie, Lippmannstr. 57, 22769 Hamburg, Telefon 040/43257710, Fax 435253.

Balneotherapie

Bäderheilkunde; Anwendung natürlicher ortsgebundener Heilquellen nach festgelegtem Behandlungsplan.

Baunscheidtismus

Hautreizverfahren, um Krankheiten des Körperinneren den »Weg nach außen« freizumachen.

Biochemie

Auch Schüßler-Therapie genannt, nach Dr. Wilhelm H. Schüßler (1821-1898). Er brachte Krankheiten mit dem Mangel an Mineralsalzen in Verbindung. In Anlehnung an Hahnemann isolierte er als sog. abgekürzte Therapie zwölf Basissalze (Remedien), die er seinen Patienten mit großem Erfolg nach den Prinzipien der Homöopathie verordnete. So hilft nach Schüßler Kaliumphosphat bei Hirnleistungsstörungen (Nervosität, Schlaflosigkeit u.ä.), Silizium unterstützt die Körperentgiftung. Da die Therapie heute -zumindest in ihrem Geburtsland Deutschland- nicht mehr sehr bekannt ist, hier noch ein Buchtip für alle, die mehr darüber erfahren möchten: G. Harnisch: Die Schüßler-Mineraltherapie. Turm Verlag, Bietigheim, 160 S., DM 26,80.

Chelat-Therapie

Diese recht kostspielige Behandlung beruht darauf, daß sog. Chelatbildner (Wirkstoff EDTA, eine Essigsäureverbindung) in den Blutkreislauf geschleust werden, sich dort mit vorhandenen Metallen (giftigen und ungiftigen) verbinden und dadurch gewissermaßen die Arterienwände »freiputzen« und durchgängiger machen. Bei Schwermetall-Vergiftungen hat sich das Verfahren auch seit Jahrzehnten bewährt. Allerdings ist es nach Einschätzung vieler Experten mit nicht unerheblichen Gesundheitsrisiken verbunden (u.a. Nierenschäden).

Chirogymnastik nach Laabs

Funktionelle Wirbelsäulentherapie, von Dr. W. Laabs in den 50er Jahren entwickelt. Basis ist das »aktive Bewegungsprinzip« mit durchdachtem, dosiertem Trainingsaufbau nach dem Prinzip »Bewegung ist gut, Belastung schadet«. Es handelt sich um eine Therapieform, die völlig anders angelegt ist und funktioniert als etwa die Chiropraktik (siehe unten). Nähere Informationen und Anschriften von Therapeuten, die die Technik erlernt haben und beherrschen, können erfragt werden bei: Dr. Laabs-Schule für Chiro-Gymnastik, Postfach 606, 32636 Lemgo, Telefon 05261/16010, Fax 3482.

Chiropraktik

Sie beruht auf der Theorie, daß ungünstige Lageveränderungen der Wirbelsäule im Organismus Ursache von Schmerzzuständen sein können. Durch Druck auf die entsprechenden Skelettbereiche und deren »Einrenkung« sollen diese Störungen beseitigt werden können.

Colon-Hydro-Therapie

Darmbad, Methode zur Darmreinigung, bei der gleichzeitig durch Wärmereize der Darm zu neuer Aktivität angeregt werden soll.

Ziel ist -neben der Entgiftung- die Beseitigung häufig vorliegender Dysbiosen (= Fehlbesiedelung des Darmes mit Mikroorganismen) und (Wieder-) Herstellung einer gesunden und gesunderhaltenden Darmflora (= Symbiose: wechselseitige vorteilhafte, natürliche Lebensgemeinschaft zwischen Mensch und Darmbakterien).

Der Darm als eine der ersten Barrieren des Immunsystems und Bildungsstätte wichtiger Abwehrkörper (Immunglobuline) soll gestärkt und regeneriert werden.

Dauerbrause

Ein Spezialbad, bekanntgemacht durch den amerikanischen Arzt und Kneipp-Schüler *Dr. Lust*. Hierbei wird eine Körperregion nach der anderen intensiv mit körperwarmem Wasser (höchstens 42 Grad) aus etwa 2 Metern Höhe »bebraust«. Dadurch werden Haut, Bindegewebe und Organe kontinuierlich gereizt, und es entfalten sich belebende, stärkende und entspannende Wirkungen, die insbesondere die Ausscheidung von Stoffwechselschlacken begünstigen.

Eichothermbestrahlung

Konzentrierte, intensive Zuführung künstlicher Sonnenenergie über die sog. Hellorange-Ultraviolett-Therapie (»tropische« Bestrahlung) zur Erzeugung leichten Heilfiebers und dadurch auch einer Anregung von Austauschprozessen der Haut und des Gewebes (Zellatmung, Entschlackung).

Eigenblutbehandlung

Eine Therapieform, bei der dem Patienten zu Heilzwecken geringe Mengen eigenen Blutes eingespritzt werden. Das Blut ist meist »aufbereitet«, d.h. beispielsweise ultraviolett bestrahlt oder mit Ozon versetzt.

Elektroakupunktur (nach Voll)

Die Nadeln der regulären Akupunkturbehandlung werden hierbei durch niederfrequente Stromimpulse ersetzt, übertragen durch einen Meßgriffel. 214 besondere Reaktionspunkte des Organismus sind bisher bekannt, über deren Beeinflussung die Selbstheilungskräfte des Organismus gefördert werden sollen.

Enzym-Therapie

Enzyme sind innerhalb des Stoffwechsels die Vermittler aller lebenserhaltenden Prozesse. Vor allem bei Verdauungsstörungen können entsprechende Enzym-Gaben Krankheitssymptome oft rasch beseitigen (Substitution). Neuerdings versucht man, mit Hilfe von Enzympräparaten auch Entschlackungsvorgänge einzuleiten und zu beschleunigen.

Felke-Kur

Sie geht zurück auf »Lehmpastor« *Leopold Emanuel Felke* (1856-1926). Hauptschauplatz dieser Kur ist der Bade-Park, wo an frischer Luft Gymnastik getrieben und Lehmbäder vorgenommen werden. Die Felke-Kuranstalten waren mit die ersten therapeutischen Stätten, an denen eine vitalstoffreiche, naturbelassene Frischkost gereicht wurde. Empfohlen wird die Felke-Kur u.a. bei Kreislaufstörungen, rheumatischen Erkrankungen und Stoffwechselleiden.

Fiebertherapie

Im Gegensatz zur Hyperthermie (siehe weiter unten) handelt es sich hierbei nicht um »künstliches« Fieber, sondern um eine vom Körper selbst veranlaßte Reaktion, unter Therapiebedingungen vom Arzt stimuliert. Angewandt wird die Fiebertherapie vor allem bei Krebsleiden und bezweckt wird damit, die Immunkräfte gegen den Tumor bzw. Metastasen zu mobilisieren.

Geistiges Heilen

Dem gesunden Menschenverstand mag es nun gefallen oder nicht: Das Geistheilen funktioniert - mitunter. Allerdings: Auch wenn einzelne Heiler (wohl die weniger seriösen) mit Prozentzahlen operieren und Klienten werben, so gibt es doch keine verläßliche Untersuchungen oder auch nur Anhaltspunkte dafür, wie effektiv die Bemühungen des Handauflegens und andere Praktiken letztendlich ausfallen, rechnet man besonders begabte (begnadete?) Therapeuten und Hochstapler der Szene zusammen. Der Patient, der sich auf dieses Parkett wagt, findet nur schwer verläßlichen Halt.

Info: Dachverband Geistiges Heilen (DGH) e.V., Zollerwaldstr. 28, 69436 Schönau, Fax 06271/72180.

Gerson-Diät

Naturheilkundliche Krebsbehandlung, in klinischer Form bei uns kaum mehr angeboten. Die Therapie geht auf Dr. Max Bernhard Gerson (1891-1951), einen deutsch-amerikanischen Arzt, zurück. Typisch sind kochsalzlose Speisen und große Mengen von frisch zubereiteten Grünsäften aus Gemüsen, vor allem Blättern.

Heilfasten

»Operation ohne Messer«; Reinigungsbehandlung für den Organismus (Fettgewebe, Schlacken) durch weitgehende, kontrollierte Nahrungsenthaltung unter ausreichender Flüssigkeitszufuhr und einer Unterstützung der Ausscheidungsprozesse. Angezeigt und erfolgreich bei fast allen Zivilisationskrankheiten. Hauptsächlich durchgeführt als sog. »Saftfasten« (Fastenkuren nach *Buchinger* oder nach *H. Lützner*).

Hildegard-Medizin

Hildegard von Bingen (1098-1179) fasziniert selbst und gerade nach 900 Jahren noch Wissenschaftler, Pharmakologen, Behandler und Patienten. Viele ihrer Heilpflanzen-Rezepte haben sich als wirksam -auch im Sinne der Schulmedizin- erwiesen. So beispielsweise Mariendistel (Silybum marianum) bei Leberbeschwerden. Und der Dinkel, ein fast schon vergessener Weizen-Vorläufer, erlebte zusammen mit der Äbtissin im Windschatten ihrer plötzlichen Popularität eine triumphale Wiederkehr auf dem (alternativen-Ökologischen) Speisezettel. Manche Ärzte verordnen entsprechende Rezepturen sogar bei Krebs.

Wer mehr darüber wissen möchte, kann sich wenden an: Förderkreis Hildegard von Bingen, Schiffgasse 2, 78464 Konstanz.

Homöopathie

Von *Samuel Hahnemann* (1755-1843) entwickelte Therapie nach dem »Ähnlichkeitsprinzip«. Diese Regel beinhaltet folgendes: ein Stoff, der in größerer Quantität beim Menschen bestimmte Krankheitserscheinungen hervorrufen kann, vermag in geringer Dosierung, dieselben Krankheitserscheinungen zu lindern und zu heilen. Die arzneilichen Wirkstoffe liegen in der Homöopathie immer verdünnt (»potenziert«) vor, und zwar in Alkohollösung oder verrieben mit Milchzucker.

Homotoxikologie

Die Lehre von den »Menschengiften« (nach *H.-H. Reckeweg*), also von den Stoffen, die im Organismus Unheil anrichten können. Alle Krankheiten sollen auf derartige Giftwirkungen zurückzuführen sein. Bei der Therapie konzentriert man sich auf schwache (hauptsächlich homöopathische) Reize, um das Abwehrsystem gegen bestimmte Toxine zu sensibilisieren (Stimulationstherapie).

H O T

(= Haematogene Oxydationstherapie). Anreicherung des Blutes mit Sauerstoff. Man entnimmt dabei dem Patienten etwas Blut aus der Vene, schäumt es mit Sauerstoff auf, bestrahlt es mit ultraviolettem Licht und führt es schließlich dem

Blutkreislauf wieder zu. Hauptanwendungsgebiete sind Druchblutungsstörungen und Erschöpfungszustände.

Hyperthermie (Überwärmung)

Lokale Tiefenerwärmung (bis maximal 53° C) von Gewebe, insbesondere bei Krebserkrankungen angewendet, da sich Tumorgewebe als hitzeempfindlicher als gesunde Körpersubstanz erwiesen hat. Neuerdings wird die Hyperthermie mit Erfolg auch bei Prostataentzündungen/Prostatavergrößerungen eingesetzt.

Kneipp-Kur

Ganzheitsbehandlung nach Pfarrer *Sebastian Kneipp* (1821-1897) mit den 5 Wirkungsprinzipien: Wasserbehandlung, Bewegung, Ernährungstherapie, Pflanzenheilkunde und Ordnungstherapie (»Krankheit ist gestörte Ordnung«). In Deutschland gibt es eine große Zahl von Kneipp-Kurorten und -Heilbädern.

Lasertherapie

Beim Laser handelt es sich um gebündelte Lichtenergie. Sie soll heilende Reize in tiefere Gewebsschichten leiten und dadurch den Stoffwechsel anregen. Man verspricht sich dadurch vor allem Schmerzlinderung, Immunstimulation und beschleunigte Heilungsprozesse bei Wunden sowie entzündlichen Gelenkerkrankungen.

Lymphdrainage

Spezielle Massageart zur Verbesserung der heute oft zu trägen Lymph-Zirkulation, hilfreich u.a. bei Ödemen und Migräne.

Magnetfeldtherapie

Behandlung mit elektromagnetischen Feldern niederer Frequenz. Magnetfelder durchdringen den Körper und wirken so auf Zellebene. Ziel ist eine Vitalisierung, die Anregung von Ausscheidungsprozessen. Angewendet wird dieses Verfahren vor allem bei Erkrankungen des Bewegungsapparates.

Mayr-Kur

Eine sog. Milch-Semmel-Kur zur Darmsanierung. Angezeigt vor allem bei Vorliegen von Verdauungsstörungen. Eingeleitet wird die Kur durch Teefasten. Die eigentliche Behandlung besteht dann darin, daß altbackene Brötchen in kleinsten Portionen bis zur Verflüssigung sehr gründlich gekaut werden müssen.

Mistel-Therapie

Angewendet u.a. in der biologischen Krebstherapie (auf Empfehlung *Rudolf Steiners*), besonders durch die anthroposophisch orientierte Medizin. Daneben werden Auszüge aus der Heilpflanze bei Bluthochdruck und Arteriosklerose verabreicht.

Natürliche Geburt

Falsch programmiert war in der Vergangenheit manche (künstlich eingeleitete) Geburt - und damit gewissermaßen der Fehlstart in die Erdenexistenz klinisch verordnet. Gegen eine übertechnisierte Geburtshilfe und die Manipulation des natürlichen Vorganges regte sich bereits seit den 70er Jahren unter den Frauen Widerstand. Inzwischen gibt es ein ganzes Netzwerk von Geburtshäusern für natürliche Geburt. Ihre Besonderheit: Ganzheitliche Betreuung schon während der Schwangerschaft; in aller Regel Einbezug von Entspannungsmaßnahmen wie Yoga. Bei der Geburt selbst besteht nach allen Erfahrungen »keine Veranlassung, den natürlichen Verlauf der Beburt durch Bevormundung und Einsatz von Technik beeinflussen zu lassen«. Die meisten Schwangerschaften verlaufen nämlich komplikationslos. Hinterher werden Rückbildungsgymnastik und Stillgruppen angeboten. Informationen zur natürlichen Geburt und Anschriften von entsprechenden Geburtshäusern können gegen DM 3,- Rückporto erfragt werden beim Netzwerk der Geburtshäuser e.V., c/o Elke Löffler, Balthasar-Neumann-Str. 19, 53127 Bonn, Telefon + Fax 0228/285056.

Neuraltherapie

Sie beruht auf der Theorie *Ferdinand Hunekes*, daß jeder pathologisch veränderte Teil des Körpers (ob nun alte Narben, Zahnherde o. ä.) die Ursache für Erkrankungen an ganz anderen Stellen des Organismus sein kann. Richtig gesetzte Injektionen (Procain, Impletol) sollen diese Ausstrahlungen beseitigen, und zwar innerhalb kürzester Zeit (Sekunden-Phänomen).

Orthomolekulare Medizin

Diese relativ junge medizinische Richtung hat die »Heilwirkungen von Nährstoffen« (so ein Standardwerk von *Dr. L. Burgerstein*) zum Gegenstand. Vitamin- und Mineraliengaben werden hierbei in z.T. recht großzügiger Dosierung eingesetzt (Mega-Dosen) und sollen dadurch zusätzliche therapeutische Wirkungen entfalten.

Ozontherapie

Ozon ist eine Sauerstoff-Verbindung (dreiwertiger Sauerstoff). Bekannt ist die desinfizierende Wirkung dieser Substanz, die therapeutisch meist in Form von Injektionen verabreicht wird (eingeatmet ist sie giftig). Empfohlen wird die Ozonbehandlung bei Leberentzündungen und Gefäßkrankheiten (Raucherbein); immer sollte sie jedoch von erfahrenen und gründlich geschulten Therapeuten vorgenommen werden.

Phytotherapie

Lehre von der arzneilichen Anwendung unserer Heilpflanzen bzw. deren Inhaltsstoffen. Einer der traditionsreichsten Zweige der Erfahrungsheilkunde. Hauptanwendungsformen: Tees, Tinkturen, Dragees. Äußerlich: Salben,

Umschläge und Kräuterbäder. Viele »herkömmliche« Arzneimittel beruhen auf pflanzlichen Wirkstoffkomponenten.

Progressive Muskelrelaxation nach Jacobson

Begründet von dem Amerikaner Edmund Jacobson (1885-1976). Er beobachtete, daß Streß sowohl zu psychischen Symptomen und Auffälligkeiten führt, wie er sich auch körperlich in Verkrampfungen, erhöhter Muskelspannung äußert. Mit Streß sind dabei alle Formen der Be- und Überlastung gemeint, ob nun in Familie und Beruf oder im Falle von Verlust, Trennung, persönlichen Krisen. Die Jacobson-Therapie zielt darauf ab, die Muskeln willkürlich beherrschen zu lernen, also unwillkürlich sich verfestigende Spannungen wieder aufzuheben. Dies gelingt dadurch, daß man seine Aufmerksamkeit auf Hände, Arme, Füße, Beine und andere Körperteile richtet, sie gewissermaßen abfragt. Auch in diesem Falle gehört eine bewußte Atmung zur Behandlung dazu.

Qigong

Teil der Traditionellen Chinesischen Medizin. Fernöstliche Atem- und Meditationstechnik, die sich keinesfalls als »Gymnastik« versteht. Es geht vielmehr darum, innere Ruhe zu finden, durch richtiges Atmen die Energie im Körper fließen zu lassen, unterstützt durch eine Reihe festgelegter gemessener, geschmeidiger, harmonischer Körperbewegungen (die fünf Tiere: Kranich, Bär, Hirsch, Affe, Tiger). Hilfreich ist Qigong bei vielfältigen Erkrankungen bis hin zum Krebs.

Reflexzonenmassage

Ihre Anwender gehen davon aus, daß der Fuß eine Art Spiegelbild für die körperliche Verfassung des Menschen darstellt. Bestimmten Bereichen der Fußsohle sind dabei Organe und Körperteile reflektorisch zugeordnet. Eine solche Beziehung ist überraschenderweise auch durchaus schulmedizinisch nachweisbar (Headsche Zonen). Durch gezielte Einwirkungen (Druck, Massagen) an den entsprechenden Punkten versucht man, die gestörte Organtätigkeit harmonisierend zu beeinflussen. Erreicht werden dabei beispielsweise die Linderungvon Schmerzen oder eine Verbesserung der Durchblutung.

Reiki

Esoterische Technik des Handauflegens. Sie geht zurück auf den japanischen Mönch Mikao Usui. Der Begriff »Reiki« meint soviel wie universelle Lebensenergie. Diese soll durch die Berührung in kranke Gewebe oder Organe einströmen und so Heilungsprozesse initiieren können.

Revisan-Therapie

Gabe verflüssigter und teilweise homöopathisch aufbereiteter Substanzen aus den Geweben von Schafen, eingesetzt zur Revitalisierung und gegen vorzeitige Alterserscheinungen (nach *Prof. Dr. H. an der Lan*).

Schroth-Kur

Sie wurde geschaffen durch *Johann Schroth* (1798-1856) und ist gekennzeichnet durch folgende Elemente: die »Schroth-Packungen«, wobei der Patient für Stunden in feuchte Tücher gehüllt wird sowie eine ausgesprochen kohlenhydratbetonte Kost und die berühmten »Trink- und Trockentage«. An den Trinktagen wird reichlich Naturwein gereicht.

Serumtherapie

Injektionen embryonaler Zellkernkonzentrate (ohne Zellplasma, d.h. ohne Übertragung artfremden Eiweißes). Angeboten werden 15 sog. Organseren, also Konzentrate aus Leber, Herz, Niere etc. Die Seren wirken gezielt auf die entsprechenden Organe und beleben Reparaturvorgänge auf Zellebene.

Schlenzbad

Überwärmungsbehandlung mit Kräuterbädern und heißen Packungen nach der österreichischen Laienbehandlerin *Maria Schlenz* (1881-1946).

S M T

(= Sauerstoff-Mehrschritt-Therapie). Entwickelt von dem Physiker *Manfred von Ardenne* (1907-1997). Dem Körper soll hierbei vermehrt Sauerstoff angeboten werden; dies geschieht durch ein mit Sauerstoff angereichertes Luftgemisch, mit Medikamenten, welche die Sauerstoffverwertung fördern sowie körperlicher Bewegung.

Tai Chi Chuan

Ein streng festgelegtes System aus Übungen, kombiniert mit einer bestimmten Atemtechnik zur Selbstverteidigung und Stärkung der Körperkräfte. Erreicht wird dies allerdings ohne große Kraftentfaltung, durch sog. Schattenboxen, mit ungezwungenen, unverkrampften, fließenden Bewegungen. Therapeutische Wirkungen, die immer wieder beobachtet werden, erklärt man sich aus der dadurch erreichten Entspannung.

Thalasso-Therapie

Das griechische Wort für Meer hat dieser im Moment beliebten Therapieform neuerdings den Namen gegeben. Die Hoffnung, die sich damit verbindet, faßte jedoch schon der Philosoph Platon (427-347 v.Chr.) in die Worte: »Das Meer wäscht alle Leiden ab«. Genauer betrachtet sind dabei Algen, das im Meerwasser enthaltene Salz sowie der Meeres-Schlamm (Black Mud) die heilsamen Kurmittel. Bei Thalasso-Kuren dominieren die kosmetischen Anwendungen (weniger die handfest therapeutischen), auch wenn beispielsweise von positiven Erfahrungen bei Neurodermitis berichtet wurde. Algentee soll darüber hinaus wie ein »Hausputz«, also entschlackend wirken. Thalasso-Therapien werden oft im Zusammenhang mit Wellness- und Schönheitsfarm-Urlauben angeboten.

Thymustherapie (THX)

Sie geht zurück auf den schwedischen Tierarzt *Dr. E. Sandberg*. Der dabei verwendete und injizierte Thymusfrischdrüsenextrakt wird jungen Kälbern entnommen. Die Thymusdrüse steuert nicht nur Wachstum und Entwicklung des Körpers, sondern erfüllt wichtige Funktionen innerhalb unseres Immunsystems. Sie »programmiert« in jungen Jahren gewissermaßen unsere Fähigkeiten zur Abwehr von Krankheitserregern. Später bildet sie sich immer mehr zurück. Die Drüsenextrakte sollen Alters-, Verschleißerscheinungen und Krankheitsanfälligkeit entgegensteuern.

Traditionelle Chinesische Medizin (TCM)

Dabei handelt es sich um einen Oberbegriff, der viele einzelne Therapieformen unter seinem Dach versammelt. Darunter sind viele, die momentan Hochkonjunktur in der Presse und der Wertschätzung von Therapeuten und Laien haben: Tai Chi Chuan, Akupunktur und Akupressur oder Qigong. Wer sich der TCM zuwendet, muß sich auch mit Begriffen wie Yin und Yang, Qi, Meridianen, Zungen- und Pulsdiagnostik auseinandersetzen. Es gibt darüber hinaus noch spezielle pflanzliche, mineralische oder tierische Heilmittel (die allerdings mit den berüchtigten »Chinese black pills« nichts zu tun haben). So richtig bekannt wurde die TCM bei uns Anfang der 90er Jahre, als in Kötzting (Südbayern) die erste deutsche Klinik für Traditionelle Chinesische Medizin ihre Pforten öffnete. Nach den medizinisch-therapeutischen Überzeugungen aus Fernost definiert sich Krankheit dadurch, daß der freie Fluß der Energie (Qi) gestört ist. Jede Behandlung zielt also darauf ab, diese Blockaden aufzulösen.

Info: Internationale Gesellschaft für chinesische Medizin e.V., SMS, Franz-Joseph-Str. 38, 80801 München, Telefon 089/355612.

Umweltmedizin

Auf Gesundheits-Gefahren durch Umweltchemikalien wurde man bei uns vor allem im Zusammenhang mit dem Skandal um Holzschutzmittel (die Prozesse hierzu sind noch lange nicht abgeschlossen) und Dioxin (»Seveso«) aufmerksam. Die Umweltmedizin selbst stammt aus den USA. Bekanntester Vertreter ist sicherlich Dr. William J. Rea (Dallas), der als Pionier seit 1988 einen Lehrstuhl für Umweltmedizin innehat. Dieser Zweig der Heilkunde widmet sich insbesondere speziellen Krankheitsbildern, die in jüngerer Zeit auch bei uns bekannt geworden sind. Dies gilt beispielsweise für MCS (Multiple Chemikalien-Überempfindlichkeit) oder CFS (chronisches Schwäche-Syndrom).

Institute, Behandlungsmöglichkeiten finden sich in Deutschland nur verhältnismäßig wenige. Wichtige Anlaufstellen sind z.B. in 25821 Bredstedt und 34308 Bad Emstal angesiedelt.

Wer -ob nun als Therapeut oder Laie- mehr zu den damit verbundenen Fragen erfahren will, dem empfehlen wir den Bezug der Zeitschrift »Arzt und Umwelt« (Anfragen bitte richten an: Ökologischer Ärztebund e.V., Erik Petersen,

Braunschweiger Str. 53 B, 28205 Bremen, Telefon 0421/4984251, Fax 4984252).

Moderne Umweltmedizin kommt in der Therapie bislang ganz zweifellos zu kurz. Wohl aber wächst das Umweltbewußtsein. Besonders aktiv sind hier -naturgemäß- viele heilklimatische Kurorte. Die Vorreiter dieser Richtung unterwerfen sich und ihre Arbeit und Angebote strengen Richtlinien zum Klimaschutz und einer rohstoffsparenden Energiepraxis. Pilotversuche in verschiedenen Gemeinden sollen einen Kodex an verbindlichen Anforderungen erarbeiten (Öko-Audit). Umweltbewegte Urlauber und Kurwillige können sich darüber informieren beim * Verband Heilklimatischer Kurorte, Werner Bolfing, Schubertstr. 3, 78141 Schönwald, Telefon 07722/860834.

Vollwertkost - Gesundkost

Vegetabile Kostform, unter Einbezug von Milch (-Erzeugnissen) sowie geringen Anteilen an Eiern und Fleischwaren. Abgelehnt werden Auszugserzeugnisse wie Weißmehl und Fabrikzucker, außerdem auch industriell verarbeitetes Öl. Hohe Bedeutung kommt dem Verzehr unbehandelter Lebensmittel zu (schadstoffarm, roh und frisch). Eine gewisse Vorrangstellung nimmt das Getreide ein (Vollkornbrot, Frischkornmüsli), neben Frischkostsalaten, Nüssen und Obst.

Bekannt sind die vitalstoffreiche Vollwertkost nach Bruker, die Schnitzer-Kost oder die auch ernährungswissenschaftlich weitgehend akzeptierte Vollwerternährung nach Prof. Leitzmann. Vorläufer waren die Pioniere Bircher-Benner, Ragnar Berg, Waerland, Kollath u.a. Sonderformen sind die Makrobiotik oder auch die kaum bekannte Mazdaznan-Ernährung. Bei vegetarischer Kost wird auf Produkte von getöteten Tieren verzichtet. Strenge Richtungen lehnen auch den Verzehr von Eiern oder Milchprodukten und ähnlichen Erzeugnissen ab (Vegan-Ernährung).

Behauptet haben sich seit langer Zeit auch rigorose Rohkost-Ernährungsweisen. Neuerdings gewinnen sie sogar unter naturheilkundlich orientierten Therapeuten und Patienten wieder einmal an Boden. Dies gilt beispielsweise für die Natürlichen Gesundheitslehre (bekannteste Vertreter: Herbert M. Shelton, Arnold Ehret, Paul C. Bragg; bei uns vor allem Helmut Wandmaker), nach deren Überzeugung das regelmäßige Fasten und Essen ausschließlich unbehandelter Lebensmittel zur menschengemäßen und einzig gesunderhaltenden Lebensweise gehören. Aufsehen haben überdies Rohkost-Varianten wie die Instinctotherapie (Claude Burger) gefunden sowie aktuell gerade die »Urmedizin« nach Franz Konz (Bund für Gesundheit). Letztere bezieht auch Wildpflanzen ein (sie enthalten wesentlich mehr Mineralstoffe, Spurenelemente, Vitamine, Sekundäre Pflanzenstoffe, Enzyme, Aromastoffe u.ä. als ihre »kultivierten« Verwandten). Immer größere Bedeutung erlangt auch die Einteilung der Lebensmittel in Basen- und Säure-Bildner. Wie schon Ragnar Berg gezeigt hat, sollten die Basen im Verhältnis von 4:1 überwiegen. Im Krankheitsfalle empfiehlt sich sogar ein Verhältnis von 7:1. Als säurereich erweisen sich vor allem tierische Produkte (auch die meisten Käse-Sorten, vor allem Hartkäse) und Getreide. Letztere sind durch diese Eigenschaft allerdings nicht etwa schon schädlich; sie sollten aber die übrige

Ernährung nicht zu sehr dominieren. Zu den wichtigsten Basenspendern gehören vor allem Obst und Gemüse, möglichst roh und unbehandelt genossen.

Lesetip: Eine Anleitung zur Basen-Plus-Ernährung findet sich im Ratgeber »Norbert Messing: Die Säure-Basen-Balance«, ISBN 3-927124-22-2, 80 Seiten, DM 15,-. Der Titel kann direkt beim Verlag bezogen werden (siehe auch Buchanhang).

Ein großes Manko der Krankenbehandlung unserer Tage (herkömmliche Kliniken und Krankenhäuser) stellt immer noch die Ernährung dar. Daß ein erheblicher Teil der Zivilisationserkrankungen zumindest ernährungsabhängig ist, sollte sich inzwischen herumgesprochen haben. Einzug in die Großküchen der Krankenanstalten hat die Erkenntnis jedoch bislang noch nicht so recht gehalten. Alle neueren Untersuchungen ergeben nämlich, daß die den Patienten verabreichte Kost nicht einmal den offiziellen ernährungswissenschaftlichen Anforderungen gerecht wird und die Sünden in der kulinarischen Erkrankungsvorgeschichte geradlinig fortschreibt: Die Portionen sind viel zu fett, zu süß, zu üppig. Erst recht entspricht der übliche Krankenhaus-Speiseplan in der Regel schwerlich den Kriterien, welche die Ernährungsreformer in den vergangenen 100 Jahren mühsam gegen die etablierte Universitäts-Ernährungslehre durchgesetzt haben. Die Menüs bieten nur wenig Frischkost, sind dafür aber reich an tierischem Fett und Eiweiß (Fleisch, Wurst, Käse, vielerlei Milchprodukte). Mit Recht stellte deshalb eine Reportage zur Ernährung im Krankenhaus die rhetorische Frage: Mit Schnitzel und Weißbrot gesunden? Wegen der großen Bedeutung dieses Faktors haben wir in unseren Erhebungen bei Krankenhäusern, Kliniken, Sanatorien, Kurpensionen und Hotels immer großen Wert darauf gelegt, detaillierte Auskünfte über die angebotenen -alternativen- Kostformen zu erhalten.

Wellness

Ein gar nicht ganz so neues Zauberwort der Gesundheits-Tourismus-Branche, gewissermaßen das »Schlagwort der Stunde«. Gemeint ist eine »harmonische Verbindung von Gesundheit, Lebensfreude, Schönheit und Fitneß«. International gibt es dafür auch die Bezeichnung »Spa« (Spa-Hotels). Entsprechende Freizeiten, Kuren zeichnen sich meist durch ein umfangreiches -und leider oft auch recht kurzlebiges und modisches- Programm an besonderen Anwendungen aus und spielen sich in einem anspruchsvollen, hochluxuriösen und bestausgestatteten Ambiente der oberen Preiskategorie ab. Auch sind sie eine Sache für Selbstzahler (in aller Regel keine Zuschüsse von Versicherungen). Experten meinen deshalb, daß eher die Hotels von diesem Trend profitieren werden als die traditionellen, im Moment gebeutelten Kureinrichtungen.

Das Wellness-Programm der Häuser ist nicht fest umrissen. Es richtet sich nach den Wünschen der Gäste. Momentan hoch im Kurs stehen die Thalasso-Therapie oder fernöstliche Therapieformen (Qigong, Tai Chi Chuan, Shiatsu, Akupressur u.ä.).

Wiedemann-Kur

Von *Dr. Fritz Wiedemann* in den 50er Jahren entwickeltes Therapiekonzept. Es vereinigen sich darin wesentliche biologische Verfahrensweisen, wobei die Serum-, Zell- und Ernährungstherapie eine tragende Rolle spielen.

Yoga, Meditation, Entspannung, Körpertherapien

Wollen wir zur Ruhe kommen, die krankmachende Hektik des Alltags ablegen, unsere Mitte finden, genügt kein »Schnellkurs in Spiritualität«. Wir müssen ausprobieren, welcher Weg uns gemäß ist. Seien es nun Yoga, Meditation, Gebet, Qigong oder vielfältige andere Formen der Be-Sinnung, der Reise zum Selbst. Die fernöstlichen Lehren (durch Taoismus, indische Weisheitsbücher begründet) stellen dabei eine wertvolle Hilfe dar, weil sie um eine geheimnisvolle Kraft wissen, die unser Leben durchwirkt, und die wir gewissermaßen als »Heinzelmännchen« für unsere unbewußte Gesundung zu Hilfe rufen können: Das »Qi«, die Lebensenergie, die sich durch keinen Ausschlag an einem physikalischen Gerät nachweisen läßt - und trotzdem existiert.

Info: Berufsverband Deutscher Yogalehrer e.V. (BDY), Geschäftsstelle, Heinrich-Grob-Str. 48, 97250 Erlabrunn, Telefon 09364/4797, Fax 7208. Dort ist eine Broschüre mit den Anschriften von über 1.000 Yogalehrern (BDY) gegen DM 3,- Rückporto erhältlich.

Zelltherapie

Injektionen von zumeist embryonalem tierischem Gewebs- oder Organmaterial, entweder frisch nach der Entnahme oder als Gefrier- bzw. Trockenzellen. Hauptanwendungsgebiete sind Regeneration und Revitalisierung. Die Zelltherapie ist umstritten und wurde wegen behaupteter oder tatsächlicher Risiken bereits mehrfach gesetzlichen Beschränkungen unterworfen.

Zilgrei

Hierbei handelt es sich um ein neues Naturheilverfahren, das besonders in der Orthopädie, bei verschiedensten Rheumabeschwerden und Schmerzzuständen wirksam eingesetzt werden kann. Die Zilgrei-Therapien sind jeweils gezielt auf den Einzelfall zugeschnitten und vereinigen Bewegungsanleitungen (»Prinzip der Gegenseite«) und eine besondere Form der Tiefenatmung (»Zilgrei-dynamogene Atmung«). Eine kenntnisreiche Einführung in diese wertvolle Behandlungsweise liegt vor im Ratgeber: Hollweg: Zilgrei - Aktiv gegen den Schmerz (63 Seiten, DM 14,-). Das Buch kann direkt bezogen werden bei: VGG, Postfach 1217, 76663 Bad Schönborn.

Zytoplasmatische Therapie

Behandlung mit tierischen Zellinhaltsstoffen (molekularen Organextrakten). Ziel dieser von *Prof. Karl Theurer* bereits 1954 vorgestellten Behandlung ist die Stimulierung von Selbstheilungsprozessen.

Register

Das Register beschränkt sich darauf, ohne Anspruch auf Vollständigkeit einige Querverweise zur leichteren und schnelleren Orientierung des Lesers zu geben.
Bei den weitverbreiteten Zivilisationsleiden (z.B. Rheuma, Herzleiden, Krebs, Allergien) sowie den gebräuchlichen biologischen Therapien (Kneipp, Akupunktur, Sauerstoff-Mehrschritt-Therapie, Homöopathie, Thymus-Behandlung, Phytotherapie, Neuraltherapie etc.) wurde auf nähere Angaben verzichtet, weil durchgängig im Text fast auf jeder Seite entsprechende Indikationen und Therapieangebote aufgeführt sind.
* In solchen Fällen steht hinter dem jeweiligen Stichwort die Bemerkung **durchgehend**.
* Die Zahlen hinter dem Stichwort verweisen auf die Orte, an denen die entsprechenden Therapieangebote zur Verfügung stehen; sie bezeichnen die **Postleitzahlen** (keine Seitenangaben). Da die Anschriften des Buches aufsteigend nach Postleitzahlen angeordnet sind, ist damit ein unproblematisches Auffinden der zugehörigen Therapiestätte gewährleistet.
* Das Register bezieht sich nur auf den Bereich **Deutschlands**. Der Anschriftenteil, welcher das nähere Ausland behandelt, ist deutlich weniger ausführlich und damit leichter überschaubar, so daß sich der Leser hier schnell an Ort und Stelle einen Überblick zu verschaffen vermag.

Heilanzeigen

Besonderheiten der Therapie

Häufig angewendete Naturheilverfahren, wie sie in zahlreichen therapeutischen Einrichtungen angeboten werden, finden hier keine einzelne Erwähnung.

Alphabetisches Ortsverzeichnis

Mit Postleitzahlen. Deutschland: fünfstellig, ohne Länderkennbuchstaben. Österreich = A (z.B. A-1010 Wien), Schweiz = CH, Italien = I, Spanien = E, Dänemark = DK.

Journal für gesundes Leben

© Verlag Norbert Messing · Postfach 1217 · 76663 Bad Schönborn
Telefon (07253) 3718 · Telefax (07253) 33955

Zwei »Geheimrezepturen« der Natur!

Soeben in 2. Auflage neu erschienen:

Die Säure-Basen-Balance

80 Seiten, DM 15,-

Macht ● ***Übersäuerung*** krank? Wie lassen sich Risiken erkennen und meistern? Neue Hinweise zur Möglichkeit der ● ***Lebensverlängerung***. Praktische Tips zur ***Schutzkost*** (Basen-Plus-Ernährung). Umfassende Tabellen geben Auskunft zum ● ***Säure- und Basengehalt aller üblichen Lebensmittel***, und zwar auf der Grundlage ● ***neuester Analysenwerte!***

NEU in der 2. Auflage: ● Warum praktisch alle chronischen Leiden heilbar sind. ● Entsäuerungstherapie ganz konkret!

Wer glaubt, er weiß genug über Vitamin C – der irrt!

Das praktische „Handbuch vom Vitamin C" zeigt Ihnen, wie Sie die geradezu wundersame dreifache Wirkung des Stoffes konkret und sofort für Ihr Wohlergehen nutzen können, wie Sie nämlich

Ihr Immunsystem nachhaltig kräftigen
(z.B. gegen innere Feinde wie Krebszellen oder äußere Eindringlinge wie Bakterien oder Viren),
sich vor gefährlichen Schadstoffen schützen und jugendliche Frische
auch in späteren Lebensjahren bewahren und Ihre geistige und körperliche Spannkraft und Flexibilität zuverlässig erhalten können.

neu!

80 Seiten, DM 15,-

Handbuch vom Vitamin C

Informieren Sie sich näher darüber in unserem neuen, spannend geschriebenen Ratgeber. Lernen Sie ein wirksames, hilfreiches Prinzip der Natur kennen: Die Chance, Ihren Stoffwechsel zu „ökonomisieren" und dadurch an Widerstandskraft spürbar zu gewinnen.

190 Seiten, DM 19,80

Zahnprobleme beseitigen

Der bekannte Ernährungsforscher und Zahnarzt Dr. J.G. Schnitzer erläutert in diesem neuen Ratgeber die Ursachen von Zahnstörungen, warnt vor ● Herderkrankungen und ● Amalgam-Gefahren. Vor allem zeigt er, wie man ● Zahnprobleme beseitigt und sich dauerhaft davor schützt.

48 Seiten, DM 10,-

Krank durch Fleisch?!

● Sind Fleischwaren dem Menschen wirklich zuträglich und angemessen?

● Wie steht es um Tierarzneimittel, Hormone, um ethische Aspekte der Massentierhaltung?

Hier erfahren Sie alles Wesentliche einschließlich eines ausführlichen Anschriftenkataloges (Verbraucherschutz-Initiativen u.a.)

Hefen und Bakterien stärken unsere Gesundheit!

Wußten Sie z.B., daß viele chronische Leiden in einem abwehrstarken Körper praktisch keine Chance haben, und daß bestimmte Mikroorganismen für eine solche ● »Immunität« sorgen können?

Wußten Sie z.B., daß Hefen bei Mykosen (Pilzerkrankungen) helfen und eine ● intakte Darmflora die beste Gesundheitspolizei überhaupt darstellt?

Wußten Sie z.B., daß es bei den Lebensmitteln ein ● »probiotisches Prinzip« (= für das Leben statt »Antibiotika« = gegen das Leben) gibt? Innerhalb dieser hochwirksamen Schutzkost gegen Herzinfarkt, Krebs, Allergien u.a. spielen ● fermentierte Lebensmittel (Milchsäurebakterien, Hefen) eine besondere Rolle.

Dies alles und noch viel mehr hilfreiche Erkenntnisse aus 5000 Jahren Erfahrungsheilkunde und dem Wissensschatz der zeitgenössischen Forschung bietet – praktisch ausgerichtet und allgemeinverständlich geschrieben – der vorliegende Ratgeber.

Hinweis an unsere Kunden: Das Buch erschien in erster Auflage unter dem Titel »Der Segen aus dem Mikrokosmos«. Bitte beachten!

150 Seiten, DM 22,80

Darmträgheit naturgemäß heilen!

Eine gute Verdauung ist der ● Schlüssel zum Wohlbefinden, denn wie ein arabisches Sprichwort schon im Mittelalter wußte: »Der Darm ist der Vater aller Trübsal«.

Das vorliegende Praxis-Buch zeigt konkret, anschaulich und leicht nachvollziehbar, wie ● gestörte Verdauungsabläufe – und damit die Ursache zahlreicher Krankheiten – ganz ohne Medikamente grundlegend beseitigt und geheilt werden können.

Ein Buch direkt aus der ● Sprechstunde eines erfahrenen Arztes.

80 Seiten, DM 16,80

80 Seiten, DM 15,-

Aromatherapie konkret!

In dieser Neuerscheinung erfahren Sie alles über die Möglichkeiten (und Grenzen) heilsam-balsamischer Duftöle für alle Lebenslagen, für kranke und gesunde Tage.

Aus dem Inhalt: ● Therapie mit Aromen? ● Was sind »ätherische Öle« oder »Essenzen«? ● Hauptwirkungsweise der Duftöle ● Duftöle in der Anwendung (Inhalation, Massage, Einnahme, Duftlampe) ● Lexikon der Duftöle (von Anis bis Zypresse).

Ratgeber Fastenkuren

- mit einem ABC des Heilfastens (Buchinger, Mayr, Breuß u.a.)
- einer ausführlichen Vorstellung zahlreicher Fastenhäuser für Klinik, Kur und Urlaub in Wort und Bild.

Ein unentbehrlicher Ratgeber für Entschlackung und Abnehmen ohne Risiko!

64 Seiten, DM 12,-

48 Seiten, DM 10,-

O Trost der Welt

Ein ermunterndes Geschenk für sich und Nahestehende. Das kleine Buch gibt ● wertvolle Gedanken aus Dichtung und praktischer Philosophie weiter, die Mut machen. ● gelassener, freudvoller seine Tage zu verbringen und zur wahren ● Lebenskunst zu finden. Die Themen sind zeitlos: Liebe, Heimat, Natur, Glück, Gesundheit, Beruf(ung) ...

neu!

196 S., geb., DM 26,-

Neue Wege zur Gesundheit

... eröffnet mit dieser Neuerscheinung ein bekannter Ernährungsexperte und erfahrener Seminarleiter:

- Wie bremst man den Alterungsprozeß der Körperzellen?
- Der präzise funktionierende Darm: ein solides Fundament, um länger jung, gesund und vital zu bleiben.
- Welche speziellen Heilwirkungen haben die einzelnen Gemüse-, Obst-, Getreide- und Kräutersorten?
- Tips bei Verdauungsstörungen und Kostumstellung. Natürliche Enzymquellen.
- 21 pikante und symbiosefreundliche Rezepte zur Regeneration der lebenswichtigen Darmflora!

1-Minuten-Körper-Check: Fitneß und Verjüngung für Millionen!

Fernsehsender holten den Autor vor die Kameras, und eine große deutsche Zeitung schrieb: ● »Sportärzte sind begeistert vom **1-Minuten-Körper-Check**, den der 65jährige Lothar Boländer entwickelt hat. Sein Programm ist so gut, daß es jetzt als Buch erschienen ist«. Mit 48 Jahren hoffnungslos erkrankt, beschloß er, ein neues Leben zu beginnen und »verschrieb« sich den **1-Minuten-Körper-Check**, den er selbst entwickelte. Eine ● Verjüngungskur, die ihn bald topfit und sogar zum Drachenflieger machte! Das Buch enthält 103 farbige Abbildungen und ein ● Übungsposter.

80 Seiten, DM 19,80

40 Seiten, DM 10,-

(Gesundes) Wasser ist Leben!

Wasser ist das »Beste aller Dinge« für unsere Gesundheit - doch sind seine Quellen heute oft getrübt (Schadstoffe, Nitrat). Der soeben erschienene Ratgeber bietet eine Bestandsaufnahme und zeigt z. B., wie ● krebserzeugende Nitrosamine und krankmachende Schwermetalle vermieden werden können. ● Mineralwasser und verschiedene ● Filter-Reinigungssysteme stehen auf dem Prüfstand. ● Tips zum Wassersparen sowie ein ● Adreß-Service u. a. zum sog. ● »belebten Wasser« nach Schauberger, Grander u. ä. schließen sich an.

Neu und aktuell!

Äußerst spannend ist es, was sich gegenwärtig in der Medizin tut: Man ist nämlich dem Geheimnis jener Stoffe auf der Spur, die »Gesundheit erzeugen«, und dadurch wirksamer als alle Arzneien vor * Herzinfarkt, * Krebs, * Stoffwechselstörungen, * Rheuma, * Allergien, * Leistungsverlust im Alter schützen. Die Stoffe haben viele Namen (z.B. Flavonoide), ihre Quelle ist jedoch leicht zu benennen: vornehmlich besondere Früchte von Feld und Flur. Wie Sie diesen lebensrettenden ***Obst-Gemüse-Faktor*** am besten für Ihr persönliches Gesundheitsschicksal nutzen, erfahren Sie kompakt und gut lesbar in unserer Neuerscheinung!
DER OBST-GEMÜSE-FAKTOR, 1. Auflage 1995, 32 Seiten, DM 8,50

Der moderne Lebensstil schädigt vor allem unsere Verdauung und die ungemein wichtige ***Darmflora***. Hieraus resultieren verschiedene Gefahren (Rückvergiftung aus dem Darm, Krebs, Immunschwäche, Leberschädigungen). Um diesen vorzubeugen, müssen wir die ***Milchsäurebildner*** (Bifidus-Arten, Lactobazillen) des Darms durch unterstützende Maßnahmen fördern. Die symbiotischen Darmbakterien werden dadurch zu ***»Gesundheits-Erregern« und Schutzfaktoren ersten Ranges.*** Hier lesen Sie, was wir dabei gesundheitlich gewinnen und wie wir dieses Wissen praktisch in die Tat umsetzen können.
DIE DARMFLORA, 1. Auflage 1995, 32 Seiten, DM 8,50

Bücher für ein besseres Leben

Ein Standardwerk in neuer, aktualisierter Auflage. Stark erweitert mit vielen zusätzlichen Stichworten, Adressen, Anlaufstellen, Anregungen für eine starke Gesundheit und ganzheitliches Heilen!

Bio-Kliniken & Kur

– Mit Tips & Adressen zum Gesundheits-Urlaub! –

220 Seiten, DM 24,–
ISBN 3-927124-03-6

Vorstellung von fast ● **1000 Krankenhäusern, Ganzheitskliniken, Kurheimen, Hotels und Pensionen** mit **Naturheilweisen** und **alternativen Kostformen**. Jeweils mit ● **Heilanzeigen** (Herz-Kreislauf, Bewegungsapparat, Rheuma, Allergien, Krebs, Schmerzleiden, Diabetes usw.). ● **Naturheilkunde-Lexikon.** ● Wichtig zu wissen: **Wer trägt die Kosten** für stationäre Behandlungen? Mit Hinweisen auf besondere, ● **ungewöhnliche Therapieformen** (Gerson-Diät, Breuß, Rohkost-Heilfasten, Urmedizin nach Konz), Qigong, Geburtshäuser für natürliche Geburt... ● Ausführliche Tips für den **Gesundheitsurlaub** unter anderem mit Seminaren (von gesunder Vollwertküchenpraxis bis Reiki, Yoga, Ayurveda u.ä.), auch ● zahlreiche Auslands-Adressen.

Naturärzte-Wegweiser 1997/98

160 Seiten, DM 18,–
ISBN 3-927124-02-8

Das große ABC der Naturmedizin mit vielen Adressen, Porträts der wirksamsten sanften Therapien, Infos, Tips. Mit ● Anschriften von weit mehr als **5.000 Bio-Ärzten** (Homöopathie, Naturheilverfahren, Akupunktur), **Zahnärzten, Tierärzten.** ● Fast **100 Kliniken für Ganzheitsmedizin.** ● Szene-Infos: zahlreiche Anlaufstellen für **naturheilkundliche Selbsthilfe.** ● Überblick zu **Ausbildungsmöglichkeiten** für Laien (Gesundheitsberater, Heilpraktiker u.ä.) und Therapeuten. ● Mit ausführlichen **aktuellen Info-Blättern** mit Adressen und Anregungen.

Krebs – Was tun? Wie helfen?

60 Seiten, DM 15,–
ISBN 3-927124-05-2

Ein erprobter Ratgeber mit praktischen Empfehlungen (Ernährung, besondere Heilmittel wie die Mistel, Psyche) eines erfahrenen Facharztes. Mit zahlreichen ● **Kontaktadressen** und Anlaufstellen für Auskünfte und **Selbsthilfe** sowie ● einer umfassenden Aufstellung und Beschreibung von **Spezialkliniken** für Therapie und Nachsorge. Zusätzlich erhält der Leser noch Infoblätter und einen ● aktuellen Adreßservice mit neuesten **Adressen und Hinweisen**.

Verlag Norbert Messing

Postfach 1217 · 76663 Bad Schönborn
Telefon (0 72 53) 37 18 · Telefax (0 72 53) 3 39 55

– Eine Bestellkarte ist beigefügt –